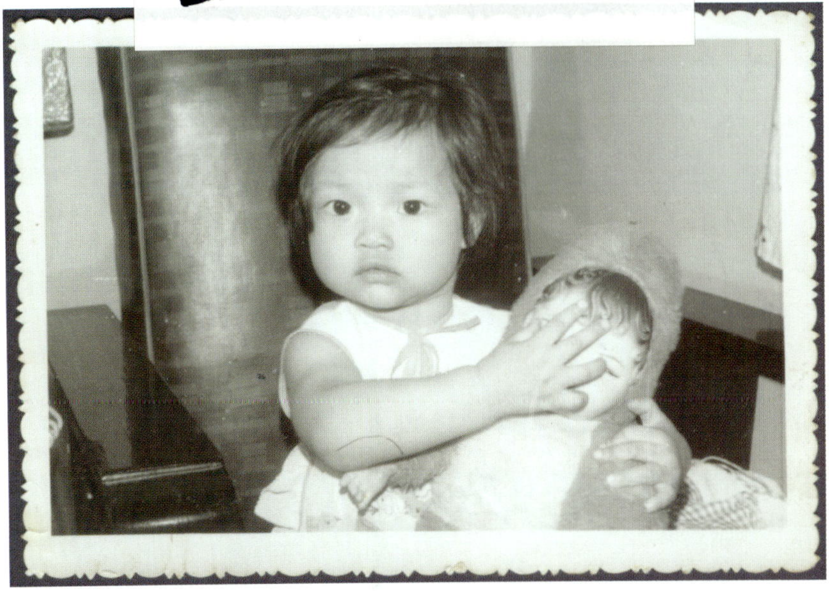

◁童年

△ 留着男孩一样的短发

▷ 风中凌乱，拍广告的间隙

图片来源：CFP

◁ 击球瞬间

△ 在澳大利亚，怀抱袋鼠宝宝

▽ 2011年中网和好友莫亚

△ 一个人，在场上

图片来源：CFP

△ 给球迷签名

△ 法网夺冠当天，现场接收访问

△ 法网夺冠当天和球童在一起

本页图片提供：《网球》杂志，摄影：陈功

△ 法网夺冠次日在埃菲尔铁塔下

△ 1月25日，李娜夺得澳网女单冠军，圆梦墨尔本

△ 职业生涯三次闯进澳网决赛，终于实现梦想

▽ 亲吻冠军奖杯

本页图片来源：新华社

独自上场

李娜 著

中信出版社 · CHINA CITIC PRESS · 北京 ·

图书在版编目（CIP）数据

独自上场/李娜著．—北京：中信出版社，2012.8
ISBN 978–7–5086–3389–3
I. 独…　II. 李…　III. 李娜－自传　IV. K825.47
中国版本图书馆CIP数据核字（2012）第117688号

本书由中信出版社和企鹅图书有限公司联合出版。
本书中未标著版权声明的李娜图片由李娜本人提供。

独自上场

著　　者：李　娜
策划推广：中信出版社（China CITIC Press）
出版发行：中信出版集团股份有限公司
（北京市朝阳区惠新东街甲4号富盛大厦2座　邮编　100029）
（CITIC Publishing Group）
承 印 者：北京通州皇家印刷厂

开　　本：787mm×1092mm　1/16　　彩　　插：8
印　　张：24.25　　字　　数：236千字
版　　次：2012年8月第1版　　印　　次：2014年9月第13次印刷
广告经营许可证：京朝工商广字第8087号
书　　号：ISBN 978–7–5086–3389–3/K·230
定　　价：39.00元

目录

序1　我的冠军妻子　姜山 / XI

序2　我的闺蜜李娜　刘凌 / XV

自序　我的网球人生　李娜 / XXI

01 巴黎的早晨 001

我本来是以一个普通消费者的心态来到这个奢华的王国朝圣的，但它却忽然变得谦恭而客气，用欢迎女王的礼仪欢迎我。这让我有些受宠若惊，但是，不得不承认，那一刻，感觉好极了。

02 福地 009

一方面，我告诉自己：你已经表现得比以往都好了，这是法网上你表现最棒的一次，现在你要做的，就是全力享受这场比赛。另一方面，我身体里那个好战的"李娜"蠢蠢欲动，点燃熊熊的烈火。我像久旱的土地渴望从天而降的甘霖一样，前所未有地渴望一场胜利！

03 对决 021

当我在休息室等待新闻发布会时，纳芙拉蒂诺娃（天啊！真的是她！）走来跟我说，"我是过来人，我现在告诉你，此刻起你要学会说'不'。因为现在所有人都想要你，你要选择适合你自己的，你要给自己营造一个保护圈。"

04 父亲

训练场外面就是公园，有时我们打完球去滑梯、跷跷板上玩，旁边的小弟弟小妹妹看了眼馋，上来说："哥哥让我们玩一下撒。"我只好说，"我是姐姐哪。" 029

05 小鬼当家

有时候我真想穿越回去，告诉那个在陌生人群中茫然无助的中国女孩儿：振作点儿，一切都会好的。但有时又觉得不必。那些小磨难和小障碍，最后都被证明是命运指派给我的催熟剂，它们让我学会勇敢和承担。 053

06 母亲

我曾经拥有的那个完整、和美的家庭，这么快就消失得毫无痕迹。我知道妈妈从此不是我一个人的了。我曾经拥有的一切，在短短一年间灰飞烟灭，连一点儿幸福的痕迹都没有留下。 065

07 武汉伢

他在我的生命里扮演着许多角色：丈夫、教练、保姆……偶尔还要客串一下厨子或者保健医生。他比我聪明，比我通晓事理，当我遇到烦恼时，他是我唯一能够放下顾忌倾诉心事的人，他是我生命中不可或缺的人。 071

08 退役

网球带给我太大的起伏、太多的悲喜，我对它的感情充满了矛盾。现在，终于有一个改变的机会摆在我面前，我毫不犹豫地抓紧了它，我需要改变，我想要换一种生活方式，平平静静地像一个普通人一样过日子。 081

09 我的大学

老师们上课一般会用投影仪或者电脑放PPT给大家看，我们在下面奋笔疾书抄笔记往往跟不上，我就跟姜山说好，我写一，你写二，以此类推，这样两个人正好能凑出一份完整的笔记。 091

10 谈判

就这样鸡同鸭讲，僵持了好久，直到孙主任来找我，这件事情才有了转机。孙主任，就是孙晋芳，原来老女排的队长，曾经体坛的风云人物，新上任的国家体育总局网球运动管理中心主任。 101

11 复出

我忍不住跟姜山说了些"这人怎么排名这么高"，"看起来蛮厉害呀"之类的话。姜山什么也没说，坐在一边看人家训练，看完之后回来，很笃定地告诉我"（她）跟你不是一个档次的"。 109

12 四处征战

大满贯冠军之前在我的心目中是何等的神圣和遥不可及。现在看来一切都没想象中那么远，只要努力伸手，我是可以摘到胜利果实的。 117

13 2005 :走近大满贯

我站在场地上，忽然觉得这个场地很像古罗马的斗兽场，观众的喊叫声如同龙卷风一般从我头顶呼啸而过，他们在呼唤他们战无不胜的女王，而我就是那个倒霉的角斗士，手里的球拍像是一块吸引公牛的红布，但我却忘了带上长矛。 125

14 炮轰风波 133

很快"李娜炮轰国家队机制"的新闻就变成了大字标题，在报纸和网络上不断被转载，在转载中又被不断地夸大和引申。我从没有伤害过谁，也不想伤害谁，我只想安安生生地打我的球、过我的日子、做我的李娜。可是一夜之间，我就变成了"全民公敌"。

15 结婚 141

我俩都不是那种擅长制造浪漫氛围的人。我们倾向于活在真实的世界里。第二天，我们就去民政局领了证。也没挑什么黄道吉日。今天刚好有时间，那好，领证去吧！领完回家，吃顿好的，踏实了。

16 打败前十 149

在多哈的巡回赛结束后，我忽然觉得所有的奋斗都失去了意义，自己一直在错误的方向上行进，背负着一身伤痛和嘲笑，多滑稽啊，我根本不配打网球！我生来就是个失败者！

17 温网 157

温网WTA医务室的一位印度医生看到了脖子僵硬的我。我告诉他自己脖子不舒服，讲了自己受伤的过程。印度医生没有多说，伸手往我脖子上一放，"咔啪"一掰，脖子竟然神奇地好了！

18 都是喷嚏惹的祸 165

打喷嚏居然能把骨头打裂！真是匪夷所思。骨头都裂了，肯定不能继续比赛。我的心情瞬间晦暗下来。

19 伤痛 173

医生语气严厉地告诉我："你已经不能打球了。"为了让我明白事情的严重性，他打了个比方：如果用0到10的数字来标识膝盖受损程度，我现在已经到了7的位置。

20 08 奥运会

在我想明白自己要做什么之前，我的身体已经先行一步。坏脾气淋漓尽致地爆发了出来，我冲着观众席大喊了一声："Shut up!" 185

21 单飞

2008 年我已经 26 岁，作为一个职业选手，这个年龄就差不多了，这种环境、这样的方式我也待够了。我想体会一下真正的职业网球是什么样子。 199

22 新团队

以前什么都有人管，什么都有人安排。现在这些都要你亲力亲为，说白了，你就是这个团队的老板，有权去选择和开除员工，这并不仅仅是一种自由，更是一种责任——你不仅要领导好自己，还要让这个团队达到最佳状态。 207

23 经纪公司

在这些公司中，IMG是资历最老，条件最优的，在IMG旗下，有费德勒、莎娃这样一批世界顶尖球员。我考虑了一段时间，最后决定与IMG签约。让专业的人去做专业的事吧。 213

24 第三次手术

桑普拉斯走出球场时，我恰好要进去，我们在通道相遇了，他非常主动地握手致意："你好！我是桑普拉斯，恭喜你获得法网冠军！" 227

25 避风港

到慕尼黑时间长了。我发现这里的宠物狗都很有教养，姜山也纳闷，还问我："怎么这儿的狗都不爱叫呢？" 235

26 蹦极

往下跳的那一刻，我觉得死亡一点儿也不可怕，比起这段等待的时间来简直算不得一回事。我在心里默默念着“为了我的网球成绩更好”，大叫了一声，就跳下去了。 241

27 疼痛

我一向自认是个对疼痛不那么敏感的人，经过这么多年的风雨，一般的小伤小痛我是不会当回事的，但那天当医生把针头拔出来的时候，我实在忍不住，当场疼哭了。 249

28 决战澳网

当司仪把话筒递给我的时候，我问大家：“你们看到那个穿黄色T恤的家伙了吗？他就是我老公，我总是拿他来开玩笑。”全场的注意力都转到了姜山身上，摄像机镜头也马上对准了他。 257

29 换帅

我心乱如麻，一刻不停地想着：他去哪里了？回国了吗？在武汉？还是去别的什么地方了？他现在怎么样？安全吗？吃饭了吗？ 267

30 节外生枝

我庆幸的是，我的亲戚和真正的朋友们，都不曾因为我的成就高低而对我好或者坏。从小他们就这样对我，今天他们还是这样对我。 277

31 STAY HUNGRY，STAY FOOLISH

就在我沮丧到完全不在状态的时候，萨芬娜给我发了一条短信：“我也有过同样的经历，很多人都说我怎么怎么不行，但是你一定要相信自己就是冠军。” 285

32 我的世界，我做主

我印象特别深的，是2010年在东京打比赛，有个球特别深，我就说了一句武汉话："么样这苕啊，这个球你还发力。"裁判员以为我说的是"操"。他发出了警告！ 297

33 下一站，人生

伦敦之后，我还有很多路要走，我不知道我要走到哪里，也不知道能走多远。但是我想，心有多远，脚下的路就有多远。或许巴黎、或许墨尔本、或许马德里。下一站不管在哪里，我知道，它有一个不变的名字，叫"人生"。 303

34 卡洛斯

卡洛斯说我"可以进世界前三"的时候，神情是如此的淡定，目光是如此的真诚。他为我描绘的美妙前景激发出我内心深处的渴望，渴望挑战自己的极限、渴望创造新的奇迹、渴望更高更强。我像着了魔一样相信他的话。 311

35 再战澳网 ：惜败阿扎伦卡

场地上的灯光全部暗了下来，我把帽檐拉下，不让别人看见我脸上的泪水。黑暗是我最好的掩护。 329

36 人生的下一场比赛

当那个记者问到"这是你参加法网以来最差的成绩，能否对中国球迷说点什么"时，我的血液瞬间涌向大脑，想都不想说道："我需要对他们说什么吗？我觉得很奇怪，只是输了一场比赛而已。三跪九叩吗？向他们道歉吗？"话一出口，我就知道又糟了。 343

附录 娜姐精彩语录 / 361

摄影：Kubinska & Hofmann

序 1

我的冠军妻子

姜　山

李娜，这是个普通得不能再普通的名字，可能很多人的生活中都会认识一个或者几个叫李娜的女孩，但是，这两个字对于我而言，却有着非凡的意义，以至于我无论在何时何地看到这两个字，心底都会升起一种温柔的情绪，因为，李娜是我妻子的名字。

今年，是我们认识的第 18 个年头，是我们相爱的第 14 个年头，虽然我们才 30 岁，却已经携手走过了漫长的岁月。我们像是一起长大的好朋友，或者兄妹。我们知道彼此的过往，无论是快乐的还是伤心的；我们清楚彼此每一个细小的眼神和动作，以及彼此内心深处的恐惧和渴望；我们熟悉得好像是一双手的左手和右手。

在公众的眼里，她是一个优秀的网球运动员、大满贯冠军。在我的眼里，她就是一个普通的妻子，和别人的妻子没有什么两样，她是个土生土长的武汉姑娘，脾气有点倔，有的时候温柔可人，有时候需要你去哄她。直到她真的站在法网冠军的领奖台上那一刻，我才意识到，自己的妻子是多么的了不起，能拥有她做妻子，并且和她一起见证这一刻，自己是多么的幸运。我们俩都是从小打网球的，我们知道一座大满贯冠军的奖杯对一个网球运动员而言意味着什么。很多年来，没有多少人愿意相信中国人可以拿大满贯，但是她做到了，她所做到的在中国乃至亚洲网球领域是前所未有的。

然而，在我看来，她的可贵之处不是她取得了多么大的成就，而是她对梦想的追求和一路的坚持。一路走到今天，她经历得真的是很多，她承担着很多我们没有承担过的压力。她经历了退役再复出，三次手术后康复，连续失败后的质疑等等，这样的经历不是每个人都有的。这背后的艰辛和付出，我是亲眼见证的。多少年她对自己的网球目标从未放弃过，挫折和打击都没有打倒她、没有让她停止前进的脚步，反而激发她要向大家证明她可以做到的信念。她的执著和坚持，让我这样的七尺男儿都觉得敬佩。当然，有的时候也心疼过，但我知道那是她选择的道路，是她的梦想。

现在，李娜将要出版这本自传，亲自讲述她自己最真实的故事。出版方希望我为这本书写一篇序言。我坐在电脑前，心里感慨万千。我们携手走过的路程、我们一起经历的事情全都涌到我脑海中。我只想说，谢谢，李娜。谢谢你陪我走过的这些年。也谢谢老天让我遇见你。

最后，希望广大读者通过这本书可以更加接近李娜，读懂一个真实的李娜，穿过赛场和媒体去了解李娜的世界各地巡回赛生活，以及她更为朴实和勤奋的那一面。

序 2

我的闺蜜李娜

刘 凌

我与李娜相识也快20年了。

小时候我们跟不同的启蒙教练打球，所以只是知道有这号人物的存在，却并不熟络，对那时的她印象也是模糊的，只记得是高高瘦瘦的一个女孩，身体素质相当出众。记不清我们是从哪一年开始特别亲近的，只记得我们每天都在网上聊天，什么都聊，天南地北、琐碎小事、穿衣护肤，一切都是关于女人的话题。有段时间她在德国训练和复健，每一天我都在网上等着她训练完回来上网聊天，以至于好长一段时间我的生活都是在德国时间里，中国的时间已被我淡忘了。我们各自的老公经常说，你俩像在谈恋爱一样，每天怎么会有那么多的话说。唉，我想是男人不懂吧，女人之间也会有很坚固的友谊的。

如果女人也有义气之说，我想李娜是属于最高级别的，她豪爽义气，会照顾身边的小师妹小师弟，会带着他们成长、帮助他们。所以队里的孩子都很喜欢她，也很尊敬她，当然也包括我。小时候她在网球场上出众的表现就是我所羡慕的，总希望自己有一天能跟她一样。现在看来，她应该是不可能被超越的吧。

她也是个责任感极强的人，无论是家人、朋友、团队又或者她的事业，她都具有强大的责任感。她会想把身边的人都安顿得好好的。对于她的事业，我觉得那种超凡的意志力也多半来自于一种责任感。

大部分的时间里，她都表现得很坚强。脆弱、敏感的一面，她只留给她最信任的人。她很少提起自己的辛酸或者艰辛的往事。在她的很多的采访或者访谈中，对于那些比较沉重的话题，她都不会谈论太多，只是轻描淡写地讲一下。有一次，她刚刚从德国做完手术回国，她拿给我看一个很小的瓶子，那是从她膝盖里面取出来的东西，她笑嘻嘻地拿给我看。她不会告诉你她多疼，她只会以开玩笑的方式告诉你，她熬过去了。天知道那时候我心里的感受，心很疼、很疼。

一个运动员成功的背后总是承受着我们难以想象的压力，她从未表达过，而正是这些压力让她取得了更加卓越的成功。每一次的比赛，她所承受的压力都非常大。换成大多数人，可能早已经崩溃了。而李娜却坚持下来了，而且还成为一个极其出色的球员，世界上最好的球员之一。

运动员在竞技运动中的付出是艰辛的。正因为如此，在人们的心目中，运动员的形象会更高大。大多数运动员的身上，多少都有伤病留下的痕迹，有人因为伤病不得不离开运动场，有人幸运地战胜了伤痛继续前行。今年2月的一次比赛她伤退后立即去看医生，我们一直在互发短信，询问她的情况，过了10多分钟，她突然告诉我，她刚刚其实是晕过去了，没有任何原因。当我看到这些文字，只是在想：去TM的冠军，去TM的荣誉，去TM的网球，只要你健康，你好好的就够了。

她像一个发光体，在她的身上，可以看到很多不同的面，幽默、霸气、豪爽、火辣。这些光彩背后的她其实是极其简单的一个人。她重感情，注重内心世界，注重自己的隐私。她或许比较小心翼翼，不过只要是她认定的人，无论爱人或者朋友，那就是一辈子的事。她不太善于表达一些情感，不过内心还是极其丰富的。只要足够了解就能体会得到，在她心里，身边的人是有多么的重要。

她和姜山的爱情没有惊天动地，没有轰轰烈烈，只是一点一点，一天一天的相濡以沫，陪伴对方，鼓励对方，支持对方。他们之间没有甜言蜜语，所有的爱都被他们放在心里，默默地付出，这样细水长流的爱情是让我们所有朋友都羡慕的。场下的李娜其实非常的小女人，我们出去玩的时候都要经过姜山的同意，姜山不喜欢的事李娜一定不会做，跟场上大女人的形象完全的相反。

她念旧。所以她的朋友大部分都是从小一起长大的，她习惯和我们在一起，那时的她才是最真实、最放松的，我们都是彼此最强大的后盾。她有时候会像个小孩子，一会儿高兴一会儿难过的，像一个小孩子需要人疼、需要人爱。她会耍性子，会很可爱地抱怨你不关心她。

我们相识于球场却相交于酒场上，人家说酒品看人品，我想我们应该都属于酒品极棒的类型。她在酒坛的造诣应该不低于网球的。非常感谢她在酒场上对我的培养。只不过她现在需要训练，所以不能完全放松地去喝酒。平时在国外，训练也是枯燥、寂寞的。真正的强者都必须忍受孤独。所以每次回国我们几乎每天都在一起，白天她都要训练，晚上我们会去吃饭、唱歌、消夜、聊天，她做回一个普通的李娜，虽然经常被认出来要求签名合照什么的。有时候我们也会恶搞，说她只是长得像李娜而已，不是真正的李娜，看着别人一脸的疑惑，我们会大笑然后告诉对方只是开个玩笑而已。不管外面多么的艰难，回到家里的她永远是开心、安心的。

2011 年法网夺冠把她推到事业的至高点，随之而来的是漫天的赞扬、商业活动、各种广告。她每天都很忙，生活上也有着巨大的变化。外界对她的要求也不再是从前了，要求越来越高，她背负的责任越来越大，只是大家都忘记了她最初的梦想只是想打好网球，安安静静地打自己喜欢的网球。对于社会的责任她喜欢用自己的方式来承担，我想她应该是网坛慈善捐款最多的球员，但这些她从不挂在嘴边。

对于我来说，出名后的她依然是她，而不是像外界所说的，出名了飘飘然了、不知道天南地北了。其实有谁了解她的内心，她是在害怕、在恐惧生活上这些巨大的变化，她知道自己肩上背负的责任越来越大了，举手投足之间都需要做到最好，背负着中国网球的未来，背负着所有喜欢网球、喜欢她的人的希望，没人知道她有多么的压抑。她喜欢做自己，她喜欢低调安静简单的生活。

法网过后的半年，有一天，她哭着打电话给我，她难过，觉得自己还做得不够好、不够优秀，这段时间对我们的照顾也不够多，这些年她一直花时间在训练比赛上面，对我们的关心不够，在我们难过的时候也没有陪伴我们，她内疚没能好好地照顾我们。我们约定等她退役以后得好好补偿我们。我想这是李娜最鲜为人知的一面吧。

上帝决定了谁是你的亲人，幸运的是在选择朋友方面他给我们留了余地。无论什么时候我们的之间感情都是最真挚的，很高兴我们一直保持着不开心的时候会给对方打电话的习惯，无论任何的时间、地点。

闺蜜，能有一两个已经很好了，实在不必太多。朋友之乐，贵在那份踏实的信赖。

最后只有一件事，就是想对她说，忘记过去，努力向前，向着标杆直跑。李娜，相信自己，你是最优秀的，你是一个又一个奇迹的创作者，未来会有更多的奇迹等待着你去创造！

自序

我的网球人生

李　娜

我叫李娜，出生在武汉——一个夏天是火炉、冬天是冰窖的四季分明的城市。

李娜这个名字是一个普通得不能再普通的名字，唯一方便的就是当抽签表出来的时候很容易找到，因为只有四个字母组成的名字最短。从出生到现在，我一直觉得自己是个可有可无的人，如果不是法网冠军为我带来的一切，我相信自己会一直这么认为下去，直到死去。

我是一名职业网球运动员。当然是从2008年底那次著名的“网球体制改革”之后才开始真正进入职业生涯，之前应该是专业运动员。职业运动员和专业运动员，大家肯定会觉得这两个名称没有什么差别，但对我来说却是完全不一样的人生和体会。

我对网球的感情很矛盾，小时候是因为父母的愿望开始练球，直到后来真的爱上它，经历了十五年的时间（如果不算上学的那两年）。在我那么多年的网球生涯中，前面的十几年我并没有体会到网球的乐趣，直到最近这几年，我对网球的感悟才越来越多、越来越深刻，我才真正享受到网球带给我的乐趣，我才真正爱上网球这项运动。

网球是一项孤独的运动。当你独自上场，你就开始了一个人的战斗，你需要独自面对所有的问题，独自化解所有的困难，你的团队只能坐在运动员包厢（Player Box）为你鼓掌加油。同时，网球又是一项充满挑战的运动，每天都是充满刺激的全新挑战。一名球员在一场网球比赛中要做几百次的决策，在场上你不仅仅要扮演球员，还要扮演裁判、教练；不仅仅要面对对手、观众、外界影响，更主要的是你要随时挑战你自己；不管输球赢球都找不到任何可以埋怨的理由，不管结局好坏都要你自己一个人去承担，因为都是你自己在场上独立完成的；每天都要经历成功的喜悦和失败的痛苦，可能今天输完了三天后又会和同样的对手对决。

网球为我带来的不仅仅是名誉，更重要的是感受。第一次拿WTA（女子职业网球）冠军的喜悦，第一次打四大公开赛的正选紧张的心情，第一次在中心球场一万多名观众的注视下紧张得连走路都不自然，第一次用英文接受采访的不适应，第一次看到不实的报道独自伤心的时候，第一次听到教练说我可以打进世界前二十时那种被肯定的喜悦，第一次击败世界前十在心里默默为自己鼓掌，第一次做手术时的恐慌，第一次康复的艰难以及对自己还能不能从事网球事业的怀疑，第一次不再担忧支付不起团队费用时的踏实感，第一次世界排名进到前十自己的骄傲感，第一次与大满贯奖杯擦肩而过时的遗憾以及对大满贯冠军的渴望，第一次拿到大满贯奖杯时激动的瞬间，第一次获得大满贯冠军在法网中心球场奏响国歌时能跟大家一起见证的感动，第一次快被压力压垮而感觉无法承受时的无助……

这些都是网球带给我人生重要的财富。

图片来源：CFP

01 巴黎的早晨

我本来是以一个普通消费者的心态来到这个奢华的王国朝圣的，但它却忽然变得谦恭而客气，用欢迎女王的礼仪欢迎我。这让我有些受宠若惊，但是，不得不承认，那一刻，感觉好极了。

我是一名职业网球运动员。作为职业球员，一年中大部分的时间，我都奔波在世界各地：

1 月份我和自己的小团队奔向澳大利亚，去打悉尼公开赛和澳大利亚网球公开赛。澳大利亚网球公开赛就是我们说的澳网，是全球四大满贯赛事之一，已有 107 年的历史，却是四大满贯赛事中最年轻的。澳网大约要持续两周。

2 月份，我通常泡在迪拜和多哈。这里有两个比较大的比赛。打完之后，我大概可以有一周左右的调整时间，然后就要飞往美国，去参加印第维尔斯、迈阿密的两个大赛。等到这里的比赛结束，日历也已经翻到 4 月份了。两周左右的调整后，就是为期两个月的红土赛季了。红土赛季我要去的地方有斯图加特、罗马、马德里、巴黎。红土赛季结束后马上我们开始在草地上战斗。你知道，我说的是温布尔登网球锦标赛，温网是网球运动中最古老和最具声望的赛事，也是四大满贯中唯一使用草地赛场的比赛。温网结束后，如果行程安排得不太紧的话，我可以调整两到三个星期，好迎接在美国举行的几场巡回赛，并一直打到美网结束，才能再调整两个星期。之后，我们飞往日本，去东京打比赛，然后是北京。北京的比赛结束后，世界排名前八的选手之间会有总决赛。

这就是我一年的赛事安排。

听起来非常精彩是吗？全世界最繁华的都市、最顶尖的高手。

可事实上，这些城市中的著名景点，我基本上都没有去过。

我们从机场直达酒店，训练、比赛，然后回酒店休息。比赛结束后，我们通常会搭乘最近一班航班离开，回到基地训练或是赶往新的比赛场地。酒店的房间总是千篇一律的，即使设计师竭力让它们呈现出独特的美感，但所有的酒店房间骨子里都带有那种冷冰冰的距离感。

这几年来，我一直是这么度过的，以至于在早上醒来的时候，我经常要恍惚几秒钟才能想起自己此刻身在何地，迈阿密还是马德里，抑或是巴黎。

我向房间里左右瞄了几眼——姜山还在睡，为法网准备的长礼服搭在衣架上，大大小小的旅行箱散乱地堆在地上，电视机旁边放着——我揉了下眼睛——没错，电视机旁边放着苏珊·朗格伦杯，所有职业网球选手的毕生梦想。

这么说，我现在是在巴黎，而昨晚那些印象并不是我的南柯一梦。

我闭上眼睛，那些景象仍历历在目：掌声、欢呼声，裁判长和蔼而充满鼓励的笑脸，我的团队穿着统一定做的黄色T恤坐在场边，女孩子们大多泪流满面，斯齐亚沃尼在更衣室里轻声鼓励我“Enjoy your time”……这些真的不是我的梦境吗？

姜山也醒了，他总是比我更快地进入清醒状态，我小声问他："这不是做梦吧？"

"当然不是！"姜山抱住我，"你太牛了！"

我有点不好意思，他很少这样直白地赞美我。但这句话确实令我感到十分温暖。

没错，这里是巴黎，今天是2011年6月5日，而我昨天刚刚在罗兰·加洛斯球场获得了法国网球公开赛女子单打的冠军。

老实说，直到此刻，我仍然有种如坠云雾中的恍惚，我内心深处仍不敢相信自己真的拿了冠军。

1998年，当我还是个16岁的青涩少年时，北京电视台曾经采访我，问我最大的梦想是什么。我站在镜头前，仰着晒得黑红的脸，对着镜头说："最大的梦想？我希望能打到职业的前十，我知道这个目标特别难，但我自己会努力。"

天知道当时的我说出那样的梦想需要多大的勇气。但现在，我只想对那个小女孩说一句：嗨，咱们做到了！

当时有人告诉我：我是第一个获得大满贯女子单打冠军的亚洲人。经此一役，我的世界排名也从第七跃居第四，平了日本名将伊达公子创造的亚洲最高纪录。我微笑着对他们的祝贺表示感谢，脑海中却是一片空白。我知道我赢了，但获得冠军的感觉似乎不过如此。当我躺在红土地上的那一瞬间，我确实感到了巨大的成就感，但当记者们拥上来的时候，我的脑海中已经一片空白。他们都说我领奖时的表现太淡定了，但事实上，是我对“法网冠军”这个头衔背后隐藏的荣耀和威力并没有清晰的概念——至少到目前为止，我并不觉得它和我以往赢得的巡回赛冠军有什么太大的不同，似乎唯一的差别只在于奖金的多少和媒体的关注度。

等我稍微回过神的时候，有许多强烈的情感不停地向我涌来了——无法形容的快乐、如释重负的轻松，甚至还有“这次媒体总算可以放过我”的侥幸，我知道自己不会再被写成一个脾气很大的、倔头倔脑的武汉姑娘了——现在的我至少是个很会打球的、脾气很大的、倔头倔脑的武汉姑娘。

但这并不是关键，对我来说，胜利带给我最好的礼物是内心的平静——我不必在比赛后用毛巾蒙住脸，躲在更衣室或是浴室里失声痛哭，不必再为失误痛恨自己，不必反复折磨自己。我知道我的表现及格了，我内心的“裁判”这次会放过我。

李娜，这次打得不错，我轻声对自己说。

但是对我的团队和经纪公司而言，胜利显然意味着更多的东西。在接下来的几天，我的行程被安排得满满的。昨天我接受了CNN的访谈，而今天上午10点，我要去参加来自祖国的新浪网记者的采访。想到这里，我一跃而起，开始了自己作为“大满贯冠军”的一天。

新浪的记者告诉我：我和斯齐亚沃尼之间的决赛创下了中国单场网球比赛电视直播观众数的最高纪录，它吸引了约1.16亿名中国电视观众收看。

那么多？看来网球真的正在慢慢贴近国人的生活。

采访结束后，我们回到酒店进行简单的休整，接下来我们得去香榭丽舍大街为我的赞助商——耐克公司的专卖店做活动，我和耐克中国的工作人员，也是我的老朋友石玲坐在一辆车上，聊着家常一路开到香榭丽舍。车到耐克门口时，只见四名身形高大的保镖围了上来，我心中觉得有些多此一举，我只是个球员，不必这么夸张。

但车门被打开时，我明白保镖的必要性了，潮水一般的人群在耐克的门口等待着，石玲怕人会哄上来，叮嘱我等一下牵她的手一起走。

我点点头，跟随她走进店里。一张崭新的大海报赫然入目，它挂在最显眼的位置上，尺寸大到让每个走进这里的人不得不注视它，海报上的人是我，下面印着广告语："用运动改变一切！"

从我十几岁起，耐克就一直是我的赞助商，我曾在耐克店里见过许多优秀球员的海报，费德勒、纳达尔、莎拉波娃……这一次，我终于看到了自己，这真让人有些不好意思，但似乎又在情理之中。

我有些出神，做完活动后，我就可以安排自己的剩余时间了……最初获胜的喜悦正在慢慢退去，我的心飞到了温布尔登的草坪上，甚至对没完没了的活动有些厌倦。坦白地说，到这时候，我仍然对"法网夺冠"这件事情没有具体的概念，好像并没有之前自己想象的那么兴奋，胜利并没有带来多少改变，一切还在原来的运行轨道上。不过如此嘛，我想。

活动结束后，我告诉耐克的朋友们我得去同在香榭丽舍大街的一个著名的奢饰品牌的旗舰店逛一下，因为国内的好朋友托我帮她买只包。

耐克的工作人员问我："需要清场吗？"

我觉得对方在开玩笑 ："太夸张了吧！"

香榭丽舍大街上的那家旗舰店以奢华闻名于世，号称巴黎的"时尚航母"。之前我来过几次。这家店有七层楼高，是该品牌在全法最大的旗舰店，每天都有来自世界各地的游客在门口排队，尤以亚洲游客居多。在这家店里，每位游客都能享受私人导购的服务，但每人只能凭护照购买两只包。店门口常年排着长长的队伍，但还是有许多游客趋之若鹜。这么一家奢侈品店怎么可能为我包场呢？我没把工作人员的话当真，一笑了之。

然而，让我吃惊的是，当我到了旗舰店门前的时候，立刻有店员笑容可掬地过来迎接我，他告诉我 ：为了表示对我的欢迎，他们在得知我要来的消息后专门安排了人带我去VIP室。

天啊！

我目瞪口呆，大为震撼。我知道自己昨天刚刚赢得法网冠军，可这是著名奢饰品牌的旗舰店啊！

我本来是以一个普通消费者的心态来到这个奢华的王国朝圣的，但它却忽然变得谦恭而客气，用欢迎女王的礼仪欢迎我。这让我有些受宠若惊，但是，不得不承认，那一刻，感觉好极了。

这是我第一次直接体会到了"法网冠军"这顶桂冠的分量。

巴黎，真的成了我的福地。

图片提供：《网球》杂志，摄影：陈功

02 福地

一方面，我告诉自己：你已经表现得比以往都好了，这是法网上你表现最棒的一次，现在你要做的，就是全力享受这场比赛。另一方面，我身体里那个好战的“李娜”蠢蠢欲动，点燃熊熊的烈火。我像久旱的土地渴望从天而降的甘霖一样，前所未有地渴望一场胜利！

巴黎是座优雅的城市。举世闻名的艺术之都、时尚之都。塞纳河蜿蜒穿过，给这座城市平添了几分诗意的味道。

每年的 5 和 6 月是巴黎一年当中最好的季节，气候宜人、鲜花盛开。蓝天白云映照下的罗兰·加洛斯球场显得格外漂亮。这座位于巴黎西部蒙特高地的球场，是以颇具传奇色彩的法兰西民族英雄——在第一次世界大战中捐躯的飞行员罗兰·加洛斯的名字命名的。这是所有网球运动员和网球迷心目中的圣地，是最具代表性的红土赛场。

红土场是最早的网球比赛场地之一。现在的红土场地虽然不再是以前的自然地，而是用了六层不同的材料铺设而成，但球场的特性没有改变。它的弹性高于硬地和草地赛场，球会弹起很高，而且旋转很强，从而使比赛的节奏显得慢一些，所以有人称红土场为“慢场”。在这种“慢场”上，由于球速较慢，球员在跑动中特别是在急停急回时会有很大的滑动余地，这就对球员的体能及奔跑和移动能力提出了更高的要求。

红土场拿冠军最难，因为不仅需要全面的技术，还需要超强的体能、足够的耐心和顽强的意志。

1989 年的法国网球公开赛，十七岁的华裔选手张德培力挫多位名将，成为法网历史上最年轻的单打冠军，也是第一位获此殊荣的亚裔选手。

2011 年，我以 6 号种子的身份出征法网。说实话，对这次比赛，我本来并没有寄予太多期望。我不擅长打红土场地，我更喜欢硬地，平时训练和比赛的场地也以硬地为主，法网是我迄今为止唯一一个没有进入过八强的大满贯赛事。在法网开赛前，当地记者对我进行了一次一对一的访谈，记者问我："如果拿到法网冠军，你会有什么感觉？"我说我会感到不可思议，我坚信自己可以拿到四大公开赛冠军，但法网可能是最后那个。

在苏珊·朗格伦球场的红土地上展开的战役对我来说并不轻松，我需要时间来慢慢适应红土赛场，前两轮比赛都打得很辛苦。

每当感到情绪波动的时候，我会看看自己团队的包厢，他们的一个眼神、一个手势，都能重新给我信心。

整个法网比赛，姜山一共离场过三次。

第一次是首轮对捷克的斯特伊科娃。我原本以为这场比赛可以轻易拿下的，我在今年年初澳网第三轮跟斯特伊科娃打过，当时赢得很轻松。

没想到短短三个多月后，她忽然像完全变了一个人似的，打起球来如有神助。我们交手多次，对彼此的性格多少有点了解，我记忆中的斯特伊科娃是个上场后状态容易起伏的姑娘，但那天她没有受到情绪的干扰，状态极其稳定，而且似乎什么球都能防回来。虽然我后发制人以6 ∶ 3拿下了第一盘，但第二盘始终险象环生， 5 ∶ 2大局在握后，我忽然连丢两个发球局，被对手追平。姜山就是这个时候坐不住了，他站起身离开了场地。

姜山不在跟前，我的心反而平静下来。这一局我赢了。但是在接下来的抢七里，有两个赛点，我没有把握住，结果被对手连得4分逆转，最后输掉了这一盘。

输球后，我特别懊恼，感觉自己在场地上不停地奔跑，又傻又狼狈。

等到第三盘刚开始时，感觉已经累到不行，腿都跑不动了。我往场边一看，刚好瞄到姜山在场下一脸特别无奈的表情。我心里的火腾一下就上来了：我在场上这么拼，这么努力，不管比分如何，你总得有一点肢体语言，多给我点鼓励吧！

网球场上，运动员是不可以和教练交流的。我有时打着打着靠近了姜山所在的包厢，才会吼两句，这也是我调节自己心态的一个方法。每个人的习惯不一样。我打球不太爱喊。像莎拉波娃、阿扎伦卡那种高分贝的叫喊，据说是一种调节呼吸、释放压力的途径。

法网女子比赛采取三盘两胜淘汰制。等到终于赢得第三盘比赛时，我已经累得浑身瘫软，心里说：终于可以结束了。

没想到，第一轮比赛就打得如此辛苦。

第二轮的对手埃斯皮诺萨是张新面孔，她是西班牙人，在首轮曾逆转过红土能力不俗的维斯尼娜。我根本不认识这位对手，我对她完全一无所知。赛前我也问了不少其他选手，想得到些关于埃斯皮诺萨的信息，结果却一无所获。那场比赛的开头很艰难，对手拥有很好的正手，击球力量非常重，是位很难对付的选手。

我连续两盘开局都以 0 ： 3 落后。姜山又提前离场了，所以他没有看到我转败为胜的那几分。后来他回到了赛场，还让我深呼吸、放松。

我在球场上的时候，特别讨厌别人对我发号施令。要知道，看球的人和打球的人感觉并不完全一样。你在场上会知道自己应该怎么做，但他们不知道你怎么想的。高度紧张的状态下，姜山的好意也被我理解为他是在表达“你怎么能这样做？你怎么会这样？你应该怎么怎么样”的意思，这分明是不满意我的表现。我立刻火冒三丈，心想：你还是出去算了！后来我冲他吼了几句“不要说话！不要说话”，他才不说了。

说来也怪，跟他吼完，立刻就觉得神清气爽，压力缓解了，状态回来了。这一局我又打赢了。

似乎上天有意在考验我，从第四轮起，我开始频繁遭遇夺冠热门选手。在第四轮，我遇到了科维托娃，这位本届赛会的 9 号种子月初刚刚在马德里公开赛的半决赛中赢过我。我记得她势大力沉的发球，几乎每个发球速度都在每小时 180 公里以上。

她的发球局我根本破不了，我的发球局稍有不慎，就被她破了。我以 2 ： 6 的比分迅速地丢掉了第一局。

最后我决定：不管三七二十一，先把她的发球都接过去，尽量让她接下来的发球没那么自在。

当我开始注重接发球这一环节时，对手的发球果然不再那么致命。我反扳一盘，把比赛拖入决胜盘。

第三盘第一个发球局就遭遇破发，让我又一次处境艰难。当时姜山也受不了那么揪心的场面，提前离开了球场。事实上，我自己也没想到可以在0：3之后追回来，我只是一直告诉自己：“毕竟我只是被破了一个发球局，只要我也能破她一个，就能回到同一起跑线，然后我就还有机会。”

带着这样的信念，我连赢三局追平比分。为了给自己鼓劲，在第六局40：40时，我还对自己大喊：“加油李娜！”那句为自己喊的加油就像吹响了胜利的号角，随后我开始大爆发，连拿六局实现了大逆转。我不知道发生了什么。或许就是因为姜山离开了赛场我才能连赢六局吧。

我跟姜山开玩笑说：“干脆你以后多离场几次吧。你一走我就赢哦！”

姜山比别人更了解我的感受，我也了解他。我知道他不会将我在场上的几句吼叫当回事，因为那本质上就是我自我放松、解压的方式。当你看到本来一度大比分领先的比赛，忽然在很轻松的情况下被对手扳回来时，你会发自内心地觉得自己无能，觉得自己无力控制局面，这种时候你需要交流，需要沟通和帮助。但根据网球比赛的规则，当比赛开始后，选手是被禁止和任何人交谈的。网球就是一项必须一个人完成所有任务的项目。

网球是一项孤独的运动。你不能体会那种和队友并肩作战的归属感。你知道所有人都在看着你，所以当你陷入泥沼后，只能在众目睽睽下独自爬行；你努力为自己的疑问找到答案，不断地在心中咒骂自己，与内心深处的自我辩论，试图寻找能破解对手发球的方法。当然，这些都是你一个人完成的。你甚至不能和对手有身体上的接触。属于你的领域，就是这几条白线中的几个小格子、球拍，还有你孤独而烦躁的身影。

那种挥之不去、无所不在的孤独和排山倒海而来的压力让人欲疯欲狂。

当对手的进攻如同暴风雨一样猛烈，而你自己与自己的辩论激烈而又得不到答案时，你唯一能做的就是迁怒于自己。很多网球运动员用古怪的方式为自己找到了宣泄内心压力的方式：摔拍子、尖叫，或是怒斥离你最近的裁判。

我的宣泄方式就是吼姜山。他在场上会表现出一反常态的温柔，他谅解我所有粗鲁而孩子气的举动。事后，我也无须解释、无须道歉。因为，我的一切他全懂。

也有朋友跟他开玩笑，说他是我的"出气筒"，还问他会不会生气。他很坦然地说："不会啊！因为我也打球，我完全了解她当时的感受。比赛不利的时候她会感到很无助。无助、孤独又在亲人的注视下会更觉得紧张。这是一种所有人都容易有的心理，并不只是她一个人这样。所有球员在这种时候看到对自己爱莫能助又寄予厚望的父母、孩子、朋友、赞助商、教练，任何跟自己有关系的人，都特别紧张。她这种紧张投射到我身上，她看我就觉得我也在紧张，巴不得让这些亲人都赶快离场。她那样并不是针对我，只是因为我比谁都合适。她知道我能理解她，她知道我不会怪她。其实一切情绪都源自于场上的人。如果她不是处于那种极度紧张的情况，我就算在场边摆瓶酒，喝酒、聊天、唱卡拉OK都不会影响到她。所以这种情况下我就起身出去。出去之后她紧张的心态就会慢慢平静下来。

"因为网球是对抗性项目，每个人在比赛过程中心态都会有起伏。在你高兴、一帆风顺的时候，你巴不得很多人在那里看，希望大家看到你的好。人都希望把自己好的一面表露出来，把自己的灰暗藏起来。场面处于下风时，她不希望自己的亲人看到这一切。只不过她表露出来是这样。每个人表现的方式不一样，但心理层面的东西都是一样的。而且有时候如果这一段时间一直不顺，你可能希望会有点什么事来改变一下现在的情形，破一下这种情势，比如像篮球比赛里，教练会适时叫暂停。”

朋友问他出去之后会不会担心我，会不会找个地方躲起来看比赛直播。他说：“我出去后当然会很担心，但出去了就不会再找大屏幕或者电视什么的看她的比赛了。不是不敢看，而是觉得她有能力扭转局面。这种情况出现很多次了，她不是十几岁的人。我感觉她自己能够控制得住。我相信她，我知道她特别棒、她没问题。”

每一句都是我心里想说的话。知我者姜山也。有一位记者曾经恭维我说：“幸亏中国网球有李娜。”我心里悄悄地说：“你说的不全对，幸亏李娜有姜山。”

打到四分之一决赛的时候，我开始感觉自己已经慢慢与红土地建立起了某种默契。我开始更快地进入状态，而姜山也不必再为了让我发挥出正常水平而躲出场外了。

八强遭遇的阿扎伦卡是赛会的4号种子。阿扎确实是个极其优秀的球员，除了强大的发球，阿扎伦卡还喜欢用吼叫来为自己打气，每打完一个球，她都会发出“咻”的尖叫，声震全场。

很多球员都喜欢用叫声为自己助威。这或许是西方人性格奔放的表现。我一向不大好意思叫，当我需要宣泄情绪的时候，我多半会找出在包厢端坐的姜山，冲他劈头盖脸地怒吼一顿。

和阿扎伦卡的比赛开局很谨慎，我们都小心地保住了自己的发球局。一直到第十局时，比分仍然是 5 ： 5 平；但在第十一局中，我用一个漂亮的反手拿下了这一局，以 6 ： 5 领先。阿扎显然有些紧张，她没能保住自己接下来的发球局。我以 7 ： 5 赢得首盘。

年轻的阿扎伦卡同样属于心理上波动较大的选手，第二盘里她仍然表现得很顽强，甚至两度挽救赛点，但这难不倒我。我越打越有信心，我知道这场比赛属于我，红土地似乎在庇护我。我的每一次出击、回转都异常得心应手，我好像又回到了儿时练球的球场上，灼热的灰砂在正午的阳光下泛出刺眼的光芒，薄薄的“回力”球鞋鞋底被沙子烧得滚烫。

我赢了第二盘！直落两盘！我战胜了阿扎！

姜山似乎与我心有灵犀，他没有再离场“避难”，而是笑眯眯地坐在包厢里看完了整场比赛。

终于打到了半决赛，我的对手是莎拉波娃。我们之前交手过很多次，这次比赛对我而言，只是和老对手的又一次相遇，稀松平常，没什么好大惊小怪的。

但记者们闻风而动，像嗅到血腥味的鲨鱼一样蜂拥而至，他们将我团团围住，问我：“马上要对战莎娃了，你的感觉如何？”

让他们激动成这样的原因只有一个：莎拉波娃的现任教练正是我之前的教练——瑞典人托马斯。

我不禁怀疑：记者们内心深处最爱的球员是否必须像泰森一样强悍，如果我也把对手的耳朵咬下来，他们会不会更加喜欢我？

尽管只是半决赛，但媒体们已经提前替我们为此次比赛定了性："复仇之战"！他们就是这么称呼2011年法网女单半决赛的，真的，就因为莎娃雇用了我以前的教练。

我在不止一家报纸上看到了"李娜报夺师之仇"的标题。

我觉得有点好笑。

必须承认托马斯的执教对莎娃起到了良好的作用，一向不擅长红土的莎娃这一次在红土上表现得很棒。以往，像所有习惯了硬地比赛的选手一样，莎娃的强大到了红土赛场会略打折扣。这个富有幽默感的姑娘曾经自嘲"一到红土就像母牛在滑冰"。但这一次非同以往。在之前她以6：0、6：3轻松战胜德国的佩特科维奇。托马斯帮助莎娃找到了更好的发球方式，她可以轻松地发出高难度的球而不必担心肩上的旧伤。

这当然使得战功赫赫的莎娃更加威力大增、如虎添翼。

所有的人都知道，莎娃对这个法网冠军有多么渴望。如果夺冠她不但首获法网冠军，还将集四大满贯冠军于一身，就是传说中的"全满贯"。许多媒体都认为，莎娃将是本届法网冠军最有力的争夺者。

我们之前曾交手过七次，其中五次莎娃都获胜了。加上对我的情况了如指掌的托马斯也在莎娃的阵营中，大家似乎都为我捏了一把汗。我告诉记者：我对自己信心很足，姜山也是。不管教练作多么周密的战略部署，真到赛场上后，短兵相接的还是球员，我相信自己的临场反应能力。

说实话，在此之前，我从来没有想到这次法网我能进入半决赛。一方面，我告诉自己：你已经表现得比以往都好了，这是法网上你表现最棒的一次，现在你要做的，就是全力享受这场比赛。另一方面，我身体里那个好战的“李娜”蠢蠢欲动，点燃熊熊的烈火。我像久旱的土地渴望从天而降的甘霖一样，前所未有地渴望一场胜利！

在这个赛场上，同为“龙的传人”的网坛前辈张德培在这里创造了奇迹。同样的幸运女神会眷顾我吗？

第一盘，我以 6：4 获胜。

莎拉波娃在第二盘比赛中全力反击，她在第一局中一连拿到了 3 个破发点，顺利地拿下第一局，但我竭尽全力保住了自己的发球局，将比分追到了 4：4 平。

在关键的第十二局里，莎娃有些丧失信心，她出现了两次双发失误，我最终以 7：5 拿下了第二盘。这是一场异常艰难的比赛，但我最终还是赢了。和阿扎伦卡一样，莎娃也喜欢为自己呐喊助威，不过和阿扎伦卡的比赛已经让我适应了尖叫声，况且，我也有自己的独门暗器：我可以去吼姜山。

图片提供：《网球》杂志，摄影：

03 对决

当我在休息室等待新闻发布会时，纳芙拉蒂诺娃（天啊！真的是她！）走来跟我说，"我是过来人，我现在告诉你，此刻起你要学会说'不'。因为现在所有人都想要你，你要选择适合你自己的，你要给自己营造一个保护圈。"

进入决赛，我的对手是斯齐亚沃尼。

这位意大利名将是去年的法网女单冠军，是红土赛场上所向披靡的红土女皇。我们之前曾经交手过四次，上一次交手是在去年的法网比赛上，斯齐亚沃尼打败了我。被她打败之后，我的伤心、失望无处发泄，居然神经病地跑去买了一只极其昂贵的奢侈品戒指。那只戒指买了之后，我很少戴它。

我又想起了那只无辜的戒指，还有我一直仰望的苏珊·朗格伦杯。苏珊·朗格伦是历史上最伟大的女子网球选手之一，为了纪念她，人们用她的名字命名法网女子比赛总冠军奖杯。她是我的偶像，是我心目中的英雄。而我，第一次和我的英雄如此地接近。我的心在歌唱，我的灵魂在呐喊，我心底深处的那个“李娜”在咆哮。我知道，我和“她”都太想要这场胜利了。

这一次，我没有像今年1月进入澳网决赛那样激动，那次是我第一次距离大满贯冠军一步之遥。这已经是我第二次打进大满贯的决赛了，我知道自己不能止步于此。上一次我没有什么经验，但这一次，我知道自己该做什么。我必须冷静。

斯齐亚沃尼是个令人尊敬的对手，这位老将技术全面，防守出众，作风顽强，战术灵活多变，是个相当难缠的对手。球场下我们的交情其实不错，我们有许多相似之处：我们都属于网坛"大器晚成"的选手，我已经29岁，而斯齐马上就要31岁了；我们在赛前都不被看好，分列5、6号种子的我们都算不上夺冠热门；我们征战经历相仿，本次决赛，我们俩都是第二次出征大满贯决赛。不同的是，这位意大利老将的手中已经握有一个大满贯冠军奖杯。

决赛当天风和日丽。首盘我打得比较积极主动，克制住了斯齐的气势。但是第二盘她一度猛烈反攻，给我造成了不小的困扰，我们一路战平，最终进入了抢七局。

胜利就在前面！

我感到自己的心脏不停地怦怦跳动，即使斯齐发球时高亢的"啊嘿"声都不能掩盖我胸腔传来的剧烈振动。

就是现在！

我连下7分，斯齐的步伐有些乱，抢七局最终以7：0告终！我赢了！

那一刻，我的心脏剧烈跳动，仿佛要跳出我的胸腔，我什么也做不了，只能仰面躺在地上。法兰西灿烂的阳光倾洒在我的身上，我用手捂住脸，很想哭，可眼泪却流不出来。

赛前我还偷偷想过，如果夺冠，我应该摆个什么样的造型，但当胜利的时刻真正到来的时候，我什么也没想就倒下了。1 小时 48 分的战役结束了，我赢得了苏珊 · 朗格伦杯。

没躺几秒钟，我就自己爬了起来。最重要的原因是我不想让斯齐亚沃尼多等。在决赛中输给对手的心情不好过，我自己也输过，我知道那是什么样的感受。我和斯齐亚沃尼在场下的关系其实挺不错，我不想让她难过。

我从地上爬起来，去和她拥抱。

放开斯齐后，我向场边看去，看到他们——我团队里所有人都穿着黄T恤，非常兴奋地相互拥抱，姜山、莫滕森教练、石玲、苏珊（苏珊负责管理全球女子网球球员，为所有女球员服务）。他们全都坐在那里，这件黄色上衣耐克只做了 50 件，就是为了显眼。

我当时没有看清楚他们的表情，直到晚上吃饭，我才有时间问他们当时大家都是什么反应，因为我没有看见。大家的回答都是一样的："李娜，你爬起来太快了。"

颁奖时还出现了个小乌龙，颁奖嘉宾错把我的迷你复刻版奖杯颁给了斯齐亚沃尼——当时场上有两只苏珊 · 朗格伦奖杯，大的供赛后获奖者拍照留念用，小的就可以带回家私藏了。嘉宾错把小杯当成了亚军奖品颁给了斯齐亚沃尼，斯齐小声跟我说"错了错了"，所以当时我乐了，说："没关系，照吧照吧，咱们自己知道就行了。”

颁奖后央视五套记者采访我时显得特别激动，说话时都已经哽咽了，我倒还好。最初的激动已经过去，这只是一场比赛而已，跟其他的比赛似乎也没有什么不同。但我身边的人都激动不已。在网上有一段视频，是我接受采访之后，与球童拍完手回到更衣室的过程。我从更衣室出来往右上两层楼看到我的教练迈克尔 · 莫滕森在接受采访，我跟他拥抱。他说 ：“我为你感到非常骄傲！” 我跟迈克尔拥抱后，又和姜山拥抱，周围的人就起哄要我俩 kiss。之后我又与当时女队教练鲁凌拥抱，和石玲拥抱。当跟石玲拥抱时，我的眼泪就开始往下流了，因为石玲已经哭得泪流满面了。在我发表获奖感言，用武汉话对石玲说“生日快乐”时，她就一直在哭。

与他们拥抱之后，我回到更衣室，斯齐亚沃尼正好换好了便服去开新闻发布会，斯齐不愧是胸襟宽广的老将，她还过来赞许地拍拍我，跟我说 ：“Enjoy your time！”

苏珊跟我回去帮我换装、化妆。我一点儿也不觉得饿，但苏珊坚持让我吃点东西，因为接下来有很长时间的新闻发布会，发布会结束后又要做尿检，然后继续拍照。苏珊专程帮我买了三明治，我没怎么吃，完全吃不下。

打完那么长时间的比赛已经很累了，换鞋的时候腿都要抽筋了，但很奇怪，我不觉得疲倦，也不觉得饿，我仍陶醉在获胜后的快感当中。

再次回到更衣室，换好裙子、靴子时，我望着眼前空荡荡的更衣室，想起刚来法网的时候更衣室里面如何人山人海，不由得百感交集。就是这个更衣室，见证了那么多球员的光荣和梦想、欢笑与泪水，越打人越少，打到决赛，就剩下我和斯齐两个人，而现在，只有我一个人坐在这空荡荡的更衣室里了。

获奖当天，我还有一个神奇的经历，当我在休息室等待新闻发布会时，纳芙拉蒂诺娃（天啊！真的是她！）走来跟我说 ：“我是过来人，我现在告诉你，此刻起你要学会说‘不’。因为现在所有人都想要你，你要选择适合你自己的，你要给自己营造一个保护圈。”

我几乎要惊呆了，纳芙拉蒂诺娃是网球史上最伟大的球员之一，她是网坛的常青树，曾经获得 59 个（天啊！ 59 个！）大满贯头衔，有网坛“女金刚”之称。当时她已经 50 岁了，穿着半袖衬衣、休闲西裤，高雅脱俗，神采奕奕，她的外貌给我留下了极其深刻的印象——她很知性，却不会让你感到咄咄逼人，她像个老朋友一样让你感到信赖，而且，她会尽可能地告诉你她所知道的一切来帮你。

前几年她还没有退役时，我曾经在场地上见过她，有一次她还跑来问我姓Li还是姓Na，一个这么伟大的球员跑来问我这么一个默默无闻的人该怎么念我的名字，这让我感到有点受宠若惊。在当时的我看来，像纳芙拉蒂诺娃这样的人是遥不可及的，我根本没有机会与她交流，但是此刻她来跟我说这句话，那种感觉就像朋友之间的交流一样，没有任何的隔阂，也没有国籍、年龄的限制。我对纳芙拉蒂诺娃的滔滔敬意之中，又多了几分亲切。

我本来准备穿另外一套便服开新闻发布会，但耐克的工作人员在我开新闻发布会前半个小时赶到我身边，将新款T恤递到我手中。他们搭乘的北京到巴黎的航班刚一落地，工作人员就马不停蹄地赶往新闻发布会所在场地。

我套上T恤去参加了新闻发布会。那场发布会开了有整整两个小时。记者们的表情都很兴奋，一位来自中国的新科冠军，这或许意味着中国乃至亚洲网球将由此揭开新篇章呢，大多数问题也是围绕这个核心展开的。

刚开始是所有记者一起问问题，我一边回答问题，一边不时用眼角的余光扫一眼大大的奖杯。我曾经在澳网的场地上与总冠军奖杯失之交臂，今天，在罗兰·加洛斯中心球场的场地上，我终于如愿以偿了。

我小心翼翼地抱着它，就像抱一个小婴儿一样。

一个来之不易的婴儿。

夺冠之后的新闻发布会大概进行了两个小时。按照组委会的安排，我们要在晚上8点赶到埃菲尔铁塔拍照。那天有好多拿着国旗的中国人在赛场外一直等着我，他们说想要和我照相，我很抱歉地说我得赶时间，我只能和大家一起合张影。

到了埃菲尔铁塔时，很多记者已经在那里等着了。欧洲夏季天比较长，6月的巴黎，晚上8点天还是亮的。那天风很大，有一对新婚的华人夫妇也在那里。当我走过去准备照相时，还听到新娘低声问丈夫：“这是不是李娜？”

现在在网上应该可以找到法网组委会放在网上的一段视频，也是记者跟到更衣室拍的。我记得我跟裁判长说话的时候，还有点走神地看到另一边的沙发上放着很多球迷给我们写的信。球迷给我的信一般都会寄到WTA，由WTA寄到中国国家队，之后再由国家队交到我手里。球迷来信我一般都会看。如果有要签名的，我就会签好名给他们寄回去。国外的来信比较多，细心的球迷们会随信附有贴好邮票的信封，我只需把签名放进他们准备好的信封里，再放到邮筒里就可以了。

后来，朋友告诉我：在我比赛期间，央视体育频道连续两天改变了转播计划。为了直播我与阿扎伦卡之间进行的1/4决赛，央视体育频道改变了原有的节目安排。而我和莎拉波娃进行半决赛的时间段按原计划应该转播其他运动项目的比赛，但央视最终还是把摄像机对准了菲利普·夏蒂埃球场（菲利普·夏蒂埃是法国网坛的传奇人物，罗兰·加洛斯网球中心的1号中心球场就是以他的名字命名的）。这个消息比战胜莎娃更令我高兴，因为这种种迹象都在表明：网球正在越来越多地受到国人的关注。我深爱的运动在我深爱的国家得到了越来越多的关注和尊敬，而这一切又和我的努力不无关系，真是让我备感欣慰。

我对网球有着浓厚的感情。我从8岁开始打网球，我目前几乎全部的人生都和网球捆绑在一起。我对网球倾注了太多的心血和感情，就像我的父亲当年对我寄予了太多的希望和爱一样。可惜，在我还是个孩子的时候，父亲就匆匆离开了我。今天，我终于登上了网球的巅峰。

而我，只想轻轻对他说一句：爸爸，我做到了。

04 父亲

训练场外面就是公园，有时我们打完球去滑梯、跷跷板上玩，旁边的小弟弟小妹妹看了眼馋，上来说："哥哥让我们玩一下撒。"我只好说，"我是姐姐哪。"

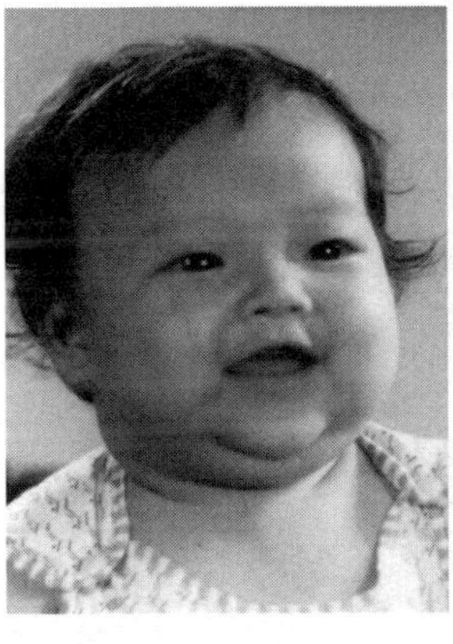

想起爸爸，就想起了我的童年。爸爸是我童年记忆里最温暖的那缕阳光、最清凉的那份慰藉。多少年来，父爱是我力量的源泉，他去世而我没有见到他最后一面也是埋在我心底最痛的伤痕。

爸爸去世的时候，我在深圳打青少年比赛。没人告诉我爸爸病危，没人告诉我他去世的消息——关于他的病情，爸爸要求身边所有人都对我保密，因为他怕“影响李娜打球”。

凌晨，从深圳至武汉的火车到达汉口，停车的声音像一声长长的叹息。妈妈没来接我，来的是我的叔叔（爸爸的亲弟弟）。叔叔让我先吃早饭再跟他回爷爷奶奶家。一切都那么正常，那么自然。

走到爷爷家楼下的时候，我看到了写着爸爸名字的花圈。

那一年我 14 岁。

我完全不知道自己是怎么上到六楼的，只记得一上楼就看到了爸爸，他躺在那里，肚子很大，里面全是沉积的腹水，脸色惨白。爸爸生前是很帅气的一个人。

爸爸的遗像挂在客厅里最醒目的地方。他在照片里看着我，目光里满是怜爱和慈祥。那目光我是如此地熟悉。旁边的黑纱却沉沉地垂着，触目惊心地提醒所有人：照片上的人已经不在人世。

看到爸爸的遗体我不敢伸手去触碰，因为怕触碰冰冷的遗体就必须要承认爸爸的离去。事实上，后面的几年我一直在欺骗自己说爸爸只是出差没有回家而并非离去。

妈妈什么也说不出来，一直在哭。以往家里所有的大事都是爸爸做主，现在他离开了，感觉就像天塌下来一样。我觉得自己当头挨了一棒。只觉得沉重，并不觉得疼痛，也哭不出来。麻木了很久，直到从小和我最亲的舅舅过来安慰我，我才哭出来。而眼泪一旦流出来，就再也止不住了。

以前我以为，人是一点一点长大、一点一点成熟的，但是那一天我知道，人是一瞬间长大的。

我想，以后我就要负责养家了。

爸爸是最早将我带上体育这条路的人——他年轻的时候，曾经是湖北省省队的羽毛球运动员。多年后他还偶尔会说起当年他在省队打球的日子，每次说起都神采飞扬，仿佛又变成了当年那个意气风发的少年。

他们那个年代的人历经大时代的坎坷，能争取到打球的机会，特别不易。不过后来出于特殊原因，爸爸的全国冠军的梦想没有实现，他就把希望寄托在我的身上。

我们家也算个体育世家吧，我爷爷以前是宝善街小学的体育老师，爸爸曾经是羽毛球运动员，好几代人都与体育结缘。

我爸是家里的老大，他不但人长得帅气挺拔，还聪明通透，是大家公认的“开心果”，全家老小都把爸爸当顶梁柱。爸爸身为长子，也义不容辞地挑起了重担。我家的条件即使在工薪阶层也只能算一般，但爸爸从不拒绝任何人的求助，我印象中他一直是个乐于助人的人。

爸爸在长江金属制品厂做销售，跑销售要常年出差，爸爸能和我们守在一起的日子不多，但只要爸爸在家，家里的气氛就非常欢快、温馨。爸爸能说会道，藏了一肚子的笑话，我什么时候要他讲故事，他转转眼睛就讲出一个，笑得我肚皮都痛。

爸爸不但能言善辩，过日子也精细讲究。他做菜水平很高，刀功细腻，色香味俱佳。每次出差前，爸爸都提前蒸条鱼或是炖锅肉，这样妈妈下班回家炒个素菜就可以开饭了，够我们母女俩吃个两三天的。家里的电器、妈妈和我的衣物都是爸爸从外地买回来的，样子俏又不贵。虽然收入不多，一家人也把日子过得暖洋洋的。在那时，我的家充满了欢笑和温馨。

难得有留给自己的空闲时间，爸爸总是想去打球。

我很小的时候，有点婴儿肥，爸爸希望我健康成长，就带我去跑步锻炼，教我打羽毛球，中间休息的时候，爸爸和声细语地讲他从前在省队打球的日子给我听。他对羽毛球有着异乎寻常的专注和热爱——一个城市平民家庭的孩子，千辛万苦地拼到省队门槛前，背后的付出可想而知。当时正是“知识青年上山下乡”的口号喊得震天响的时候。爸爸知道自己家庭条件不好，下面又有弟弟要照顾，便服从组织分配去了汉阳——早下放，早抽调回家，早工作，早点赚钱养家，他就是这么考虑的。

从汉阳抽调回来以后，爸爸先是去了二轻局工作，接着又被调到长江金属制品厂做销售。

我一直在暗自揣测，爸爸对我的投入，是否含有对自己少年时代壮志难酬的补偿。在那个物资匮乏的年代，爸爸对我的投入似乎是不计成本的。4岁那年，爸爸请南京的朋友帮忙，买了一台钢琴回家——起因是亲友称赞我手指修长，适合弹琴。

我忘了这是谁的发现，但爸爸很高兴，没几天，家里就多了一台钢琴。我心情好的时候就上去弹两下，心情不好时就丢开不管。小孩玩心重，经常一首曲子没弹完就溜出去和院子里的小朋友踢毽子、跳皮筋了。

妈妈时不时催促我去练练琴。爸爸对此倒没有什么意见，他从不勉强我去做什么。“喜欢就好”，他说。

后来我开始打羽毛球，钢琴就没有再练，爸爸又默默把琴卖掉了——当初也是他一声不吭把琴弄回来的。他默默为我做了许多事，在爸爸那里，任何与我有关的事，都是大事。

爸爸心中关于羽毛球的梦想从未在居家生活中退色过。

4岁以前我是跟外公外婆一起住在武昌的——双职工照顾孩子不方便，

许多家庭都把孩子寄养在老人家里。4 岁后，我回到了江汉区的家，和爸爸妈妈住在一起。小时候的我有点胖。爸爸说，锻炼锻炼吧，姑娘伢胖胖的不好看。于是我从 4 岁起，每天清早天不亮就睡眼惺忪地跟着爸爸出门跑步。

现在想来，可能那个时候，爸爸的脑海中已经在孕育一个关于羽毛球国手的梦想了。

我最怕冬天。武汉没有暖气，一到冬天，连被窝都是冰冷潮湿的，好容易焐暖了，再爬出来又是一身鸡皮疙瘩，每天早上起床都要下好久的决心。

夏天也难受，武汉早晚温差极小，这座历来有“火炉”之称的城市，哪怕在清晨也是热烘烘的。我迷迷糊糊地跟着爸爸跑过大街小巷，哎呀，街上有人卖豆皮，卖欢喜坨，还有烧卖……烧卖笼一打开，白茫茫的蒸汽一下子把烧卖老爹的脸都盖住了。

我也很像一只烧卖，满头满脸的汗，红彤彤的头脸上冒着热气。

秋天跑步，梧桐树会掉毛毛，我就顶着一头梧桐毛毛回家，我妈大叫一声，把我拉出门去拍。梧桐树的毛毛掉进衣领里特别痒，严重时还会起小疙瘩。

只有春天跑步最舒服。路边的草叶上全是湿漉漉的晶亮露水，公路上一片白茫茫的雾气。跑着跑着人就清醒了，出一身透汗回到家，妈妈已经准备好早餐等我们了，一杯牛奶，一块小蛋糕，甜甜蜜蜜地吃完，再跟着爸爸去上幼儿园了。

接送我上幼儿园也是爸爸的差事，他的自行车前梁就是我的宝座。

5 岁那年，我已经长到了将近一米二高，宝座也从自行车前梁换到了后架。羽毛球业余体校去爷爷工作的小学招球员，爷爷说，我孙女个子高，让她也试试吧。爸爸就带我去面试了，教练看了看，觉得条件不错，我就这样开始了我的运动生涯。

打羽毛球的日子在记忆中有些模糊，印象中我从来没有上过场，每天都在场下自己摆动作，教练把一颗球吊在那儿，我自己反复练习挥拍。

想来是很枯燥的日子，但因为小，也并没有当回事，我是个很乖的姑娘伢，既然教练让我挥拍，我就乖乖地一直练挥拍。

大队员们可没这么老实——羽毛球队里有大队员也有小队员，大队员可以上场打比赛，小队员在场下练动作。体校的小孩比普通学校的孩子要淘气些，经常换着花样地捉弄小师妹们。好在和我同批入队的小队员大概有十几个，我在里面成绩并不突出，从哪方面看都不显眼，也不太会招惹到老队员的注意。

我在羽毛球队像是可有可无的边缘人——打羽毛球需要手腕发力，而我的习惯是手臂发力，手腕的动作有点“死”。小孩子懵懵懂懂，对自己是不是受重视也并不在意。教练有时会看着我说：“唉，你这个手腕啊……么办哩？”

我不在乎他说什么，老实讲，送我来打球根本就是大人的主意，我打球的唯一原因是爸爸希望我打。教练爱问“么办哩”就让他问去吧。

我在学校表现不错，特别是数学课。

可能是遗传到了做出纳的妈妈的理科生基因，我在数学课上总是轻松自如，还曾经被老师推荐去上过数学奥林匹克班。我喜欢数学，这是一门逻辑清楚、条理分明的课程。在数字的世界里，一切事物都有固定的运转规律，就像打网球一样，只要你把击球点稍微靠后一些，就能打出一个漂亮的直线球，一颗网球永远不会在飞到网前时忽然决定要自己换个轨道，或是掉头飞回来。数字和网球没什么区别，只要你掌握了它们的运行规律，操纵和使用它们就绝非难事，我在数学的世界里得心应手，数学老师也视我为得意门生。

我不喜欢语文课，写作文也好，总结中心思想也好，都干巴巴的。在我眼里，这是一门暧昧、纠结、模棱两可的课，所有的作文结尾都要莫名其妙地升华到“我的名字叫红领巾”或者“这是多么有意义的一天啊”，我不喜欢这样的授课方法，我不想撒谎，哪怕只是在作文里撒谎。小孩子每天就是玩，就是蹦蹦跳跳，吵吵闹闹，哪有那么多“意义”？反正我是找不出来。每当我在绿色格子的作文簿上写“这是多么有意义的一天啊”的时候，我都觉得自己像个骗子。

我的成绩不均衡，长相也不起眼，除了数学老师对我另眼相看，其他人都没有把我当回事，我在班上和在羽毛球队里一样，都是个可有可无的人。

如果小学二年级那年，业余体校的网球教练没有看到我，那么今天的一切都不会发生。有时我想，如果我没有转向网球，那我今天会怎样呢？这是个没有答案的问题，我唯一能肯定的是，我将会拥有和今天完全不一样的生活。

那年夏天，网球教练夏溪瑶来我们队里选“种子”，一眼相中了正在练球的我。她认为我移动速度够快，发力也到位，在和我的教练沟通过之后，夏教练建议我停掉羽毛球的训练，跟着她去打网球。我的羽毛球教练林书慧，就是说我手腕死的那位教练，也很同意这个建议。

我有点吃惊，练了两年羽毛球了，我从没想到忽然要改行。网球是个么运动？我也没听到过。但我知道，被体校教练选中的队员一定能进重点班，进了重点班才有机会加入专业队，所以这应该是个好消息。

但从羽毛球专业改到网球，这是个很大的事情，夏教练让我带父母过来谈谈，同时也看看我父母的身高是否理想。网球对身高有一定要求，要预测小队员们未来的身高，最直观的办法就是看看爸妈的高度啦。

第二天，我和爸爸妈妈就站到了夏教练面前，我记得那次见面是在中山公园的网球场上，夏教练和我爸妈谈得挺高兴。出乎我的意料，爸妈对于转专业的事很爽快地就表了态："行！没有问题。"

事后妈妈承认，她一直担心我在羽毛球队会被大孩子们欺负——当时羽毛球队的管理不很严格，教练不在的时候，年龄大、入队早的队员会捉弄小孩子，那时我们都是小毛头，大孩子让我们做什么我们就得做什么，爸妈很担心，因此很干脆地将我转到了网球队。

教练对我父母的身高也很满意，我爸爸一米七五，妈妈一米六六，在湖北人里算比较高的，而通过测骨龄得到的结果是：我将来可能会长到一米七二左右，这个结果也让教练很满意。

在 20 世纪 80 年代的中国，网球还是项人们很少听到的运动。那时候，中国人心中的偶像是女排队员，电视里播放的是日本电视剧《排球女将》，郎平、孙晋芳、周晓兰这些名字是多么响亮啊！乒乓球也是大受欢迎的运动，学校的水泥乒乓球台周围永远围着一群人。白色的小球与球台清脆的撞击声上课都听得到。网球……谁晓得网球是么事？我家人一开始管网球叫“毛球”，因为圆溜溜的球身上有许多黄绿色细毛。第一次去中山公园的网球场找夏教练时，看到很多人都在打“毛球”，那场面可真是新鲜。

那时想找块好一点儿的网球场地都很难，电视台也很少转播网球赛事。即使是在武汉这样一个大城市里，了解网球的人也是少而又少。

夏教练还问过我：“怕晒太阳吗？”我马上回答说不怕，心里还纳闷，想着太阳离我那么远，我为什么要怕啊，现在想想可能教练是想问我怕不怕被晒黑吧。她说，不怕就行，场地在室外。

我就这样离开了羽毛球队，转向了网球。在网球场上，我见到了我未来的队友们，她们个个都是短头发而且晒得黑黝黝的（现在这种肤色应该叫古铜色，很流行的），好像一群非洲小朋友。

夏教练说，你要进体校的球队打球，可以，但是你要先打败我手下一个队员。爸爸显然是很希望我留在网球队的，所以我必须打败一个“非洲小朋友”。

我开始了这项艰苦的尝试。

我用力地挥舞球拍，尽可能地让球落到对手始料未及的区域。但是没有用，不管我多么用力，多么凶狠地发球，从网对面返回的球一定会更快、更凶猛。黄绿色的小球像一颗流星一样迅疾地飞过来，我必须不停地跑动才能勉强接到球。

多年后我仍然会经常梦到儿时练球的场地，会想起当我最初踏上球场时那些从高处呼啸而来的发球，有时它们会冲向一个你预料不到的地方，有时它们甚至会狠狠打在你身上，你必须尽早挥拍，在它还来不及发威前截住它，改变它的轨道，让它臣服于你，让它明白在这个场地上，你才是说话算数的赢家。

只有当你把自己逼到一个极限时，你才会超越自己。

我很感谢教练对我的严格训练。跟比我大、比我入队早的队员练球虽然辛苦，却极好地锻炼了我的心理素质，网球水平也进步很快。就这样练了一两个月后，夏教练就对爸爸说："这孩子不错，让她进业余体校吧，免得夜长梦多。"

言下之意是挺看重我，怕我被别的队抢走。资质优秀的队员有时会被其他球队的教练"截流"，这也是常有的事。

爸妈自然没什么不愿意的，教练看重我，这是求之不得的好事。爸爸把行李码在自行车后架上，我迷迷糊糊地跟着他走进了业余体校的宿舍。那一年我8岁，是业余体校最小的网球学员。

我们的宿舍在一栋简易楼的二层楼上，这座楼离网球场很近，出了房间就可以看到球场。十几个小朋友住在一个大房间里，大家睡的是简易的双层床，每个人专业都不一样，除了网球班的，还有练击剑和田径的。我满心欢喜地看着这个巨大的新家，多好啊，有这么多小朋友可以一起玩耍。

爸爸妈妈把我安置好就离开了，我自己去球场上跟要好的队友们会合，兴高采烈地描述我搬进新家的感受，这种快乐一直持续到睡觉前。当我躺在床上才忽然惶恐起来——怎么，我是要自己睡了吗？爸爸妈妈都到哪里去啦？

那时我才意识到自己以后要离开家独自生活了。

体校管理非常严格，我每天放了学就得马上回去训练，一天中只有晚上的时间是自由的，即使我家就在离体校四站路的地方，我每周也只能回一次家，一次只能回去一天的时间——那时还没有实行双休日制度，周六下午训练结束后，爸妈接我回去，周日晚上 9 点钟之前我必须归队。爸爸的工作老是出差，只有休息日才在家，爸爸几乎每个周六都来接我，我知道，他也很挂念我。当时我最盼望的就是星期六的下午，训练完爸爸骑着自行车来接我回家，那个时候我可以对爸爸撒娇，说出训练时候的辛苦。

唯一的安慰是妈妈每天傍晚都会从家里坐公共汽车（大概 20 分钟左右）到体校来辅导我做家庭作业，风雨无阻。这是我一天中幸福感最强烈的时候。有时她来晚了，我就站在阳台上，牢牢望向大门口。妈妈不来，我就不下来。

妈妈每次来都带点我爱吃的零食，我吃东西，她就站在旁边帮我洗饭盒，收拾收拾床铺。等我吃完，她辅导我做作业，帮我洗衣服，我们母女俩有一句没一句地说些无关紧要的话，一直等到 10 点钟我上床睡觉，我妈才会回家。

那些分离对我和妈妈来说都是不那么轻松的，我记得自己在夜晚将近时是多么失望，但我不能赖着妈妈不让她走，我已经 8 岁了，我是大孩子了。我也知道我的哭泣会让她难受，而且什么结果都改变不了。

唯一体面的告别方式似乎就是闭起眼睛装睡，等妈妈走了，再一个人躲在被窝里面偷偷低声啜泣——绝对不能大声哭，让室友听到很丢脸的。我妈很快就觉出了蹊跷：怎么往床上一倒就睡着了？有一次她走出房间后，站在窗户旁边看了几分钟，才看到我钻出被子，面对墙壁，肩膀因为啜泣而轻轻抖动。很多年后，她告诉我说，当时她难过极了，很想带我回家。

但最后她也只能咬咬牙离开，想着周末要爸爸给我多做几个好菜。

日子长了，我逐渐适应了体校的生活。同学们全比我大，对我这个小丫头都很照顾，我的兴趣开始转移到了网球上，不再哭着入睡。这让家里人也比较放心。很多小朋友住在一起，每天可以听到很多很新鲜的事情，尽管当时可能有的听不懂，我还是觉得很快乐。就算我妈临时有事不能来，我也不那么难受了。

业余体校的生活是艰辛而快乐的，每天早上 6 点出早操，出完操在食堂吃早饭，然后 7：30 出发去上课，放学回来接着训练。对我来说，最痛苦的就是冬天从暖和的被子里爬出来出早操。我们要围着四片网球场跑步，冬天天亮得很晚，我们跑步的时候就偷懒，只顺着网子跑，还以为教练不知道。可是等天亮后，教练会去检查脚印，被检查到的时候我们就不知道该怎么办了。当时真的单纯得有点傻傻的，以为自己的小计谋可以得逞。

每天早上，出完早操，吃完早饭，我自己走到学校去上学。我记得从食堂走到学校要 15 分钟，体校的同学没有和我一个学校的，大家走着走着就散了，只有我匆匆忙忙地沿着马路往学校赶。马路两边是高大的法国梧桐，我认识梧桐树，一到秋天它们就掉我一脸毛毛。

放学后要赶紧回体校训练。体校的孩子们是没有假期的，别人放假的时间就是我们训练的时间。当时武汉市好像有个针对小学生的福利政策：每周四下午不用上课。但对我们来说，周四下午是个很重要的时段：那天我们要留在队里打循环赛。

刚开始训练的两年，我对网球热情很高，每天放学后恨不得跑步回去训练。90 年代初打网球，各方面条件都比较简陋，那时我们训练的网球场是露天的，没有硬地球场，当然更不可能有草地或是红土地，我们只有灰色的沙土地。练习前队员们要自己先下去做场地。

做场地也蛮好玩的：先用脚蹭出线的位置，然后再推着小车用石灰水画线。武汉的夏天气温 40℃是常事，薄薄的"回力"鞋底在沙土地上画线，脚底板都热辣辣地烫。那时候的经济实力还支付不起"耐克"，"回力"就是最好的装备了。

除了球鞋，拍子也是个问题。那个年代可没有为儿童特制的小号球拍，我们用的都是成人使用的木头拍子，沉甸甸的，非常坠手。木头拍把摩擦系数大，打不了半天手上就会磨出水泡，要等水泡变大、涨破，最后结成茧子，打起来才不会觉得疼。

我对痛感一直很迟钝，人家说我是那种"长颈鹿女孩"——周一被刺扎到脚，周日才会反应过来，因此对手上的水泡，我并不放在心上，我比较担心膝盖。

开始打对抗的时候我们还是孩子，重心不稳，沙土地很容易摔倒，孩子们几乎每天都把膝盖磕得鲜血淋漓。运动员摔摔打打是常事，我们也不会把这当回事。业余体校没有队医，都是教练带着我们去水龙头底下把伤口上粘的沙子冲一下，胡乱抹点红药水、紫药水就接着上场打球了。体校的小孩是不兴动不动就哭天抹泪的。再说大家都有伤，别个都忍着，就你一个人哭，怎么好意思哪？那时候我们如果第一次摔跤用的是红药水，下次就会选择紫药水，颜色不一样会感觉比较好玩。小时候真的单纯得可爱。

要说疼，最疼的是摔到旧伤口，之前的伤疤会裂开，疼得很。经常是受伤的部位还没有完全愈合就又摔到同样的部位。我记得有一次膝盖上面结的痂有一两厘米厚，裂开后，可以看到里面积了好多脓血和没剔干净的沙粒，那是旧伤未愈又添新伤的结果。所以现在看到膝盖上的疤痕，我还是会在心里为当时自己的坚强而默默鼓掌。

我们当时训练的时候在中山公园。因为是在开放的公园里，导致每次训练都会有很多人来围观，对，就是围观。可能大家觉得很稀奇吧——那么多小朋友在场上狂奔，分不清男女，全部都是短头发而且晒得很黑（现在学名是古铜色）。特别是当有小朋友摔跤的时候，有的人会心疼，但有的人却是会捂着嘴大笑着看热闹。不过不管怎么样，现在回想起来当时还是很快乐的，有那么多小朋友可以一起打球。

父母偶尔下班也会过来看，但大多数时间他们会刻意错过那个时间段，因为看着实在太心疼了。

父母看到我腿上的疤痕就脸色凝重，我倒是毫无感觉。小孩子完全没有“好看”“难看”这些概念，我一直到成年后才发现自己的腿上伤痕累累，很不好看。但在那时，几乎所有网球队的女孩子都不大看得出性别。为了打球方便，我们都把头发剃得短短的，穿着几乎所有生于20世纪80年代初的城市孩子们都穿过的类似式样的运动服。

由于常年在室外打球，我们的脸上、身上都晒得黑黝黝的，很容易被错认成男生。训练场外面就是公园，有时我们打完球去滑梯、跷跷板上玩，旁边的小弟弟小妹妹看了眼馋，上来说：“哥哥让我们玩一下撒。”我只好说：“我不是哥哥，我是姐姐哪！”

现在想来，那段时间的开销可真不小。球拍和鞋子都消耗得很快，加上我个子长得飞快，运动服几个月就穿不下了，这些都是要自己花钱买的，再加上学费、定期交食堂的饭费，爸妈在我身上的投入真不小。我家是普通的工薪阶层的家庭，这笔支出对我家不是小数字，但每次要换装备的时候，父母都表现得非常轻松，他们不愿意我有这方面的心理负担。宁可自己省吃俭用，也不会让我觉得拮据。我的同学们家里很多是做生意的，比我家条件好很多，但当时，我一点儿差距都感觉不到。

打了两年网球，最初的新鲜劲儿渐渐过去，我开始在放学的路上磨蹭。从学校到中山公园的网球场中间的商场门口有时会有人要猴，我就站在那里看猴戏看到散场，再看商场挂的大钟，训练时间都快要结束了，赶紧往训练场跑，赶在结束前挥两拍。

我对网球已经不那么感兴趣了，但它已经成为我生活不可分割的一部分，当它从我的生活中蓦然抽离时，我忽然感到空虚。有一年暑假，我和小朋友玩捉迷藏时躲在二楼的阳台外面，结果不小心掉下阳台，摔在一块石头上，软组织挫伤了。大夫要我好好休息，暂时停止训练。

这个结果对我来说是正中下怀，终于不用顶着太阳打球了！我可以舒舒服服地在家看电视、喝冰水了。

休息的第一天，我感到轻松愉快，还舒舒服服地睡了个懒觉。

第二天起，空虚就占领了我的心，我六神无主地在家里发呆，不知道该做些什么好。

在家里“养伤”三天后，我向爸爸求饶，让他带我去队里看看。队里的小朋友们见我回来都很开心，我也不想走了，就跟爸爸说，让他一个人回去，我就先留在队里训练吧。

爸爸哈哈一笑：“那我怎么和你妈交代？”

最后我还是留在了队里，当天就恢复了训练。

即使是周末回家，爸爸也会带我去打球，不过不是在训练场打，而是在父母陪同下，去武汉市青少年宫的网球场打。我们三个人带着晾好的白开水和洗干净的水果赶到青少年宫。那里打网球的都是成年人，20多岁的小伙子居多，也有人陪练。陪练是要收钱的，一小时5块钱，这在那个年代是蛮贵的价格了，但爸爸毫不犹豫地说：“打。”

最初跟陪练打，我是有点吃力的，小姑娘和成年男子的力道差得不是一星半点，打起来很辛苦，但打着打着就慢慢适应了，也摸出了一点儿门道。渐渐地还在青少年宫打出了一点儿小名气，每次一去就有人主动邀请我打球，还蛮风光的。可能是因为我的架势挺专业，不像一个初学的小姑娘吧。

我很喜欢启蒙教练夏溪瑶，她性格温和，总和我们一起嘻嘻哈哈的，不像别的教练那么严肃，我小时候最喜欢她。考虑到我们都还是小学生，夏教练把训练时间安排得比较灵活，作业多的时候，她会让我们少训练一会儿，留出足够的时间把作业写完，等到作业少的时候再把运动量加上去。

我的学习成绩一直不错，数学尤其出色，还曾经被老师带去上过一段时间的奥林匹克班。数学考试的时候我习惯倒着做卷子——这也是优等生用来表示自信的一种方式，我信心满满地先做后面的大题，再做前面的填空选择。

在数学课上我从来没有遇到过障碍。

相比之下，语文就差多了，我讨厌语文课，我的语文卷子一般只有七八十分，比数学差远了。好在爸妈对我的教育一直比较宽松，每次考试卷子都要带回家给家长签字，爸妈看过就签了，印象中，他们从来不曾对我说过“别人家孩子考了多少多少”这种话。从这一点上说，我比很多同龄人都要幸运。

随着我年龄渐长，训练和学习的矛盾日益突出，不只是退个奥数班那么简单了。

一个人的精力总是有限的，“小升初”考试前，我在学校复习功课，整整一个月没去训练。老师和教练都对我意见很大。当时我在武汉单洞新村小学就读，班主任黄老师对我期望很大，一直劝说我父母让我专心升学，放弃网球。她说打网球如果打不出成绩，以后很难有出息，不如收心好好考个学校。而夏教练的意见则相反，她认为我网球前景不错，顺利的话，会有“打出来”的一天。

老师很希望我不再打球，教练则希望我全心训练。两边都是为我好，都苦口婆心，我爸妈被顶在磨盘中心左右为难。20 世纪 90 年代初，“万般皆下品，唯有读书高”的价值观还占据了社会主流，大家对运动员有些成见，好像搞体育的就特别笨似的。我们自己心里也没什么底气——搞体育的不确定因素太多，谁也不敢保证自己就一定能“打出来”。当时湖北省队的余丽桥教练曾经是亚洲冠军，那在我当时的心目中可是厉害得不行了，可我和同学一起坐公交车回家时问他：“余丽桥你认不认得？她是亚洲冠军！”同学老实回答：“不认得。”这让我很震惊：网球这么不受关注！亚洲冠军这么厉害，可说出名字来，大家都不知道，这让我非常有挫败感。

许多同学都在那时陆陆续续放弃了网球，但爸爸最终还是为我选择了继续打球这条路。回家后他没有提到老师在家长会上的抱怨，而是让我继续专心练球。尽管如此，我还是能感受到教练和老师之间的竞争和对彼此的不屑。

老实说，在后来的若干年中，我曾经多次怀疑自己是否该踏上网球这条路。但当时的我没有选择的余地。我们这一代的许多孩子都在做自己并不感兴趣的事，许多人不喜欢数学奥赛班，但他们的父母喜欢说“我的孩子在奥数班”，于是他们就得坐在教室里，挖空心思地考虑“已知笼子里共有鸡和兔 15 只，共有 40 条腿，那么鸡和兔各有几只”的问题。我对网球说不上多热爱（有时简直就是痛恨），但我还是坚持练下来了。我不知道为什么要坚持。我坚持的唯一原因是大家都认为我应该坚持下去。

当我坐在教室里试图为枯燥的课文分段，并总结归纳段落大意的时候，我偶尔会思念网球场上明媚的阳光，以及网球撞击在拍子上的响声。但当同学们尽情享受着寒暑假，或是聚在一起讨论昨天晚上看的电视剧剧情时，我就只能木着脸走开——我没有寒暑假，他们说的电视剧我都没看过，我没有时间看电视。

11 岁那年，我和业余体校的另外几个队友进了省队的集训队，我们的指导教练就是大名鼎鼎的前亚洲冠军余丽桥。从 11 岁开始，她就是我的教练，一直带了我 9 年，到我第一次退役。

余教练告诉我们，进省队的名额只有一个，想要从集训队进入专业队，就要更加努力地训练。

这是我人生中第一次体会到“竞争”两个字的含义。我们几个人都住在一间宿舍里面，每天一起吃饭，一起训练，都是亲如手足的好朋友。和好朋友“竞争”，心里总是疙疙瘩瘩的，加上我在这些队员里年龄最小，家里经济条件也很一般，虽然成绩算是比较不错的，但也没有胜出的信心。

正在患得患失的时候，一个新的机会忽然出现在眼前——作为集训队的队员，我有时可以代表湖北队出去打一些锦标赛或者业余赛，在某场比赛中火车头队的教练相中了我，并和我爸爸取得了联系，表示希望我能到火车头队打球。

爸爸很犹豫，因为对我能否加入湖北省队没把握，但又不甘心让我去火车头队——当时的湖北是网球强省，连续出了好几个全国冠军，火车头队虽然实力也很强劲，但比湖北队还是略逊一筹。

爸爸在反复思索后，最终婉转地谢绝了火车头队的教练。爸爸一直希望我能成为全国冠军，湖北队作为网球传统强队，无疑是培养冠军的最佳土壤。

爸爸和我那时都没想过日后会有“大满贯”这类比赛，我们的梦想止步于全国冠军，能打到国内第一，已经觉得是莫大的荣耀。另外，爸爸也有一些更现实的顾虑——湖北队离我家的距离不过三站路，如果我去了火车头队，想多见我几面就很难了。

这些事情，我当时一无所知，直到爸爸走后，妈妈才告诉我当时爸爸有多焦虑。

爸爸的病时好时坏，在他意识清醒的时候，他给我的教练余丽桥写了一封信，语气非常诚恳谦恭。大意是感谢教练对我的栽培和指导，自己身患重病，时日无多，只能把我的未来托付给教练了，希望教练多多帮助我，不要客气，该批评就批评该教育就教育……这封信余教练留了很长时间，还叮嘱队里的同事“万一李娜家出了什么事情，随时准假”。

这时候爸爸的身体已经很糟糕了。

爸爸的病起源于一根小小的血管。最初爸爸觉得胃疼，没当回事，以为是常年奔波得了胃病，调理一下就会好。1992 年，忽然高烧不退，他才去做了彩色B超检查，检查结果是：先天性血管狭窄——一根位于肝脏与心脏之间的血管因为太过狭窄而堵塞，血流不畅通引起了高烧。医生说，这种病在全世界都很罕见。

唯一的治疗方法，是将血管切除，换成人造的塑料血管。当时医学还不是很发达，人造血管也都是国产的，最多使用4年。

我从头到尾被蒙在鼓里，爸爸不准任何人和我谈论他的病情。这根细细的人造血管像一个恶毒的诅咒，像一颗随时会爆炸的定时炸弹一样深深埋入他的腹腔。1996年，人造血管如同先前说的一样，只工作了4年就开始萎缩了，血液无法通过，形成了肝腹水，严重时，爸爸连呼吸都无法进行。

这时我正在北京集训，为之后在深圳的青少年赛作准备，爸爸反复叮嘱大家不要让我分心，妈妈也不敢告诉我爸爸的真实病情。最后一次见爸爸是在火车站，当时很多小朋友一起在北京训练，我和小队员一起从北京坐火车去深圳时，火车经过武汉，爸爸让我下车，我们父女俩在站台上见了一面，见面不到5分钟。之前的三个月我一直没见到爸爸，这次见面，看到爸爸拖着臃肿的身体艰难地迈着步伐时，我大吃一惊，爸爸怎么憔悴成这样，跟变了个人似的？不过爸爸一直跟我说不要担心他，病况已经开始好转了，不久的将来就可以陪着我到现场看我比赛。对我来说，这是一个特别美好的谎言，直到现在我还在自我欺骗地坚信会有实现的那一天。

如果那个时候我聪明一点不会没有想到爸爸的病，不会见不到爸爸的最后一面，不会直到现在想起爸爸时还会心痛。

在深圳的每一天，我都会跟妈妈通电话，妈妈说爸爸身体恢复得很快，和朋友一起出去玩了，我心中纳闷，爸爸病了好几年了，怎么好起来这么快？不过妈妈既然都这么说了，那就一定是真的。我还叮嘱妈妈让她看好爸爸，大病初愈，不要走动太多。后来才知道，妈妈接电话的时候，爸爸正在手术室里抢救。

我家的经济条件原本就算不上好，爸爸生病后就更加拮据。爸爸的单位效益不好，虽然有医保，大多数医药费还是得我们自己想办法。那段时间，妈妈最受煎熬，以前家里大事小情有爸爸做主，她也习惯了凡事由爸爸操办，现在爸爸病得卧床不起，妈妈只能自己去亲友家走动借钱。刚开始还能筹到一些，后来就只能两手空空地回来了。债主们也有他们的顾虑：一个女人带着一个孩子，这钱什么时候能还上呢？

妈妈忧虑得连哭都不会哭了，她自幼衣食无忧，从没这样四处求告过。爸爸有一段时间经常陷入昏迷中，妈妈一看到就赶紧把他送到医院抢救，第一次抢救过来后，大概有一个多月的时间，爸爸的身体没出现过突发状况，第二次抢救后，他只有 20 天左右的时间是清醒的，第三次他维持了 10 天……最后就完全意识模糊了。医院的病危通知书一封一封地发，我们却没有能力送爸爸去好一点的医院。最后一次住院的时候，爸爸说他不想去了。就在妈妈单位隔壁五医院的分院打了一针氨基酸，然后在妈妈单位休息，妈妈一边照顾爸爸一边上晚班。那段时间爸爸试图自杀过一次，他说想吃包子，支开了妈妈，妈妈提着包子和菜走到楼下时，隔壁的朱师傅把头探出窗户大喊："小李！小李快上来！你家出事了！"妈妈进门就看到满地的血，赶紧和叔叔一起把爸爸送到了六医院抢救。

此时的妈妈上天无路，入地无门。人说穷居闹市无人问，富在深山有远亲，这话是对的，人到了这般田地，才会真正看清楚人情冷暖、世态炎凉。

最让我和妈妈心寒的是奶奶很早就表示了放弃，爸爸生病时，奶奶当着我的面说了一句："死马当做活马医吧。"这句话深深地刺痛了我。他们有五个儿子，漫不经心地养活着他们，即使一个不在了，后面也还有四个。可是我只有一个爸爸。

后来妈妈跟奶奶借钱付医药费，奶奶很直接地说："我借不到。"转天就带着家人去买新衣服了。小叔叔只比我大 7 岁，当时还在念大学，奶奶二话没说就拿出钱来给叔叔交学费。

父亲去世后，我和爷爷奶奶加起来见面不超过三次。我知道他们有他们的立场和苦衷，但是我没办法忘记，没办法原谅，起码现在还不能。我不愿意见他们，见到他们就会想起那些痛苦的往事。

爸爸去世是在 1996 年 11 月 14 日。他是 1957 年出生的，离世的时候，连 40 岁都不到。

不久后，我就在湖北省队注册，成为湖北队的正式队员，朋友们都祝贺我，但我心里并没有多少喜悦。进入省队，成为全国冠军，是爸爸一直希望看到的结果，可他还没来得及看到这一切，就早早地离去了。

后来一个偶然的机会，我在余指导那里看到了爸爸当年留给余指导的一封信。

万箭穿心。

"子欲养而亲不待"，这句话何其真实，又何其残酷。

05 小鬼当家

有时候我真想穿越回去，告诉那个在陌生人群中茫然无助的中国女孩儿：振作点儿，一切都会好的。但有时又觉得不必。那些小磨难和小障碍，最后都被证明是命运指派给我的催熟剂，它们让我学会勇敢和承担。

父亲去世以后，妈妈比年少的我更六神无主。爸爸生病欠下的债没有着落，操办丧事又要花钱，妈妈拿不准怎么办好，索性凡事都和我商量。

我忽然觉得自己很强大，强大到可以撑起这个家，可以保护妈妈。

小时候，我对钱完全没有概念，需要换拍子、换鞋子的时候，就和爸妈开口要。稍大一点开始打比赛，队里发了奖金也全交给爸妈处理。真正开始意识到钱的重要，是从爸爸去世才开始的。为了还清给爸爸治病欠下的债，妈妈把房子租了出去，自己搬回武昌娘家住。有一次她踌躇再三，犹犹豫豫着问我打全运会的奖金什么时候发，她一个人的工资不够还债。

我非常希望自己能多打几场比赛。我多打一场比赛，奖金就多一点，就能早一点把家里的债还清。

那一年我 15 岁。

进省队的日子没我开始想象的那么快活。

从我1991年进湖北省的集训队起，带我的教练就是余丽桥，她一直带我到2002年我第一次退役的时候。她是湖北队教练，后来进国家队也是她一直在带。这9年时间里，我与她一起相处时间最长，受她的影响也最多。

余教练是位相当敬业的好教练，但是脾气火暴、风格强硬。她以对球员要求高、纪律严而闻名。如果一件事情她说了两三次以后你还改正不了，她就会很急地冲着你说“教猪都教会了，你怎么这么笨还没学会”，有种恨铁不成钢的感觉。

小孩肯定会有逆反心理。我每次听到这样的话，心里就会想，你教猪都能教会，那你就教一个给我看看啊。

女孩受委屈时多少会哭一哭，余教练最看不得别人哭，“哭什么？还好意思哭？”可如果你不哭了，她又会说：“你到底有没有脑子，这么说你都没感觉。”刚开始被这样说，心里相当难受和委屈，甚至会影响练习的情绪。后来她再说这些话时，已经伤害不了我了。我已经麻木了，习惯了。

我的感觉就是自己怎么做都不对。那时我和李婷都是余教练带，李婷比我大一些，那时候我们还是在沙土地上打球，她给我们喂球，我和李婷一起打。如果我们谁有一个正拍的球失误了，她就会大发雷霆，巴拉巴拉说一大堆。如果我们连续失误，她会不耐烦地一把把我们推下去，劈头盖脸地一通“滚滚滚”！

我在跟余教练的9年当中，几乎没有得到过表扬，甚至没有机会表达自己的想法。所以直到现在，我从来没有一次觉得自己是聪明的，一直觉得自己是那种傻傻的，可能当时的影响太深了。

后来有人说我“内心强大”。我不由得苦笑：任何人在这样的教育下成长起来都会内心强大，不是吗？

这不是说余教练人不好，她是一个非常敬业的教练、非常刚正的人。她是1957年出生的，丈夫英年早逝，留下她独自抚养刚刚两岁的孩子。现在想来，一个年轻女人带着孩子，还得肩负沉重的工作超负荷运转，也挺不容易的。每次她带我们出去打比赛，就得让孩子的舅舅过来带孩子。从集训队到专业队，那么多队员里选一个。我的家庭环境几乎是队里最差的，还是选了我。有的时候，她还要自己出钱带我们打比赛。这些都说明她的人品是刚正、无私的。

只是余教练脾气太火暴，印象里她从来没有轻言细语地说过话。我们犯了什么错误，她说一遍我没改，她立马就爆炸了。我们一起训练的队员，从来没有比如“今天起床感觉天气很好或者很高兴”这种感觉，每天一起床就想“马上又要训练了，又要挨骂了”，战战兢兢、如履薄冰，不知道什么时候就会犯错，也不知道什么时候教练会突然罚你跑步。所有队员都惶惶不可终日——我们不知道惩罚什么时候会来，我们只知道它一定会来的。

成年后我知道这不是教练个人的问题。中国自古有“严师出高徒”的说法，教练对弟子们都是非常严厉的。在如此压抑的环境里长大的弟子们后来退役当了教练，会不自觉甚至变本加厉地压制自己的弟子。这多少有点“多年媳妇儿熬成婆”的意味。也是因为他们根本不会别的教育方式。这一代教练是这么压他们的，等他们大了当教练后就也那样压下面的新队员，就这样一代一代地压制下去，所有队员都是在超强压的训练方式下成长的。这非常不人性，但……很见效。

在“出成绩”的诱惑下，一切高压手段都是被默许的。

1997 年，我在青岛的全国网球联赛总决赛中，拿到了自己人生中第一个全国冠军，成为年龄最小的成人组全国单打冠军。

很遗憾的是我完成了爸爸的心愿时，爸爸已经看不到了，有时我会想象如果爸爸还在，他会是什么样的表情，会不会抱着他女儿开心地笑着，应该会为他女儿而感到骄傲吧？从爸爸离开我后，“爸爸”这个词我会尽量避免提及，甚至连想都不敢想。这是我藏在内心深处、不能触碰的重要秘密，希望可以通过自己的努力来保护它不会受到伤害。有时候我也忍不住会想：如果爸爸没有那么早离开我，我是不是就会是另一个样子？可以任意地在爸爸面前撒娇，可以偶尔任性，不用假装坚强，不用小小年纪背负家庭的责任而生活，应该会跟现在完全不一样吧。

进入省队后不久，我就为自己争取到了一次出国交流的机会——那时省队通知我去北京参加青少年集训，来自全国各地的被认为有发展前途的网球少年都聚集于此。这是国家网球中心举办的活动，耐克中国公司担任赞助商，经过一番精挑细选，一共有六男六女十二名运动员被选送进入耐克训练营。

最终的优胜者获得去美国网校学习 10 个月的机会，我非常幸运地赢得了这个机会。

在 1997 年，办签证还是件非常麻烦的事，也费了不少周折。而我此刻的精力更多地要用在上海举办的全运会比赛上。全运会一结束我就要远渡重洋，妈妈放心不下我，独自来到上海看我，我们母女俩见缝插针地见了一面。妈妈送我到机场就忍不住哭了，一面是舍不得我小小年纪就要远渡重洋，在异国他乡生活，连个伴都没有；另一面也是思念离世不久的父亲，但又不能明说，只能以眼泪来抒发心中的郁结。

耐克公司联系的网球学校在得克萨斯，上海只有直飞洛杉矶的班机，我要在洛杉矶转机一次才能到达目的地。当时我办的是学生签证，需要有一张I-20表才能过关，但是监护人在我出国之前忘记给我这张表，入关的时候海关的工作人员如临大敌，反复盘问我这张表的去向，那个时候我一句英文不会讲，大家只好大眼瞪小眼地僵持着。最后他们找到一个懂中文的翻译来问我，我告诉他我没有见到过这张表，他们不信，说这不可能。又问我来美国是准备去哪里，待多长时间，我就告诉他们我要去的那家网校的名字，然后，他们还打开我的两包行李细细检查。

我的行李非常简单，除了必需的生活用品就是耐克赞助的运动服。

这番交涉的结果，是他们把我关到一间小黑屋里，自己去联系我要去的网校。

我不知道他们把我锁在小黑屋里是什么意思，只知道自己将要乘坐的班机马上就要起飞了。我吓坏了，我不知道自己犯了什么错。房间里没有灯，我一个人在黑暗中手足无措地坐着，还掉了几滴眼泪。之前打青少年赛也出过几次国，但那都是在有领队和翻译陪同的情况下，我从来没有遇到过这种情况。

大约在小黑屋里待了20分钟，海关的人把我放出来了，他们联系到了网校的人，告诉我说你可以走了，但是你得在两个月内让学校的人帮你去移民局补办这张表。

这时，我原定要搭乘的班机已经飞走了。

也不知是从哪儿来的胆子，我开始向身边的人寻求帮助，因为不懂英语，我就专找亚洲面孔的人求救。有一位男士人非常好，他告诉我下一班飞往得克萨斯的航班在明天早上6点，他可以帮我申请把机票改到那一班。

当时是下午4点，我要在机场等待14个小时。我自己一个人推了一辆行李车，车里是满满的行李，坐在候机大厅巨大的玻璃窗前面看着外面广阔的天空。

天将黑的时候，我看到一架飞机从跑道上起飞。我认出那是回国的飞机，那一刻我非常非常希望自己就在那架飞机上，它能带着我飞回中国，飞回家。

但是我不能。

我就那么坐着，看外面的天空一点点从蓝变黑，眼泪无声地掉下来。

等待期间，我束手无策，不知道该怎么办。我还想给网校打电话，但最终因为语言不通而放弃了。后半夜，机场的人越来越少了，我就这样在机场坐了一夜，连去洗手间也要推着行李车。

有时候我真想穿越回去，告诉那个在陌生人群中茫然无助的中国女孩儿：振作点儿，一切都会好的。但有时又觉得不必。那些小磨难和小障碍，最后都被证明是命运指派给我的催熟剂，它们让我学会勇敢和承担。

当第二天清晨我登上班机，磕磕绊绊地来到了得克萨斯时，网校的教练已经等候我多时了。

我在网校的前两个星期，一句英文都听不懂。之前比我早去网校的中国男生已经出去打比赛了，唯一能够沟通的台湾球员又和我住得很远——为了让学员们早日熟悉英文环境，网校安排住处时将我们隔开了。我同屋的美国女生大我两岁，这个美国姑娘和我以往接触到的中国孩子不同，非常外向且健谈，不管我能不能听懂，她每天都要噼里啪啦对我说一大通英文，实在交流不了，我俩就打手语，比比画画地告诉对方：该吃饭了！该去训练了！该睡觉了！她对我的英文进步起了很大作用。

在网校，我们的学习和训练时间是对半分的。早上，黄色的大校车送我们去离网校 10 分钟车程的学校上课。到了中午再接我们回来，大家一起去网校的食堂吃饭。下午 1 点半开始训练或是打友谊赛，有时还有体能教练带我们练体能。晚上 6 点半左右开晚饭，之后是自由活动时间。网校附近一定有个飞机场，我总能在训练时看到飞机掠过头顶。我不由得又开始幻想，如果那正是回国的飞机，而我就在飞机上面，那该多好！

网校像一个小小的联合国，汇集了来自全世界的各种肤色、操着各种语言的孩子，在这里可能会遇到八九岁就已经打得有模有样的小朋友，也有可能看到 20 岁出头的职业选手在赛季结束后来训练几个星期。我们上午学的课程主要是语言和数学，中国来的孩子们应付此地的数学课程几乎不费吹灰之力，我们的主要精力基本放在攻克语言关和打友谊赛上。

后来我看到有报道说“美国先进的训练手段，让李娜的球技有了明显的提高”，说老实话，训练计划什么的，哪儿都差不多。网校的优势在于打比赛的机会比较多，可以让队员积累起丰富的实战经验。

美国的网球学校不少，相互之间的友谊赛非常频繁，基本上每两天就会有一次校内的比赛，每周会有一次网校之间的友谊赛，比赛结果还会影响到网校的排名。网校的学生在自己学校内也有排名。今天打比赛赢了，就加上几分，排名也许会往上升一升，明天输了，排名就会降几位，男女生是混在一起排名的，很富挑战性也很有趣。

我在网校打了 10 个月，排名浮动在第三、第四名的位置上。当时在网校最有名的是一位比我大一岁的匈牙利女生，她起点很高，那时就已经打到了世界青少年赛前三四名的位置，网校很重视她，专门请了一位资格很老的教练单独带她。后来我们都长大了，参加职业赛事时，我还不时在赛场上遇见她。每次相逢大家都会微微一笑，打个招呼——我们在网校共同生活了 10 个月，还不时一起坐车出去比赛，虽然谈不上是多好的朋友，但在多年后看到少年时的熟面孔，还是有一种“原来你也在这里”的亲切感。

我最后一次在赛场上见到这个匈牙利女孩是在 2007 年，这几年基本见不到了——网校的朋友似乎都退役了，当年和我一起进入耐克训练营的大陆男生比我大一岁，现在也退役了。当年台湾选送的男孩子球技非常厉害，在青少年赛中排名很高，后来不知道什么原因很少听到他的消息，现在大概也已经不打球了。

语言和东西方文化的差异造成了队员间交流的障碍，加上我天性喜静，和网校的同学们并不是非常熟。平时大家都忙着比赛和学习，还不至于太冷落寂寞，等到圣诞节的时候，校友们都回家与家人团聚了，偌大的校园蓦然空空荡荡，只剩我们三个中国人。

时节又是寒冬，大家不约而同地沉默了，那种孤单的感觉实在难以言表。尽管校外的街道上飘着悦耳的圣诞歌曲声，但那并不是属于我们的节日。

实在想家的时候，我就写信。

多年后，我妈说她把我的比赛视频都存在移动硬盘里，想我的时候就拿出来插在电脑上，想看哪场球就看哪场球，我打哪场比赛时说了什么，穿着什么衣服，她都知道。但在当时，我连打电话的钱都没有，写信就是我排遣寂寞的最重要的活动。

爸爸去世后，我把工资卡给了妈妈，希望早日还清家里欠的债，能让妈妈过上好一点的生活。有时打比赛，主办方会发点奖金，这就算是我的零花钱。

出国后，妈妈担心我手头拮据，在每一封来信里她都要问我还有没有钱，我就回信告诉她我很好，不缺钱。

真是讽刺的现实，我们俩都穷得要死，但都在拼命向对方保证：我很好，我有钱。

现在想来，那些信件大概流露出不少稚嫩的自负，很多信都写得像决心书似的，内容也大同小异：妈妈，我今天和谁谁打球了，打的情况如何如何，我会继续努力什么什么的。妈妈给我的回信除了鼓励之外，更多的则是对我生活状况的探问。她惦记我，又不敢说太多家长里短的话让我分心。

网校运动员的比赛经费是固定的，比赛打完，经费也就用光了，耐克不能给我们额外的补助。我在网校提高得比较快，成绩也不错，教练希望我能尽可能多地参加比赛，我给妈妈打电话，她赶紧去找余教练商量办法。余教练立刻陪着妈妈去找体工大队，告诉他们我的成绩很不错，游说大队给我投资，软磨硬泡才争取来宝贵的1000美金。

据说少年时期的遭遇最容易影响一个人，因为那是他／她人生观和价值观形成的核心时期。小时候的我简单快乐，需要什么张口告诉爸爸妈妈就好，父亲去世后，我的世界都像是变了颜色。每次我回忆起少女时代的往事，感觉都像是灰色的，没有像别的女孩子那么轻松、那么美丽、那么罗曼蒂克的感觉。那时的我倔犟、忧郁，坚硬得像块石头。清寒艰苦的少女记忆或许将会深入骨髓地伴随我走一生吧，不管之后多么富有、多么轻松，那个努力攒钱还债的女孩子始终盘踞在我心中，挥之不去。她影响我的程度，也许比我以为的还要深一些。

06 母亲

我曾经拥有的那个完整、和美的家庭，这么快就消失得毫无痕迹。我知道妈妈从此不是我一个人的了。我曾经拥有的一切，在短短一年间灰飞烟灭，连一点儿幸福的痕迹都没有留下。

在网球学校10个月的训练结束之后，我去日本打了一场比赛。比赛一结束，我就能回家了！

这时候我和普通美国人交流已经没什么问题了。外国人喜欢我的名字，因为简单，容易上口。我的治疗师交了个意大利女友，对意大利文化颇有心得，他问我是不是有意大利血统。我告诉他我是地道的中国人，他说，觉得我的性格有点像意大利人——前5分钟可以跟你好好地说话，忽然一下子说翻脸就翻脸。单纯、直率，性情中人，这都是意大利人的典型特征。我听完，有点想笑。他说的意大利人，有点像武汉人。

网校伙食营养均衡，搭配很科学，但是一方水土养一方人，我这个土生土长的武汉人最爱的还是湖北菜（还喜欢同样火暴、浓烈的四川菜）。一想到我那花样繁多、口味浓郁的家乡菜，我就忍不住食指大动、口水长流了。就不说正餐，光说早饭吧。武汉人管吃早饭叫“过早”，外地人去武汉，有条件的都讲究去户部巷"过早"。但在我看来，"过早"不一定非要去户部巷，在街头的小摊上吃碗炒豆丝，口味未必就比几十年的老店差。武汉人"过早"，花样多多，芝麻酱拌的热干面香气扑鼻；油炸面窝金黄酥脆；豆皮上的糯米颗颗晶莹发亮，鸡蛋皮儿下面藏着软嫩鲜香的香菇、鲜笋和肉丁；糊粉汤要搭配油条吃，米粉的浓厚和油条的香脆相得益彰；除了这些，还有糯米鸡、重油烧梅、蛋花米酒、牛腩面……

我妈说她手工灌了香肠，挂在阳台上等我回来吃。隔着万水千山，虽然吃不到嘴里，可那熟悉的香气已经飘飘荡荡进了我的梦里。

我想家了。

当我在日本比赛的时候，妈妈忽然给我打了个越洋电话，说有人给她介绍对象。我爸爸妈妈是高中同学，他们很早就恋爱结婚，感情深厚。妈妈秉性柔弱，家里的大小事情都靠爸爸操持照料。忽然一朝丧夫，精神支柱轰然倒塌。父亲葬礼过后，我又漂洋过海去了美国，妈妈一个人孤苦伶仃地挨日子，忍受着丧夫和女儿远离的双重悲痛。外婆和舅舅怕她走不出内心阴影，希望她早日从悲伤中走出来，一直托人给她介绍对象。妈妈长得漂亮（爸爸也帅，我家人都很好看，只有我是结合了爸妈的"缺点"生出来的），人也年轻，再婚也是很自然的事情。

当时我问妈妈，你对那人感觉怎么样？妈妈说，没有爸爸帅，可人品很好。我便回答她："只要你喜欢就行。"

挂上电话，我忽然怅然若失：我连妈妈也要失去了吗？

我不知道自己到底是太单纯，还是太成熟——当时我唯一的想法是：我不在乎这个男人对我好还是不好，只要他对我妈妈好，实实在在照顾好妈妈，我就接受他。我常年在外面比赛，将来又不可能留在妈妈身边一辈子，她能找到个相濡以沫的人共度余生，当然是再好不过。我有我自己的生活，不应该去干涉妈妈的幸福。作为孩子，如果母亲把所有精力都耗在我身上，我会感到非常对不起她，那是很自私的一种行为。

可潜意识里，又有一种被遗弃了似的悲伤。

我家原来住的房子为了偿还债务租出去了。如今，妈妈也要和一个我不认识的人组成新的家庭了。我曾经拥有的那个完整、和美的家庭这么快就消失得毫无痕迹。我曾经拥有的幸福，在短短一年间灰飞烟灭，连一点儿幸福的痕迹都没有留下。我知道妈妈从此不是我一个人的了。

我知道迟早有这一天，该来的终归要来，我只是没想到会来得这么快。爸爸走了才一年多，他的位置就被另一个陌生人取代了。

当我从日本回来下了飞机后，妈妈带着叔叔（我一直管我的继父叫叔叔）的儿子去接我。我面无表情地看着她，妈妈的表情很不自然。那天，妈妈带我住进了叔叔家。

1996 年 11 月 14 日爸爸走，12 月我进了省队，1997 年 10 月份我去了美国，1998 年 6 月回国，不过一年半的时间，我忽然发现，妈妈已经完全融入了新的家庭，我变成了多余的人，一个游离在这个美满家庭外围的旁观者。

客观地说，叔叔是个忠厚的人，对妈妈很好，对我也不错。让我觉得别扭的反而是我妈。她一直希望我能和叔叔更亲近一点，总是劝我主动给叔叔打个电话、常联系，多培养亲情什么的。或许，潜意识里她希望重建她曾经幸福的家庭，希望我们真正是一家人。或许，因为太伤心，她希望抹去我爸爸存在的痕迹，彻底将他忘记。但是，我不能。我不能忘记我的爸爸，我不能忘记我们曾经甜蜜的好时光，我不能假装他从来不曾存在过。那，是我最宝贵的东西。

最初我也曾经勉为其难地应付应付妈妈，给叔叔打过几次电话。但是说什么呢？每次都是“注意身体”之类的客套话。他对妈妈的好、对我的好，我看在眼里、记在心里，但是他永远代替不了我的爸爸。

后来，我和妈妈郑重地谈过一次。我说：妈妈，我是你女儿，我们俩有血缘关系。我知道叔叔人很好，但他只是你的丈夫，代替不了我的爸爸。你有你的生活方式，我有我的生活方式，你不能把你的观念强加在我头上。

我妈从此以后也就不再勉强我了。但她总觉得我不愿意陪她多聊聊天。可是她的生活圈子与我的越来越远，她在新环境中如鱼得水，一开口，谈的就是她和叔叔的新生活。

曾有一次我去巴黎打比赛，妈妈有远房亲戚在巴黎，我劝她跟我一块儿去，算是旅游，还可以探望一下亲戚。她说不行，叔叔有工作，要去得大家一起去。我心中叹口气，说：好吧，你自己决定吧。

妈妈的生活已经和叔叔产生了千丝万缕的联系，这个新家和美而稳固，但我越来越明确地感觉到，自己是个外人。

事隔多年，我终于可以坦然承认，这件事对当时的我还是造成了很大伤害。

童话里的爱情都是美好的，可能是我还活在自己理想的世界里。

为了维护妈妈来之不易的幸福，我一直压抑着自己的感受，努力让自己理性地处理和妈妈、叔叔的关系。我承认妈妈的选择是对的。这一点，我心知肚明。但当时的我只是个沉默的青春期少女，我有满肚子的委屈和悲伤，却不能开口对外人倾吐一个字。

我刻意冷淡妈妈，即使明知我根本没有理由怨恨她，我还是不能原谅她。我偏执地认为：是她背弃了我和爸爸，是她让我变成了没有家的孩子。虽然我知道这种想法是不对的，但我还是不由自主地恨她。我自私地将自己对父亲的怀念、四处流离无枝可依的凄惶和单亲家庭孩子受到的歧视都转化成恨意，一股脑儿地转嫁给母亲。因为这样会让我好过一点——愤怒比悲伤更有力，愤怒不会让一个人垮掉。

但另一方面，我感到自己内心深处比以往更空虚，在坚硬的外壳之下，我觉得孤独，我觉得自己被漠视了。

我想要个新家。我希望有人可以去爱、去信赖。

图片来源：CFP

07 武汉伢

他在我的生命里扮演着许多角色：丈夫、教练、保姆……偶尔还要客串一下厨子或者保健医生。他比我聪明，比我通晓事理，当我遇到烦恼时，他是我唯一能够放下顾忌倾诉心事的人，他是我生命中不可或缺的人。

不是每个女孩子都有成为公主的命运。因为爸爸离世早，我一直告诉自己要强大，要能够保护自己和妈妈。后来大家看到我时，都觉得我是个剽悍到不需要任何保护的女人，只有我自己心里知道，在漫长的青春期，我坚硬的外壳下藏着的那个女孩是多么软弱无力，她是多么羡慕那些父母双全的孩子。

只是，我已经回不去了。

我在进入省队之后就认识姜山了。当我还是个崭露头角的新手的时候，他已经非常出类拔萃。

他多帅啊！女孩子们都在背后偷偷谈论他。那时候韩风正盛，H · O · T组合如日中天，大家都说，姜山长得挺“韩范儿”的。

听到别人这么夸他，我也觉得挺美的。虽然那时我俩顶多只能算是队友，但不知道为什么，姜山就是有一种让人不拿他当外人的本事。

在运动队，两年算是一个台阶，姜山比我大两岁，是刚刚比我们大一拨儿的老队员。我们这群小孩还在省队当新人、四处打预选赛的时候，姜山已经是省队的大师兄了。有一次我在外地打预赛，没有零用钱了，给我爸打电话让他托人带点来。打比赛的时候，小队员要先去打预赛，老队员中成绩比较好的可以直接打正赛，一般会晚走两天。我爸知道老队员们还没走，就去湖北队的宿舍敲门——当时房间里四个人正在打扑克牌，我爸直奔同是武汉人的姜山而去："姜山，不好意思，可不可以帮李娜带几百块钱去？"

好多年后，我问姜山："为什么你们屋里四个人，我爸偏偏挑上你了？"

姜山马上抓紧机会自恋一下："唉！你爸一定是当时就看上我了。"

我笑话他："苕伢，让别个听到笑死了。"

"那就是你爸信任我撒。"

其实那四个男孩子里面，他是最小的，但别人需要帮助的时候，经常第一个想到他。姜山虽然也是"80后"，是独生子女，却没有独生子女的骄娇之气，又经常照顾队友，所以给人一种十分可靠的感觉。他在男队里人缘很好，有一群"小兄弟"屁颠屁颠整天跟着他，一副老大哥的样子。

姜山虽然在小兄弟中很有人缘，在女孩子面前却始终很闷。别的男孩子都跟女生嘻嘻哈哈说说笑笑，只有他在我们面前总是沉默寡言，时不时还带出点"真不愿意跟你们这帮女伢玩"的轻蔑。那时大家都是小孩子，他觉得女孩子事儿多、没逻辑，因此很少和女生来往。对于我，他倒是不讨厌，我俩来往比别的队员多。可能是他觉得我够自立，事儿少吧。

我也不喜欢那种特别能说会道的男生，姜山闷闷酷酷的样子，反而让我对他关注多了些。大家都在同一个队里，经常一起组织活动，平时训练也不时有来往。玩着玩着，两个人就玩到一起去了。但那时，我们都不觉得自己是在谈朋友，大家都是十几岁的小孩子，交情好也不过是经常一起吃饭一起玩，哪里到“谈朋友”的地步了。

有人说：爱有两种，或者燃烧，或者持久。我觉得特别有道理。我想，我和姜山就是持久型的。后来事实证明还真是。我们十几岁就在一起，已经共度了十多年，如今也算老夫老妻了，如果一直燃烧的话，我们现在早就烧光了。

受父亲的影响，我对另一半的期望是：成熟、宽容、沉稳，男人应该像大海，而这恰恰是姜山的典型特征。不知道为什么，我觉得自己可以在他面前安心地做个孩子。父亲去世之后，我一直把自己伪装得很坚硬、很强大。外人看来或许会认为我少年老成。只有我自己知道我装得有多辛苦。姜山给了我再次做回一个孩子的机会，给了我一直想要的安全感。

总之，我觉得姜山很像我爸爸。在他身边，我特别踏实。我打球时他要在身边，我就觉得比较有信心。

等到我们真的决定“谈朋友”的时候，身边的队友都蛮惊讶的：姜山在生活中是个很大男子主义的人，大家都以为大男子主义必须配一个小鸟依人的女朋友。我们队里的人都说姜山是大男子主义，我是大女子主义，谁也没想到我俩会在一起。大家都说：想不想看大男子主义加大女子主义是什么样？看姜山和李娜就知道了。

两个人都“大”，难免就会吵起来。我和姜山都是生在武汉、长在武汉的，但是姜山的爸爸妈妈都是山东人，人家问他：姜山，你哪里人撒？他说：武汉人！等我俩吵架拌嘴的时候，他又说我：你们武汉人么样么样……听得我不晓得是该笑好还是气好，我反问他："你不是武汉人？"

他立刻回答："我是山东人！"

听得我直想笑，架也吵不下去了。

后来我们在一起，他还用武汉的俗话打趣我："宁嫁武汉郎，不娶武汉娘！你们武汉嫂子太厉害了！"

哼！我还不是嫁了他才变成嫂子的。

姜山在体育之路上遇到的挫折比我还要多，体育圈子里面，有很多行外人想象不到的阴暗面。姜山脾气很倔，认死的路，十头牛也拽不回来。但我就喜欢这样的姜山。

许多人都看过我在赛场上吼他的画面，都觉得他特别老实，特别可怜，其实才！不！是！呢！他"吼"我的时候，大家没看见罢了。我打球的时候很容易分心，注意力难以集中，这对职业选手来说是个坏习惯。阿加西说在他专注于打球的时候，就算场外发生枪战他都听不到，因为他专注的时候眼中只有对手。我特别羡慕这种能够集中注意力的人，姜山这方面就很厉害，他在那里打电子游戏，我在旁边说什么他都嗯嗯啊啊地答应，打完我问他我说什么了，他手一摊："没听到啊。"

我在哪里看过：科学家作过这方面的研究，证明男性与生俱来地具有专注做某一件事的能力，而女性的大脑机制让她更擅长同时处理几件事。不知道这是不是真的。但我打球时，确实是连场边观众起身去上厕所都能观察到，注意力的分散可见一斑。有时打得不顺手，姜山就在旁边一直碎碎念：你换个打法呀，你打个直线撒。他不擅长鼓励别人。不管什么时候，话从他嘴里说出来都像是带着不耐烦的批评意味，听得我头大如斗。他念一句，我还勉强忍得住，念三句，我张嘴就把心里的恼火吼出来了！“打直线打直线！你昨天讨论战术时不是还说要打斜线？”

我一直是个爆竹脾气，别人一碰就炸，炸完又充满了内疚。对外人，我心中有不愉快一般也就忍下去了，只有在姜山这里，我可以肆无忌惮地任性胡闹下去。从心理学上说，人们大多数都只对有安全感的人发脾气，因为对方在你的安全范围之内，你潜意识中知道对方不会离开你，发脾气也是某种形式的依赖。对姜山，我在场上冲他吼完，再打球就觉得情绪平复了很多，头脑清醒，打起球来也更有力量了。他就像我的“充电器”一样。

姜山也是职业运动员，相处多年，他对我的来得快去得也快的急性子非常了解。我吼他，大家都觉得我在欺负他，只有他自己不介意，还告诉我不要太在意别人的评论。归根到底，我是一名运动员，我最应该做好的，就是把球打好。

我们经常吵架，不会吵得太大，但互相戗几句是常有的事。这也正常，过日子哪有不叮叮当当的？姜山最怕和我去逛街。他说“你连个超市都能逛两小时”。最初我逛街的时候，恨不得把所有的店都看上一遍。和姜山恋爱以后，我逛街的方式变得非常简单：想要买什么，就去专卖店或是专柜，看货，交钱，走人，一分钟都不多待，因为他在外面会不耐烦。姜山比较喜欢把时间用在看书、看电影这些事情上。他有一个非常充沛的精神世界。

我觉得这和他父母的教育方式关系很大。我喜欢姜山的家人。

姜山爸爸妈妈都是普通工人，非常单纯的人，对我特别好。我和姜山妈妈相处得很好也很自然。他妈妈是那种特别为他人着想的人。我们买房子的时候，别人问她：“你们是跟儿子一起住还是分开住啊？”他妈妈说了一句开玩笑的话当时差点没把我乐死——她说：“我们这种老不死的，谁和年轻人一块儿住啊？”姜山妈妈还说，以后我老了也不做你们的负担，我就去住养老院，那么多人跟我一块儿玩多好啊。中国自古有“养儿防老”的说法，只有心态好、内心强大的老人才能这么轻松地开玩笑。我们当然不会让他们去住敬老院，更不会真认为他们是“老不死”。但是，他们这种放松的心态让我们觉得很好、没有压力。

姜山很爱他的妈妈。我们常年四处征战，到不同的国家，他都会给妈妈买点东西带回去。有时候他给妈妈买衣服，就让我帮忙试穿。他妈妈和我身高差不多，比我胖，比我架衣服。我穿着合适，再大一个号，他妈妈穿肯定合适。我穿着老太太衣服从试衣间走出来，他盯着我看两眼，说：“还行。再换那个白色的我看看。”于是，我乖乖地去换白色的。旁边的导购姑娘心里肯定在嘀咕：这俩土老帽儿，挑的衣服可真够老气的。哦，对了，导购是外国人，估计不会说“土老帽儿”这种高深的词语。

姜山家的氛围特别轻松愉快，也很民主。一个桌子吃饭的时候，一家人热热闹闹地说话，各自发表各自的见解，即使意见不合也不急不恼。有时候，姜山妈妈会说：“看不出来，你比你爸还有见解呢。”姜山听了，那叫一个趾高气扬。看着他夸张的表情，我们都哈哈大笑。

这是家的感觉，我失去多年又寻找多年，让我沉醉和迷恋。

熟悉我们的朋友都说，我很黏姜山。回到武汉的时候，他会和老朋友一起打打牌，我都乖乖跟着他。他打牌我看着，看一会儿不想看了就在后面沙发上躺着看书，看着看着，就那么睡着了。偶尔他打通宵，我也陪他通宵。朋友们都笑我好像他养的一只猫。

不管是逛街还是看电影、吃饭，我都希望他能陪着我。但跟大部分男的一样，姜山特别不爱逛街。我们为逛街的事闹过好多次，后来还是我妥协。我想，习惯了也许就好了吧。和他在一起时间长了，也慢慢习惯了这种相处的方式。刚开始我跟他撒撒娇都管用，现在跟他发脾气也不太管用了。

国家队原来请过一位有名的心理老师帮助运动员做心理建设，她叫徐浩渊，留着一个类似樱桃小丸子的发型。她曾经问过我：会在姜山面前哭吗？我说以前有，但现在已经不哭了。她问：为什么？我说，觉得没有哭的必要。她问我为什么会有这样的感觉？我说我觉得哭是一种幼稚的表现，我现在足够坚强，应该可以掌控自己的情绪。她说：这证明你越来越不信任姜山，所以才不愿意在他面前表现出你脆弱的一面。

我自己倒不这么想。人和人的相处模式并没有一定的成规，两个人在一起待的时间久了，自然会合作出一种模式。我是觉得自己就算哭，也解决不了任何问题。姜山教给我一件事情，就是在婚姻中两人都要保持一点独立的空间。有时他心里有事，忽然不怎么说话了，我也不会追着他问，让他自己消化去，等他把事情办妥当了，自然会来向我报备。姜山什么事情都不瞒我。

婚姻就是指间沙，抓得太紧，只会流失。夫妻之间应该有起码的信任和尊重。

对我而言，姜山是这个世界上最重要的人。

他在我的生命里扮演着许多角色：场上是教练和陪练，体能训练时是监工，生活中是丈夫和保姆，在我遇到困难的时候会像长辈一样地开导我，有时候又像兄长一样在一起讨论问题。偶尔还要客串一下厨师或者保健医生。他比我聪明，比我通晓事理，当我遇到烦恼时，他是我唯一能够放下顾忌倾诉心事的人，他是我生命中不可或缺的人。

十几年走过来，我们从情侣慢慢转化成了老夫老妻的感觉，那种亲情既平淡又刻骨铭心。当对方在身边时，我们没有特别的感觉，偶尔分开，大家都会觉得心里空空荡荡，少了点什么似的。我对此感受尤其深刻——有一次，我睡觉做梦，梦到我和姜山在路上走着走着，他忽然不认识我了。我怎么叫他都没反应，把我急得不得了。惊醒后我就对着姜山一顿猛掐，他的表情特别无辜，问清原委以后，叹了口气，乖乖地挨打。

我曾对姜山说：我总感觉你和我爸爸很像。他觉得不可思议。我解释给他听：不是年龄，就是性格和思维方式吧，还有给我的感觉……

有时候姜山在我身边，我会忽然有种错觉，好像爸爸还在世，还在守护着我一样。在我印象中，父亲从来没有呵斥过我，永远都是和风细雨地引导我，陪我做游戏，给我讲故事。姜山性格中的一些地方和我爸爸非常非常相像。父亲早逝是我生命中的一大憾事。想来不能看着女儿长大成人，也是父亲的憾事。我想父亲如果看到我们在一起，也会放心的。

摄影：Kubinska & Hofmann

08 退役

网球带给我太大的起伏、太多的悲喜，我对它的感情充满了矛盾。现在，终于有一个改变的机会摆在我面前，我毫不犹豫地抓紧了它，我需要改变，我想要换一种生活方式，平平静静地像一个普通人一样过日子。

1998年，我从美国回来后不久，发展势头一直不错，耐克公司对我很看好。当时我在北京先农坛接受采访，北京电视台的记者问我“最大的梦想”是什么。耐克公司一直保留着这个视频，2011年我大满贯获胜后，他们用这个视频做了一个广告。

每当我看到这个广告时，都有种特别的感觉。我看着16岁的自己青涩却毫无畏惧地站在镜头前，对着镜头说 ：“最大的梦想？我希望能打到职业的前十，我知道这个目标特别难，但我自己会努力。”

那时的我脸晒得黑黑的，婴儿肥还没有褪掉，脸盘还是圆圆的。

当着那么多人的面把“前十”两个字说出口，其实还是蛮胆怯的，我不是很有勇气把这个梦想公之于世，但当时我觉得必须要把梦想说出来，说出来，就好像做了一个承诺，正式向世界宣布了我的理想。

对当时的我来说，这其实是个遥不可及的梦想——之前亚洲女子选手最好的成绩是日本名将伊达公子创下的，她进入了WTA前四。那是阿加西、桑普拉斯、纳芙拉蒂诺娃、格拉芙一统天下的年代。稍后一点，是辛吉斯她们的时代，亚洲球员在网球上的劣势一望即知，我们没有足够的大赛经验，也没有与世界顶级高手过招的机会。

法网夺冠后，耐克发布的这条广告成了广告界一个很有名的营销案例。可能就是这个视频，让耐克公司对我的印象很好——与中国的文化传统不同，美国人欣赏这种自信的、直接的风格。他们一直做我的赞助商，从我十几岁起到现在，从未间断过。每逢大满贯赛事，他们还会派人来给我送服装，在场边看我比赛。我和耐克的工作人员成了很好的朋友，平时没事也会一起聚会、吃饭什么的。为了帮我恢复状态，他们甚至会扔下自己的工作来陪伴我。我必须感谢这些忠心耿耿的伙伴们，他们从不曾离弃我，我视他们为自己团队的外围。

从美国回来后，我与教练的交流也得到了改善，教练也认为我们是大孩子了，不会动辄劈头盖脸骂我们一顿。我也在慢慢成长，试着将自己的想法与教练沟通，我们开始慢慢地学会如何沟通。

很快，我开始了四处征战的日子。在此期间，我在深圳举行的ITF挑战赛上拿到了职业生涯的首个挑战赛单打冠军；在比利时韦斯滕德赢得职业生涯的第三个挑战赛冠军，这是我首次在国外参赛拿下最后的冠军，虽然只是ITF赛事，但还是让我觉得受到了鼓励；我和李婷的女双组合在一个WTA双打赛事中夺冠，这也是我首个WTA赛事冠军。

2000年8月下旬，我人生中第一次大满贯赛事的机会来到了——我获得了参加美网资格赛的机会。遗憾的是，由于欠缺经验，我在首轮第三盘就被淘汰了，连正赛都没能进去。作为稚嫩的新手，这个结果也是意料中的。本来这次美网，我也没对自己提出什么要求，权当是来练兵的，感受一下大满贯的气氛。在网球世界中，大满贯具有至高无上的地位，是网球运动员心中的梦想，是网球爱好者的殿堂和媒体追逐的对象。这次真正走进大满贯虽然没有取得较好的成绩，却给我留下了深刻的印象。或许，就在那时，大满贯冠军的梦想像一粒小种子一样种在了我的心里。至于它后来能够生根发芽、开花结果，那时候的我是想象不到的。

我在国内的比赛相对顺利很多，2001年北京第21届大运会上，我拿下了单打、女双、混双三冠。同年广东全运会，我同时拿到了女子单打和双打金牌。

就这样，到了2002年，我的世界排名大概跃升到了296位左右。2月份，我参加了在美国的米德兰德举办的75K挑战赛。这不算一个很大的比赛，但我当时状态不错，从资格赛起连赢八场，最终击败了七位排名高于自己的选手夺冠。这个成绩算是蛮不错的，我一直在进步。但就在这时候，我渐渐有些心灰意冷，不再恋战。

最主要也最直接的原因是健康。

2002年亚运会之前，由于长久的压力和心情抑郁，我的生理期忽然开始紊乱。医生说是内分泌失调。这个问题有个很简单的解决方法就是吃有激素的药，但我对这种药过敏，队医也束手无策了。身体是这么个状况，训练就上不了量，运动员加不了运动量，就没办法在赛场上拼。

那是在2002年5月和6月份的北京，我们正为2002年釜山亚运会备战，网球管理中心从外面请了一位医生来给我看病，就这位医生说了句真话，他说："她的身体状况真的不理想。"当时的领导为了让我去打亚运会，表示"你只管给她打针就行了"。

这话听得我毛骨悚然，我才 20 岁，就算是热爱网球，也不能因为网球毁了自己一生的健康和幸福吧。我的第一反应是打电话向妈妈求助。我妈妈爱女心切，一听这个状况，马上说："我们不打了，身体是一辈子的。"

许多年后我仍然记得妈妈话语里透出的坚定。那一瞬间，我忽然感觉千斤重担卸了下来，满心都是回家的冲动。

有人说没关系的人只会看你飞得高不高，爱你的人才会关心你飞得累不累。这句话在运动员出身的我看来，是特别真切的。

那时我已经有两三个月没有训练了，当时身体状况已经糟糕到上午训练，下午就出现症状，如果下午马上休息，那么休息到晚上可能就没事了。妈妈坚决不同意我继续训练。爸爸生病去世的阴影还没有完全散去，我又出了这样前途未卜的状况，她也是被吓怕了。我们不知道打针之后会有什么后遗症，总不能因为一场比赛毁掉一生啊！

当时也有很多媒体报道我退役的事情，很多记者将原因归为"不能和姜山打混双"。这样讲不公平。我身体出了状况，确实不能训练了是客观情况呀。

不过，关于"不能和姜山打混双"的说法倒也并非空穴来风。这件事情的确曾经给我造成了不小的心理压力：之前，我和姜山已经配了 4 年的混双，大家也基本认可了我们的组合，从来没让我们分开过。2001 年全运会之前，有个全国网球总决赛，我和姜山照例结伴去打混双，之前我们没有听到任何对我俩配混双的反对意见，但当我们到了比赛现场准备抽签时，忽然发现我们的名字被拆开了。

我和另外一个男孩编到了一组，姜山和另外一个女孩编到了一起。这两名队员之前本来是一组。他们告诉我们，我们队领导临时把我们报名时的组合拆开重新搭配，这让他们也觉得很不舒服。

我们在完全不知情的情况下忽然被换了搭档，姜山怒不可遏，我也很生气。另外两位队员一时也不知道怎么办才好。大家商量了很久，最后他们还是把名字改了回来，抽签也因此延误了一个半小时。

事后我们主动去找相关领导沟通：你们要作什么决定，能不能事先通知我们一声?

沟通的结果是相关领导表态：这次先这样吧，等到全运会肯定还让你俩配混双。我们绝对不会怎么怎么样。

但等到全运会开赛，我们又被分开了。

我们心里很不舒服，同样的事情已经出现过一次了，而且还拍着胸脯保证怎样怎样，最后又故技重演。

我们也是人，不是棋盘上的棋子。我和姜山搭档是因为我们球路比较配，而且已经一起磨合了四年。我们对于彼此的技术路线有深入的认识，对彼此的优缺点也都有深刻和全面的认识。

当时有报道说："省队考虑到强强联合把握更大，因此决定拆散李娜和姜山的组合。不过李娜心里却有小算盘，她希望能与男友一起站到冠军领奖台上，以此作为两人感情的纪念。”这真是莫名其妙的说法，我和姜山搭档好几年了，早就一起上过冠军领奖台了。再说，我们的感情也不需要以这样的方式纪念。

我们觉得难以接受的是队里极其强势地拆散我们的组合，又不能给出任何理由。为了说服我们接受这样的分组结果，他们许诺说如果我们两对都进决赛，亚军也享受全运会冠军待遇。

我想他们弄错了一个很重要的事实：我们要的不是待遇，而是尊重。

当时我们俩什么都没说就回去了，心却更凉了。

那届全运会姜山他们组合得了冠军。我和另一位选手的组合得了季军。但是，我们都没有感到一丝快乐。

从那时起，我的身体开始出现了异常。这或许跟我低落的情绪有关系。因为我在有的文章上看到说人思想上的压力和问题，会真实地投射到你的身体上，最终会引起身体的疾病。

听到妈妈说“身体是一辈子的”，我一下子就放松下来，失眠、焦虑都忽然离我而去，多日的阴霾一下子散开，当天晚上我的睡眠就正常了。

当时我们住的是双人间，我和另一个女孩同住。第二天别的队友都去训练了，我就打电话订了从北京回武汉的机票。下午，我拿到了订票公司送来的机票。第三天，我带着早已整理好的行李出了门，打车直奔机场。

走的时候，我写了一张《退役申请》放在宿舍的桌子上，为了表明自己退役的决心，我连球拍都没带走，把拍子端端正正放在写字台上，压着那张

《退役申请》。担心被人撞见看出蹊跷，我的行李简单极了，就在随身携带的包包里面放了几件简单的换洗衣物和生活必需品就匆匆离开了。

一回家，我就关掉了手机，不接任何电话。

自由的味道可真好啊！

那时姜山已经回到了武汉。2001 年全运会结束后，隔了一个月国家队集训，他去国家队跟领导谈话，国家队领导同意他退役，他就回来了。他退役比我还要早半年。

姜山之前的经历比我还要糟糕很多，反反复复被折腾了很多次，强行拆散我们的组合只是压垮骆驼的最后一根稻草，之前他受到的伤害更大。

2002 年 9 月，我们一起走进了大学的校门。我们本来准备读武汉大学的，可这时湖北省队换了新的领导，原来将我们强行拆开的那个领导调到别的地方了，湖北队的新领导帮我们联系了华中科技大学。当时我们还算湖北队的人，不管我们去哪儿、什么时候走，都要给湖北队一个交代，于是，我们进了华中科技大学。

那时的我，并不知道自己告别网球之后还能回来。就像现在我也不能判断，两年退役生活对自己到底是好是坏。我在《史蒂夫 · 乔布斯传》里看到一句话："你不可能从现在这个点上看到将来；只有回头看时，才会发现它们之间的关系。所以你必须相信，那些点点滴滴，会在你未来的生命里，以某种方式串联起来。"

这话正合我的心境。我想，也许要到我七老八十，完全退出这一行的时候，才能对年轻时的选择作个准确的评价。但在那个时候，我不太会考虑自己退役会带来什么影响，我只想追求充实而自由的生活，我想要遵从自己的意志生活。

我在退役的日子里看了很多电影，在一部国产影片里，我看到当时还没有大红大紫的周迅，她扮演一个盲女，家人都被杀之后，她对刺客说："你杀了我。你不杀我，我就要一辈子跪下来乞食，日子不尊严。"这句台词像一颗高速飞行的网球一样击中了我。那时我有种找到了知己的感觉。

没有尊严的日子宁肯不要。原来不止我一个人这样想。

在我还是一个懵懂无知的小姑娘的时候，我就走上了网球这条道路。网球在我生命中占据了无与伦比的位置。网球带给我太大的起伏、太多的悲喜，我对它的感情充满了矛盾。现在，终于有一个改变的机会摆在我面前，我毫不犹豫地抓紧了它，我需要改变，我想要换一种生活方式，平平静静地像一个普通人一样过日子。

之前一直在体育圈子里，忽然进入大学，有一种改头换面的欣喜。好像人生可以有一个新起点，对这个新起点，我既感到敬畏，又充满快乐。

華中科技大學
HUAZHONG UNIVERSITY OF SCIENCE & TECHNOLOGY

09 我的大学

老师们上课一般会用投影仪或者电脑放PPT给大家看，我们在下面奋笔疾书抄笔记往往跟不上，我就跟将姜山说好，我写一，你写二，以此类推，这样两个人正好能凑出一份完整的笔记。

不知从什么时候开始，我就知道自己正行走在一条少有人走的小路上。大多数同龄人会通过常见的高等教育完成对自己的提高，最终，靠知识或者文凭找到一份工作，而我未来的路则注定是另外一番风景。

不停地训练，打比赛，出成绩，退役，下队当教练或者干点其他和运动相关的工作，这是运动员的生活轨迹。如果没有意外，我也很有可能会走这条路。但是现在，意外出了。我的生活在这儿转了一个大弯。我不知道这是好是坏。我只知道：我不能让自己的时光白白浪费，我要认真地学点东西，我要学以致用，做一个能够实现自我价值的人。

现在似乎就是学习的最佳时间了——我没有了比赛的压力，经济上也不紧张，年龄也还行，我忽然感到一阵即将面对新生活的欣喜和紧张，一种迟到的庄重感。

多年来，可能社会上有些人对运动员普遍抱有点偏见，似乎认为运动员就是头脑简单、四肢发达的代名词。即使运动员中有姚明、邓亚萍、李宁这样公认的勤奋好学、头脑机敏的人物，大家还是习惯性地把我们看成一群知识匮乏的人——对于这一点，我已经习惯。有许多同学一听到我们是运动员，就会条件反射地说：啊，那你们没有机会读书吧？

我觉得这个说法比较片面。教育有许多种，文化课只是其中之一，曾做过职业运动员，特别是能够取得一定成绩的选手，他们对自己的要求一般都是非常严格的，没有吃苦耐劳的精神和高度自律、自爱的性格，你很难在体育领域有所成就，而且许多比赛并不是单纯地靠角力取胜，我们必须保持头脑灵活、思路清晰才能在众多选手中脱颖而出。依我看来，许多曾经在体育方面有所建树的运动员都是很出色的人才，他们在从事其他领域的工作时，这些优秀的品质也会帮助他们获得成功。

此外，运动队里也不是未曾开化的原始森林，我们在学习文化课的同时还要学习为人处世，学习处理与媒体、领导的关系（虽然这一课我显然学得不怎么样，但不能否认这是人生重要的一课）。在有些奖金较为丰厚、大众关注较多的项目上，不可避免地会产生一些灰色地带，运动员们对这些看得比较多，也比较豁达，我们比同龄人更早地体会到了“不公平”三个字的重量，也更了解应当如何看待这些现象。老实说，刚进入高校时，我经常会被与我同龄的同学的天真和理想主义给雷到——他们竟然如此单纯！

总之，尺有所短，寸有所长。每个人的经历都是自己宝贵的财富。我把别人的议论放在一边，此刻，我唯一关心的是怎样让我的大学光阴不虚度。

确切地说，我的当务之急是：为自己选一个新专业。

理工科的专业需要扎实的基础知识，我们现在投身进去，恐怕已经来不及了，大家都选择了相对容易融入的文科专业。

我和姜山毫不犹豫地选择了新闻专业。我们运动员出身的知道运动员们不为人知的苦衷和理想。我希望自己将来可以成为一名体育记者，能够多站在运动员的角度为他们说话。我想当一名真正有职业操守的体育记者，我不会为了获取头版头条就刻意诱导或是曲解运动员，永远不会。

体育班有单独的一栋楼，住的全是我们这样的体育生，大家都是有一技之长的退役运动员。体育班一共有 30 多个学生，我们新闻专业除了我和姜山，还有其他项目的运动员，比如田径和篮球运动员。在这里大家过得相对比较轻松，享受大学校园生活，远离了运动员每天面对成功与失败的压力。

这是我最安逸、没有压力、远离竞技体育的日子。在学校的日子无忧无虑，平时会去学跆拳道、交谊舞等等来丰富自己的业余生活。大学让我学会了换位思维，以不同的角度去思考问题。我喜欢坐在教室里听同学们发表不一致的意见，喜欢听他们为了一个问题而争吵得面红耳赤，喜欢走在学校里感受平静的一切，这跟我之前的生活截然不同，大学的一切对我来说都是新鲜的。

华中科技大学的校园特别大，从我们的宿舍到东边的教学楼，要骑 15 分钟自行车，到西边的教学楼，至少要 25 分钟。第一天上课我们就在校园里迷路了，加上下雨，我们差点没找到教室，8 点钟上课，我们 8 点过 5 分才走进教室，在我们后面，又陆陆续续来了一大串学生，老师很不高兴，还让我们写检讨来着。所以我们从此以后一直很注意，再没有迟到过。

校园的生活与我以往的生活完全不一样，同学们非常和睦，200 人的大课，只要有一个人有考试的复习资料，就会复印给大家一起用，感觉一个班就像一个大家庭。

我是第一次体会到这样简单纯净的生活，这与体育圈子的气氛有点不同。在球队的时候，你必须一个人面对很多东西。周围的朋友经常以竞争者的身份出现，那种压力不是学校能够比拟的——你要跟每个人竞争，而且一刻不能松懈。那种氛围我从 11 岁就开始体验，中间从不曾喘息过。

这种氛围当然会带来许多负面影响。我们的体育文化在相当程度上是建立在“竞争”的基础上的，所有成绩都靠竞争推动，能享受运动、从体育中得到快乐的人少而又少。我们习惯了树立一个假想敌，然后打倒他的前进过程。为了干掉心中的假想敌，我们付出了如此巨大的努力，以至于没人关心你是否会从这项活动中得到快乐。当我在打球的时候，内心深处的压力始终在不停地累积着，越来越多、越来越深，当累积到一定程度，它会自己找个机会爆发出来。之后，我的心情会稍微好一些。然后继续累积、累积、累积……最终累积成一个定时炸弹。当你带着一个定时炸弹过日子的时候，你怎么会开心？怎么会觉得轻松和快乐？这背离了体育运动的初衷。

有的时候，我真庆幸自己作了上大学这个选择，它让我看到了之前不曾看到的东西。我的生命因此而更加丰富。

体育班的学生有两种，一种是体育特长生，他们和普通学生一样，一直按部就班地读小学、初中、高中……我没读过高中，不过我猜想高中给学生的压力也一定很大吧，因为很多读过高中的体育生都抱怨自己在学校待得够久了，我想他们对学校是真的有些厌烦了。

我和姜山属于另一种，下队的专业运动员。我们很小就进入体校，开始了专业化的训练，文化课的课程相对少很多。我们没有机会进行系统的学习，因而求知欲很旺盛，对学习还保留着一种近乎虔诚的态度。我俩就像遇到水就吸收的海绵一样，尽可能多地吸收着那些我们在球场上学不到的东西。

老师们上课一般会用投影仪或者电脑放PPT给大家看，我们在下面奋笔疾书抄笔记往往跟不上，我就跟姜山说好，我写一，你写二，以此类推，这样两个人正好能凑出一份完整的笔记。

我们从不迟到早退，对课上的讨论也很认真。有一次考试，体育班单独抽出来考，我们到得很早，老师也提前到了，看到我们坐在那里看笔记，大吃一惊："你俩是体育班的？我一直以为你们是普通班的。"

我听到老师这样说，心里蛮开心。生平第一次，不再有人因为我的名字前面有"网球女单冠军"这些前缀而看重我，我觉得自己慢慢在向实现自我价值的新目标靠拢了。

在学校里，我从不主动提起网球，周围的人也不知道我是网球运动员。大学前两年我们要上很多基础课，这些课程基本都开在可以容纳两百多人的阶梯教室里，体育班和普通班的学生坐在一起，不问的话，谁也不知道谁是哪个专业的。我旁边的一个女同学经常和我交换笔记，一来二去，大家混得很熟，大二体育课开设了网球选修课，这个女同学立刻去报了名，还怂恿我说：“你也报网球吧！”

我说：“我不选，我不会打网球。”

后来我们有个同学毕业后进了北京电视台，真当上了体育记者，她采访郑洁、晏紫的时候说：“啊，我们只知道李娜是打网球的，没想到她打得这么好，而且只用四年时间就可以打出这么高的水平。”——她还以为我是读大学以后才开始学网球的。

我喜欢这样，我希望能平平淡淡度过四年大学生活，然后和其他人一样找份朝九晚五的工作，然后结婚、生孩子，过一个普通女人该有的生活。

在大学待的两年，我接触了许多以前没时间或者没心情接触的东西。我们不用去上体育课，学校直接把体育课的五个学分给我们了。姜山知道我想接触新世界，他带我去打羽毛球，学跆拳道，还去跳舞，玩得特别开心。跆拳道老师喜欢网球，他是学校里为数不多地了解我们背景的人，没事儿就拿姜山寻开心。我们晚上吃过饭去找他练习，压韧带，老师一个劲儿逗姜山：“开大点儿开大点儿，劈叉！快！”

姜山面红耳赤地挂着一头汗：“不行了！我不行了！”

老师仍不放弃：“坚持！坚持！”

几个年轻人玩得很开心，那时我每天都很快活，即使是夏天特别热的时候也去跆拳道馆练习，我本来还准备考带的，但后来赶上“非典”，才没有去考。

适应了学校的节奏后，我发现学习其实也没那么难，比起在队上训练的日子，大学里的空闲时间多多了。我们每天白天四处赶课，晚上有时间的时候，我就拖着姜山在学校周围逛一逛。

在大学里，我喜欢晚上去夜市逛逛小店，买点水果、鸭脖子什么的，心里就觉得很满足。姜山在市场旁边的小店里找到一家租碟的小店，每次去他都会淘些碟回来，晚上我俩就一起回去看碟。当时我喜欢看美剧。《CSI拉斯韦加斯》，我特别喜欢，反反复复看了又看。姜山喜欢看《古惑仔》那种类型的片子。那段时间我们看了很多电影和剧集。

这辈子都没这么清闲过！再也不用大清早起来跑操，也不用拼死拼活地练球，唯一的小郁闷是当时我在箍牙，每两周都得坐公交车去医院一趟。箍牙的过程挺痛苦的，牙齿稍微一用力就会疼，我箍牙的时候一点儿固体食物都不敢吃，每天苦着脸喝粥、吃米粉，幸好身边有姜山照顾我。

有一次我不小心打了个喷嚏，正好上下牙咬上了，疼得我眼泪汪汪。又恰好赶上饭点儿，可我疼得什么都吃不了。姜山只好去食堂买了碗米粉让我一个人慢慢吃。华科大很大，有大大小小20多个食堂，每天换着花样吃好吃的也不少。可惜我戴着牙套，有好东西也吃不了。

华科门口有个毛主席雕像，毛主席举着手，老人说这座雕像的名字叫“毛主席挥手我前进”。姜山却说这姿势很像“毛主席帮我们打车”。为了逗我开心，每次从那儿走他都喊我看“毛主席帮我们打车”。别说，还真像。

在学校的时候，知道我们是专业运动员的人不多，但我们时不时还得代表学校出去打一些大学生比赛。虽然不会像在队里的时候那样拼命，但我们多少还是会去球场上练习一下，免得出去打大学生赛时水平太差，丢了华科大的人。这时的练习并没有时间和数量上的要求，高兴就多打一会儿，不高兴就早点回家，只是活动活动，没有很强的目的性。偶尔打一打，感觉还是不错的。

念大一的时候，我们代表学校参加过全国大学生比赛。学校鼓励我们，拿了冠军可以奖励三个学分。后来我复出，离开了华科大，姜山还替学校打过。2003 年 7 月放暑假的时候，我俩为了打大学生赛还回湖北队训练过一段时间。

重新回到训练场，心态就完全不一样了。因为我们的重心是在学业上，现在的训练有了那么一点点享受的感觉，但是几周训练下来，我脚上打了水泡，长期间脱离专业训练，再回到训练场上，心情是享受了，脚就受了点小罪。

大学生赛的总决赛在青岛，我在打这场比赛的时候遇到了很多仍在网球圈的好朋友。以前大家既是朋友也是竞争对手，场下一起吃饭，场上见面还要拼命，多少有点怪怪的。这次心态很放松，真正是以赛会友。

比赛结束后，我继续回大学读书，享受我优哉游哉的读书时光。然而树欲静而风不止。我虽然下队，但和队里的年轻队员们还是保持着很好的私人关系。原来的队友开始频繁地来找我。日子长了，渐渐有人传话说“队里想要你回去”。

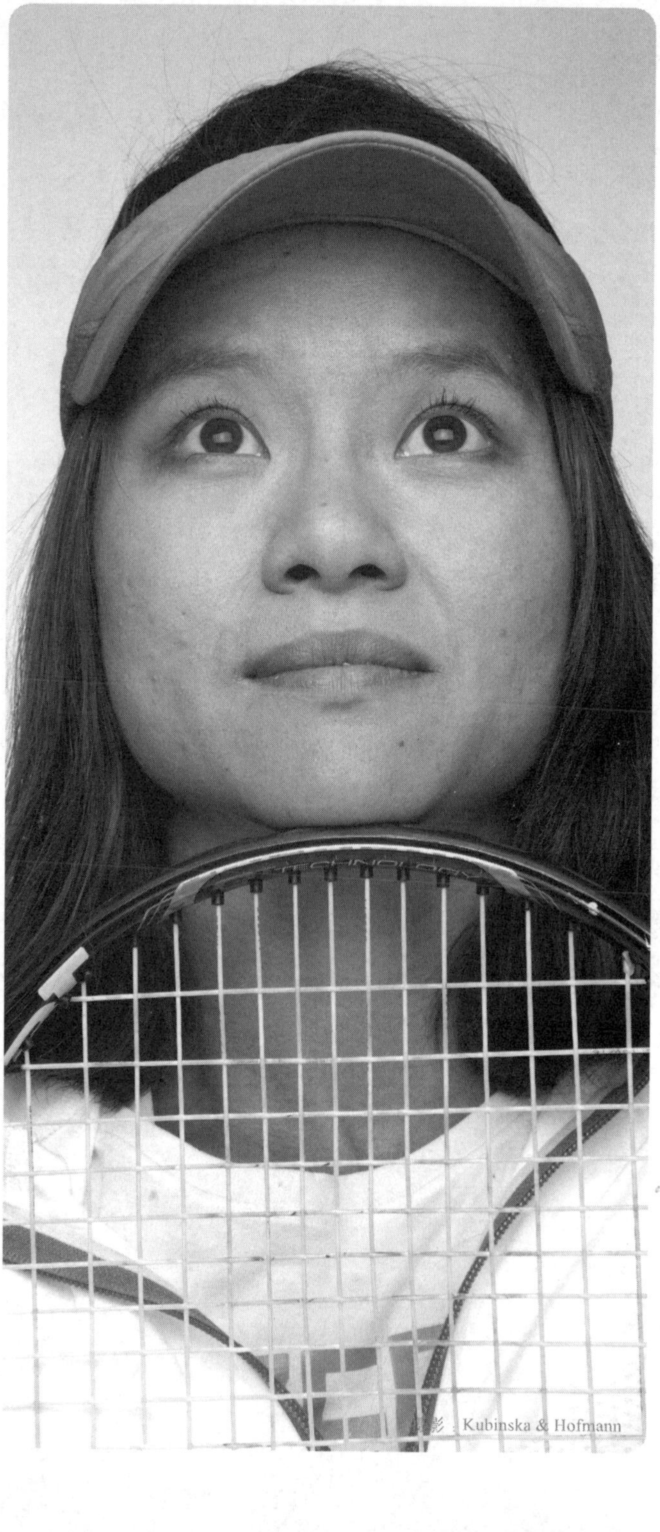
摄影：Kubinska & Hofmann

10 谈判

就这样鸡同鸭讲，僵持了好久，直到孙主任来找我，这件事情才有了转机。孙主任，就是孙晋芳，原来老女排的队长，曾经体坛的风云人物，新上任的国家体育总局网球运动管理中心主任。

全运会每四年举办一次，2005年的全运会在江苏举行。于是，2003年底、2004年初那段时间我们队的小孩们就老往我们学校跑，一个劲儿地劝我复出参加全运会。

我没好气地问她们："你们没病吧？"

小孩吐了吐舌头跑了，下次换个来，还是这些话。

我离队的时候，和我们队的某些人闹了一些不愉快。队里的小队员偷偷告诉我，当时的教练放话说："走就走吧！两年之内，我再培养出来更多优秀的球员！"好吧，既然你们这么厉害，就去培养好了。当时我想，自己已经离开这个圈子了，也没必要再过多地纠结这些事了。

我们队的人频频来找我，都不见效。最后，教练来过，领导也来过。他们的意思只有一个，就是希望我能归队，回去打全运会。

体育界有许多内情，是大家心照不宣的。运动员与教练、领队之间的纠葛，也不是三言两语能说清楚的。2001 年全运会之前，我们队基本上是教练说了算，运动员基本上没什么话语权。某些领导认为能出成绩 80%以上靠的是教练，而看不到这其中也有运动员的个人努力，所以一直对队员采取高压政策，把教练抬得很高。在我进入职业球员生涯后发现，在西方，教练和运动员更多的是服务的关系，而不是单纯的主导地位，所以在西方，运动员的个人努力会更体现价值。

2001 年全运会一共有八个人参赛，四男四女。等打完全运会后，只有一男一女还在队里面，其他人都下队了。因为我们都被伤透了心。如果不是这样，没有运动员愿意在花样年华放下自己苦练的专业早早退役。我们拼着一身伤病，是为了堂堂正正去为集体争这份荣誉。但很多时候，我们真的没法再忍了。和教练实在是相处不来，领导又只听一面之词。俗话说兼听则明偏信则暗，可是领导怎么就这么不在乎运动员的感受呢？

我说，你们当时一味抬高教练，不为运动员着想，现在为什么还要回来找运动员呢？你们这种做法太不合适了。为什么我们会下队，你们想过这个原因没有？

之前有了那么多不愉快的事情，我好不容易痛下决心离开那个是非圈、伤心地，又岂能因为他们的几番说辞就回去。

就这样鸡同鸭讲，僵持了好久，直到孙主任来找我，这件事情才有了转机。

孙主任，就是孙晋芳，原来老女排的队长，曾经体坛的风云人物，新上任的国家体育总局网球运动管理中心主任。孙主任在上任网管中心主任之前大约已经暗地里把状况摸清楚了，她问湖北队的教练：“我听说有一个叫李娜的，现在怎么不见了？”

我们队的人说：“她在读书。”

孙主任说，那就“见一次，谈一次吧”。

我们就真的见了一次。

那次见面是在武汉，省队的办公室里。房间里只有我们两个人。

对孙晋芳主任来说，这次会见多少有点微服私访的感觉。当时她刚从体彩部门调到网球管理中心。我很小就听过她的故事——女排队长、中国女排五连冠的功臣，那时全国都在宣扬“女排精神”，郎平、孙晋芳都是赫赫有名的人物。

见到她的时候反而觉得没有什么距离感，她很瘦，非常高，目测有一米七八左右，没有官架子，说话做事风风火火，很可亲。

任你千条计，我有老主意。当时我就想：领导来就领导来，反正跟我没关系，我就读我的书。

但是与孙主任的一番谈话，和我之前想象得非常不同。她先问我最近在干吗，我说在学校读书。她又问我以后想干吗，就这么聊了一会儿家常。聊着聊着，她单刀直入地切入了主题：“我听很多人说，原来有个叫李娜的，突然间退役了，所以想来看看。很多人都说你有天分，打球是你实现自己的手段，你为什么不为自己打呢？”

我有点吃惊，以前也没少和领导谈话，印象中，领导一般会打打官腔，很少有人会站在运动员的立场，设身处地为我们着想。这是第一次有领导这么跟我谈话，也是第一次有人开诚布公地告诉我，打球是可以为“自己打”

的。她说："如果你要回来，我可以给你机会。"

现在想起来，当年孙主任看似目的性不是很强的谈话，却把我和网球一度中断的联系重新建立起来，而且更加坚定了我前进的方向。

孙主任的话虽然对我有所触动，但还是没有完全动摇我上大学深造的决心。我有些犹豫，并没有立刻做出回应，还是回到学校继续学习。这次见面像是一段小插曲，慢慢地被淡忘了。但我们队里的老队友登门的次数更加频繁了，以前一个星期去两次，之后变成一个星期去三次，到后来就天天都去。

队友说："我们真的需要你。"

从我这边，觉得自己的生活被影响了。本来很安逸悠闲的生活，突然一帮人每天围着你不停游说。

但另一方面，我也感觉到了新领导的诚意。我是个心直口快的急性子女生，很容易被人打动。别人欺负我，我不会忍着，但人家帮助我，我也会记着。士为知己者死，女为悦己者容。我从小打网球，进队以后基本都是湖北省培养的，就算为了回报这个恩情吧，我决定再帮湖北队打一次全运会。

在这期间，我也有过种种顾虑，反复掂量了好几个月——复出对我是一件大事。退役的时候，我在全国排名第一，再出去打，打得好没关系，一旦打得不好，别人会怎么评论我？

而且，我不想中断自己的学业，我也不想混张文凭了事，如果回去打球，我的学业怎么办？

左思右想，主意难定。我去找姜山商量，他说："我不会去阻止你或者怎么样，你自己要想好，不管什么样的决定我都支持你。”

我跟我妈说 ：“妈，你说我回去打球怎么样？”

我妈吓了一跳 ：“啊？真的假的，别开玩笑了。”因为妈妈知道当时我是一个什么样的状况退役的。为了治疗我的内分泌失调，妈妈到处找中医给我看病，最后我喝了快两年的中药，才把身体调理过来。

我说 ：“真的。”

妈妈沉默了一下，说 ：“那我什么都不要求你，要累了呢就再回来。”

孙主任是 2003 年找我谈的话，我是 2004 年 1 月份回到省队的。因为 4 月份要参加比赛，过完年后，我就归队进行训练。

对我来说，选择退役是一个艰难的决定，因为要离开我熟悉的圈子，离开我倾注了太多感情的网球，开始一种全新的生活 ；复出是一个更加艰难的决定，因为我要面临未知的未来和走回头路的双重压力。

在复出这条路上，孙主任发挥的作用很关键。我觉得她的谈话很贴心。可能因为她是新来的领导，和我素未谋面，也没有任何的恩怨情仇。也可能是因为她是运动员出身，而且是最优秀的运动员，所以她比较了解运动员是什么样的想法。她给我留下的感觉是一个敢想敢干、不太在意别人怎么说的人，她真心实意地想要为网球做点事情。

我在心里一直偷偷地感激她，但每次遇见她，都不好意思把这份感激说出口。我和她的交流机会也不多，在国家队时如果出了什么事情，我是不能直接向她汇报的。包括现在我“单飞”了，一有什么事，也都是先与国家队领队联系，领队再跟她汇报，否则就变成了越级汇报，说起来影响挺不好的。

我归队以后，就很少有机会和孙主任面对面交流了。最多是这两年回北京去中心办事时看她在不在，在的话就打招呼，问问她近况如何。孙主任知道我膝盖不好，她的膝盖也不好，就会问一些关于膝盖的问题。后来在武汉的时候，我们还聊过一次，谈了谈我的想法。我在法网领奖回来后，中央电视台办了一个庆功宴“李娜之夜”，孙主任去了，但也没有细聊，因为其间不断有媒体采访。

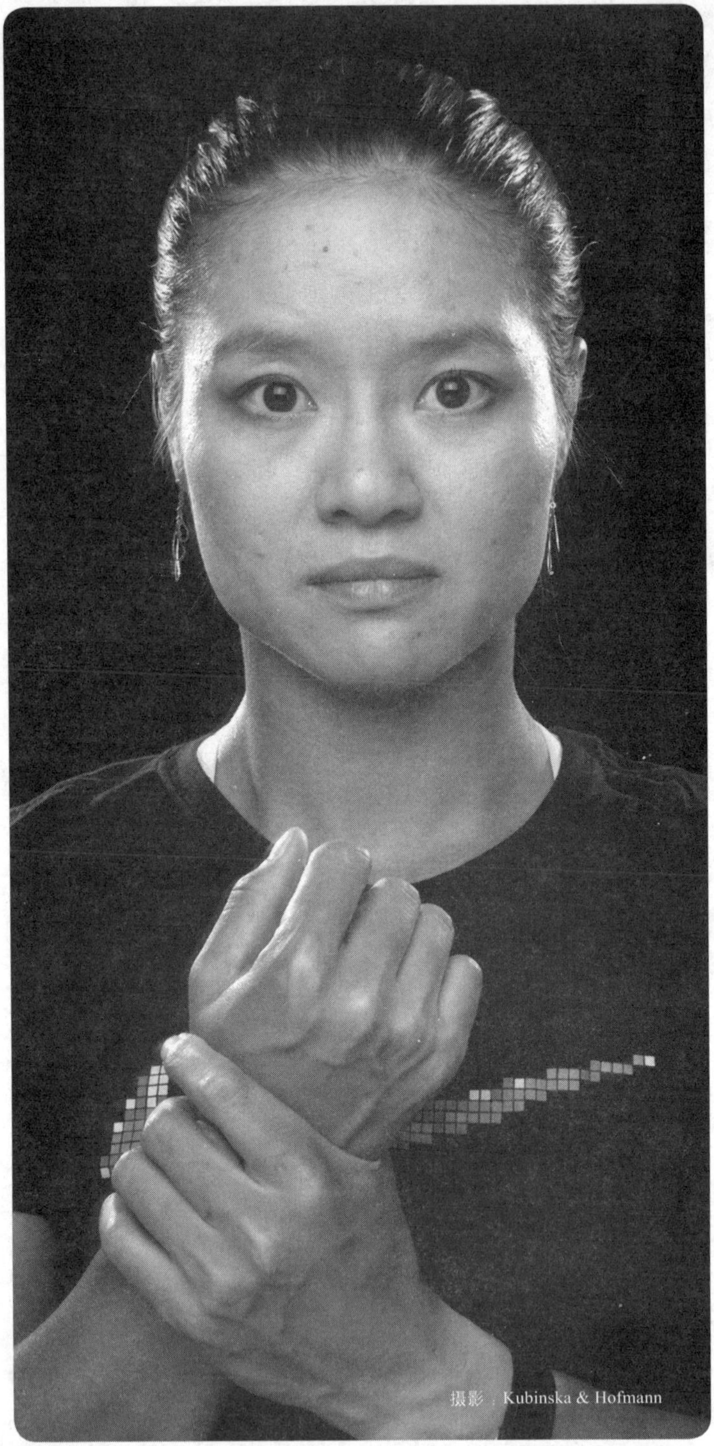
摄影：Kubinska & Hofmann

11 复出

我忍不住跟姜山说了些“这人怎么排名这么高”，“看起来蛮厉害呀”之类的话。姜山什么也没说，坐在一边看人家训练，看完之后回来，很笃定地告诉我“（她）跟你不是一个档次的”。

2004年之前，我觉得自己一直没有什么目标，盲目地随波逐流着，除了和姜山在一起这件事是我自己做主，其他的时候都是在顺应别人对我的期待。尤其是1999年到2002年第一次进国家队这段时间，我的状态很不好，因为我对自由的期待很高，但国家队的规矩非常多，大家都对教练俯首帖耳、唯命是从。谁也没有反抗的举动，甚至连这样的想法都不敢有。当然，这并不是个人的原因，这应该是文化和体制的问题。

在大学的两年，我把自己的思想理顺了。我对网球的认识和过去相比也有了很大的变化。带着新的想法打球，感觉也是非常不同。

人真应该多读点书的，我读书不算多，但这是我发自内心的感慨。

刚复出打比赛的时候，人家顶多会说一句“这是李娜”，然后就闭嘴收声了。别的人听到，也只是说一句：“哦，她复出了啊。”其实你没那么重要。退役或者复出，对你自己而言都是特别重大的决定，但对外界而言，都是无足轻重的小事。这让我感觉很轻松，我对自己说，不要有太多压力，你没那么多观众，尽力就好。

复出后的首场赛事，是一个25000的ITF（国际网联），是个小比赛。

时隔两年后回到这个圈子里，看什么都熟悉，又觉得什么都陌生。那时我们打ITF比赛的场地在玉蜓桥，四五块球场挨在一起，出了球场后有两间玻璃室可以用来休息、看比赛，楼上也可以看。那个场地没有更衣室，活动之后要拿着衣服去卫生间换，然后等待比赛开始。

相比而言，WTA比赛场地条件要好一点。休息室一般都很大，至少能容纳100人。更衣室里，每个人都有自己的号码柜。大会组委会有治疗师，你可以请他们帮你做理疗。女球员的治疗师一般都是男性，很多人的治疗师是自己指定的，熟悉的治疗师会比较了解你的身体状况，做治疗时会帮你留意。

更衣室一般只有运动员才可以进。这个圈子里的运动员大家大多都认识，如果第二天会是场上的对手，关系好的朋友头一天会在更衣室打个招呼："明天一起打比赛。"有时候打比赛前你可能完全不了解你的对手——像现在新人出来的很多，这些新人我完全不了解，比赛前几天我就会去网上查资料，记下对手的特点。赛前你也可以在更衣室观察一下自己的对手，很多优秀的球员都非常有性格。比如莎拉波娃的气场就非常强悍，那种先声夺人的傲慢气势有时真的可以把对手镇住，等到后来对她比较熟悉了，才发现她的傲慢并不针对任何人，她就是这样的脾气。

刚复出的我没有积分，要从资格赛开始打。姜山一直陪着我，我们俩第一天去训练的时候，我在更衣室看到了赛会1号种子，当时那个女孩子的世界排名是180。我记得那个女孩子好像是葡萄牙人，比我年轻一点。我忍不住跟姜山说了些“这人怎么排名这么高”，“看起来蛮厉害呀”之类的话。姜山什么也没说，坐在一边看人家训练，看完之后回来，很笃定地告诉我“(她）跟你不是一个档次的”。

我说：“怎么可能？”

那个时候退役了两年再回来，对新形势缺乏了解，180在我心里已经是很高的排名了。我很容易不自信，特别是刚复出的那个时候，看到很多年轻的新人，湖北队也有和我熟悉的小队员跟我说，那个谁谁谁打得怎么好怎么好。我脱离了这个圈子两年，对目前国内总体水平不是很了解，也不确定自己现在大概处于一个什么位置，心里也觉得没谱。不过那时我对自己的心态倒是很宽容，心想尽力而为就好，能打成什么样子就打成什么样子好了。

正赛之前的预赛我一共打了三场，三场都异乎寻常地顺利。就在这个时候，又有状况发生了。

我是个不善于给自己解压的人，前三场预赛很顺利，是因为这时对自己没什么要求，心里没底，也没有很强的获胜的欲望，只当是在训练场上练兵。等到打入正赛时，忽然一下子意识到自己很想赢，而且必须赢。这就像猴子去摘桃子，开始只是摘一个吃着玩，后来就觉得这棵树都是我的。这股心气堵在胸口，给自己造成了很大的心理暗示。预赛最后一场我背上受了一点小伤，对我们职业运动员来说，这点小伤本来不算什么，可是当时急火攻心，这一口气堵在胸间，就像岔气似的，整个背部都疼得很厉害，眼看正选比赛就要开始了，我只觉得背上像有重锤在猛敲，疼得晚上连觉都睡不着。

气血不顺，又带起了内分泌失调的旧病，我只好赶紧去找北京队的大夫。

女孩子都知道内分泌不顺的感觉是什么样的，那种酸胀沉闷，再加上背上的痛感，让我对自己的竞技状态充满忧虑。正选第一轮当天，我一直觉得恶心，害得大夫跟着我忙前忙后。我们到场地上以后，裁判长一直不停地往我这边看，他以为我肯定要弃权了，连弃权的单子都替我填好了。

我告诉他，我不弃权，还能打。

结果那一场打得还不错。

心病还需心药医，可能是随着比赛的顺利进展，心结渐渐打开了，思想包袱也放下来了。这次发病算是急性的，来得快去得也快，等到我进入前四的时候，背上的痛几乎已经感觉不到了。

姜山一直陪着我打进前四，然后他请的假就用完了，必须回武汉上课。这时我对自己和对手的情况已经有了一个大致的了解，心态又回到了预选赛时的放松状态。进前四之后，我遇到了来自葡萄牙的 1 号种子，就是姜山断言和我“不是一个档次”的那个女孩子。

那场比赛我赢得比较轻松。打完之后我给姜山打电话：“我赢了，直落两盘，6 ： 4、6 ： 0。”

他很平静地说：“哦，6 ： 4、6 ： 0 赢了，行，知道了。”

姜山的话，我不是都信。我们之间会经常开玩笑，要看他说话的场合我才能分清他是认真的还是开玩笑。之前我一直觉得他说 1 号种子跟我“不是一个档次”的话是安慰我的，不能当真。直到打完决赛，我才相信他说的是实话。

复出首战告捷对我恢复心态很有帮助，接下来还有一连串四个比赛。这四站比赛是紧挨着的，第一个比赛在北京，第二个在通辽，第三个在乌兰浩特，第四个又回到北京。我在参加第一个在北京的比赛时，连三场预赛在内，一共打了八场球。按照比赛惯例，当时还没有世界排名的我在后三个比赛中还应该继续从预赛开始打。可是，因为我第一个比赛就拿了冠军，根据ITF的规定，我得到了一张通行证，后面一个比赛也可以直接从正选开始打了。第二场在通辽的比赛，又拿了个冠军。

这其间还有不少有趣的小插曲。前两场比赛都是硬地，第三场比赛，主办方在发给参赛选手的传真上说是红土地，但大家去了一看，发现就是灰色的沙地。这让许多外国运动员非常生气，觉得自己受了欺骗，他们的领队就去找裁判长开会要求换场地，不换的话就退出比赛。他们还找到了我，劝我一起罢赛。在他们看来，你李娜在前两个比赛都拿到了冠军，又是中国本土选手，你应该很有发言权啊。其实我此刻的位置比谁都尴尬。我不是个能言善辩的人，什么话到了我这里，有理也像没理似的，我们国家的传统又是“不要给上面找麻烦”。我非常难堪，只好告诉人家我得训练，这件事最好还是你们出面解决。

除了用灰色沙地代替的“红土地”让外国球员感到失望，落后的酒店设施也让他们头痛不已。当地的酒店不能刷信用卡，喝杯咖啡都得付现金，服务员们盯着球员追账，这让出行习惯使用信用卡的外国球员觉得非常不可理喻。再加上乌兰浩特的风很大，室外的沙地球场动辄漫天黄沙，训练和比赛都很难进行。我们问酒店的服务员，你们这里一年刮几次风，服务员回答很妙："一年刮两次，上半年一次，下半年一次。"意思是说这里刮一次风怕是得半年才能停，两次风刮完，正好这一年也就过完了。大家听了都大笑。

在恶劣的自然条件下，许多选手要么退赛，要么勉为其难地参赛而不尽力，主办方也看出这么下去选手都得跑光，只得重新找了一个室内的硬地赛场作为比赛场地。

让我很感动的是在第三场比赛开始前，我的教练对我说："李娜，你最近连打了两个比赛，太辛苦了，第四个比赛比前面三场规模都大，你在这站调整一下吧。"

所谓的调整就是去草原上玩一天。我们一行人包括领队、教练、队医，还有两个湖北队的年轻队员，都骑马去了乌兰浩特附近的一个草原。我不会骑马，在马背上颠了一天，觉得自己快要被颠死了。但草原上的风光确实很美，虽然颠了一点儿，还真有放松的感觉。

这个草原距离我们的驻地大约有一个小时的"马程"。当地人非常热情，我们在蒙古包里欣赏了传统的蒙古族舞蹈，又出来骑马、射箭，玩得非常畅快。晚上人家招待我们吃烤全羊，那是我第一次看见整只的羊被全须全尾地端上来，连羊头都直挺挺戳在那里，我被吓了一跳。主人热情似火，一个劲儿招呼我们多吃，又端出马奶酒招待我们。马奶酒有点腥味，我不太喝得惯，但我觉得这是别人的好意，我们最起码得尝试一下。

过了一会儿，蒙古包里进来好多当地人，带着大家唱歌跳舞，还有人给我讲蒙古族的历史，歌颂他们英勇的祖先成吉思汗。等到从草原回到酒店时，已经是晚上 11 点多了。我那天很开心，很兴奋，唱得也很多。我还记得走出蒙古包时，看到天地之间一片空旷，一望无际的草原望不到边，满天明亮的星星低低地垂在天幕上，仿佛伸手就可以触及。那时我忽然清醒了一瞬，心想，几场比赛的胜负又算得了什么呢，它们绝不会成为我前行道路上的障碍。

就这样，我很放松地打完了后两场比赛。四站比赛下来，我拿了四个冠军。媒体称"李娜强势复出"，其实这么说有点夸张了。一连串拿到四站冠军并不难，因为有不少选手退赛。有些虽然没退赛，为了保护自己不受伤，比赛时也没有倾尽全力。

但这四个冠军让我建立起了对自己的信心，这是最重要的。

这四站比赛打完不到一个月，我就有世界排名了，大概是在 182 名上下浮动。现在我又开始犹豫了，是继续读书，还是回到以前曾经熟悉的球场。因为之前复出的最初目的是为了帮湖北省队打全运会，可是到现在为止，我的比赛成绩非常不错，一方面我还是渴望完成四年大学学业，让我曾经浮躁的心可以平静下来，去做一个普普通通的人；另一方面又感觉职业的前景非常可观，应该能打出来。

12 四处征战

大满贯冠军之前在我的心目中是何等的神圣和遥不可及。现在看来一切都没想象中那么远，只要努力伸手，我是可以摘到胜利果实的。

图片提供：《网球》杂志，摄影：陈[illegible]

2004年8月，因为正好是学校暑假，我有机会去美国打比赛。我是一个人走的，没有教练随行。

这次比赛在布朗克斯，是一个50000级别的比赛。这个比赛本身倒不是特别重要，但它恰好在美国公开赛预选赛之前，是个很好的练兵机会。

以往出国多半是和队友一起去，浩浩荡荡十几个人结伴而行。即使是独自出国比赛，往往也会跟一个教练。这次出国是我一个人，一路磕磕绊绊，惹出不少麻烦。先是到了酒店以后找不到我预订房间的记录。打电话回国，队里负责订房的人说确实订下了，但在酒店查不到记录。酒店工作人员表示可以用信用卡预付，而我又没有信用卡。像我们这种公费出国打比赛的，大家一般都只带现金。那天很晚很晚的时候，我还在一个人拖着大大的行李箱，在异国他乡的街头找酒店，差点就弄到露宿街头的地步。幸运的是，当天正好有个天津的女孩也来打这个比赛，我就去她的房间借宿了一晚。

后来我自己去找组委会交涉，组委会和酒店联系，重新给我开了一个房间。我就这样开始了复出后的第一次出国比赛。

这次比赛一样要从预赛打起。不过有前面四个冠军垫底儿，我的信心很足，心态也比较放松，这次比赛就打得比较顺手，最后进了前四。

同样是在这个比赛里，我们的双打项目成绩也很好，我和天津队友搭档，打到了冠军。我还得到了个小礼物，心里美滋滋的。打完这场比赛，我就收拾行装准备去打下一站美国公开赛的预选赛。然而这一次参赛，又出现了个大乌龙——队里居然没给我报上名!

准确地说，是报名之后还有个网上确认的程序，他们没有做。报名这种事，全世界所有职业运动员都是自己做的，但是我们一直是由队里的相关工作人员做。我中间退役有两年没有接触这些事情。复出后第一次出国比赛，条件反射地以为队里已经把所有的准备工作做好了，没想到队里的人也忘了这码事，结果最后只好稀里糊涂地，这场比赛就这样不了了之了。这是我复出之后第一次有机会接触大满贯，却因为报名没有确认，只能独自背着包去机场打道回府。那时候心里想着，好不容易有这样一次接触大满贯的机会还错过了，不知道要多久才能等到下一次机会，也许根本就没有下一次机会了呢。心里多少有点遗憾和委屈。

回国后，我就开始为中国公开赛作准备。

2004 年 9 月下旬，以资格赛球员的身份连胜三场后，我拿到了进入首届中国网球公开赛正赛的通行证。在正赛里我遭遇的第一位对手，就是当时世界排名 49 位的澳洲老将普特拉。

之前我从来没有跟世界排名前五十的人打过，心里多少有些压力，一直在想这个人是不是水平特别高。普特拉年龄偏大，当时已经32岁了。那时我还很年轻，只有22岁。我和队友开玩笑说：拼体力吧，别的也拼不过人家。

这场比赛的结果，我印象中我是以6∶3、6∶4的比分赢了。

这是我职业生涯中首次击败TOP50的球员。赢球之后，我上前跟普特拉、裁判握手，心里还是迷迷糊糊的，就这么简单？这样就赢了世界前50的人？退役前我拼死拼活都没赢过，怎么休息两年，回来这么一打，就轻轻松松赢了？

真像个梦一样。

接下来的新闻发布会上，很多记者问我问题，我的心还在“梦”里面。姜山提醒我，第二轮的对手是库兹涅佐娃，这位来自俄罗斯，有“圣彼得堡发电站”之称的新科美网冠军当时风头正劲。我在乌兹别克斯坦打球的时候曾在电视里看过录播的她的比赛，那是她在美网打决赛的录像。

这是我第一次对阵大满贯冠军，心情很有点激动，觉得离高手很近。我在训练时还和姜山说：“原来只能在电视上看这人，明天就可以真正交手了。”

第二天去打比赛。赛前开始活动，练习发球的时候，我还跟姜山开玩笑：“对手太强了，待会儿她发球我会不会接不住啊？”等到真正上场后，我发现，嗯……我还可以嘛！

这是我第一次意识到自己之前可能把大满贯冠军想得太强大了，她其实没有我预想得那么不可战胜。

那场比赛前两盘打得非常纠结，比分咬得很紧。事后回想，那天上场后我对自己其实是不自信的。虽然头一天信心有了一定的提升，但紧跟着第二天就遇到世界排名TOP10的选手，又是当年的美网冠军，这是我出道以来遇到的最强大的对手，我从气势上输给了对方，虽然嘴上有自信，心里却没有。

不够自信的结果就是：整局比赛我都是在压力下被动度过的。在第三盘，我率先拿到了两个赛点，终于找到了机会，本来应该稳扎稳打拿下这个赛点的，但那时心跳已经开始加速，我模糊地意识到："我可能要赢一个美网冠军！一个世界排名前10的人了！"这种意识对一个刚刚复出的选手来说，来得太突然了。结果心慌气短、患得患失之间，反而失去了锐气。

库兹涅佐娃毕竟是大满贯冠军，经验比较丰富，她立刻看出我的心不在焉，在几次缠斗中抓住机会把比分扳了过来。从此整个比赛的节奏就回到了对手的控制当中，我就这样丢掉了这个比赛。

后来姜山告诉我：尽管我输了这场比赛，但是当时他就很坚定地相信，我实际上跟这些世界高手、世界前10甚至世界大满贯冠军的距离已经很近了。他说，当时我刚刚出来，很多训练还不是很系统，能打成这个样子，他其实已经有了非常大的信心，也感到很欣慰。

我也有类似的感觉——大满贯冠军之前在我的心目中是何等的神圣和遥不可及。现在看来一切都没想象中那么远，只要努力伸手，我是可以摘到胜利果实的。

这次比赛给我留下了很深的印象，在手握两个赛点的情况下被对手逆转，无论如何是有点遗憾的。从这次比赛起，媒体开始加大了对我的关注。

中网输给库兹涅佐娃后，我紧接着又赶到广州打国际女子公开赛，也就是大家知道的WTA。

按照惯例，在之前的比赛中表现出色的年轻球员可以领到外卡，免去三轮预赛直接进入正赛。在北京打完中网后，我一直以为接下来的比赛会拿到外卡，但直到我赶到广州，也没有听到任何关于外卡的消息。预赛就在我到广州的第二天。我没有时间休息，直接投入了比赛。

预选赛三场，我打得很平稳，一帆风顺进入正选赛。在第五场比赛，也就是正选第二轮比赛时，我遇到了来自塞尔维亚的扬科维奇，这也是一位世界排名前30的选手，当时是赛会的2号种子。

我们交手的第一盘，我以0∶6输掉了，第二盘赢了回来。第三盘我有两个赛点，又没能拿下来，这使我的心情变得有点急躁——刚结束的中网与库兹涅佐娃的比赛，也是第三盘两个赛点没拿下来……一直到我最后拿下比赛时，我才松了一口气："结果终于不一样了。"

心态一旦调整好，比赛就顺手多了。这次比赛我是以资格赛选手身份进入的，连赢了八场，在击败了当时世界排名前30的扬科维奇、前50的杜舍维娜之后，我进入了决赛，当时的对手是斯洛伐克选手苏查。这是我第一次打WTA的决赛，之前连前四都没进过。我上网查了一下苏查的资料，几年前的世界冠军，很厉害。

这时的心态已经比较平静了，我很重视对手，比赛前非常耐心地仔细备赛，这些辛苦都没有白费，上场后，我感觉不错，最终以6∶3、6∶4的成绩获胜。

比赛是当年10月1日进行的，比赛结束后，《体育画报》的一个记者跑来恭喜我："你是中国第一个WTA级别比赛的单打冠军了。"这时我才意识到自己创造了一个纪录，我在这些方面是个迟钝的人，别人不说，我自己意识不到那些"历史意义"。

首个WTA巡回赛单打冠军似乎是一个祥瑞，之后的一段时间，我的状态一直不错。2004年10月3日，借助广州国际公开赛上的夺冠，我的世界排名也从一周前的145位跃升至92位，这是我首次打进世界前100。那一年我的年终排名最终定格在80位。

2004年对我来说，是值得纪念的一年。复出的我像是一张白纸，之前一切成绩都没有了。重建的过程并不轻松。我像是个在森林里迷路的小孩子，慢慢地用脚趟出一条路，试图穿过树林。姜山让我做一个坚定的"伐木工"，他对我的潜力非常认可，鼓励我一直走下去，实现自己心中的梦想。有一些我从来不敢想的荣誉，他都替我想到了，他的大胆和肯定让我信心百倍。我对自己的未来充满了憧憬。渐渐地，我打破了自己心中的藩篱，相信自己可以成为世界顶级的选手。

摄影：Kubinska & Hofmann

13 2005：走近大满贯

我站在场地上，忽然觉得这个场地很像古罗马的斗兽场，观众的喊叫声如同龙卷风一般从我头顶呼啸而过，他们在呼唤他们战无不胜的女王，而我就是那个倒霉的角斗士，手里的球拍像是一块吸引公牛的红布，但我却忘了带上长矛。

2004年，因为队里没给报上名，我错过了美网资格赛，心里很郁闷，但结果已经无可挽回，只好满怀惆怅地回国了。没想到失之东隅，收之桑榆。我虽然错过了2004年美网，却阴差阳错地拿到了2005年澳网的外卡。

2004年是奥运会举办年，因为此前成绩不错，我被选入国家队，给国家奥运会队员当陪练。之后，国家队给了我和另外一个女孩去乌兹别克斯坦参加亚洲锦标赛的机会。我去了乌兹别克斯坦，几乎没费什么波折，我就顺风顺水地打到了冠军。按我当时的世界排名，只能先打澳网公开赛的预选。但因为我拿到亚洲锦标赛的冠军，我就有机会获得一张明年澳洲公开赛的正选外卡。

拿到了冠军，我没想太多，颁奖仪式一结束，我就赶紧跑出去打电话给姜山，告诉他：明天我就可以回家了！

乌兹别克斯坦跟中国有两个多小时的时差，我打过去的时候是北京时间3点多，姜山还在华中科大的教室里上课呢。他溜到走廊上接电话，匆忙中没有多说，只是说："好好好，我正上课呢。"一副"不许干扰我学习"的死样子。

那段时间他一直忙于学业，此时距离澳网开赛的日子至少还有四五个月，"澳网"对我俩来说，都还只是个抽象的概念。多年后想起来，我跟姜山说："你看我那时候还蛮淡定的。"

他不屑一顾，"你是没反应过来吧？"

其实确实是没反应过来。我记得当时心里有朦胧的惊喜，但还不是很确定前方等待着自己的到底是什么。直到澳网把外卡发给我的时候，我才恍然大悟："我要去打澳网了！"

这是我生平第一次离大满贯正赛这么近。现在想来，真是里程碑似的时刻。职业球员的目标是什么？是参加比赛。网球比赛最重要的赛事是什么？是大满贯！

我顿时觉得浑身充满了力量。

2005年1月下旬，我凭借那张外卡直接进入了澳网正赛阵容，这是我第一次打四大公开赛的正赛。开赛后，我状态不错，连胜两轮，在击败28号种子日本选手浅越吉罗布后，我打进了第三轮比赛。

他们告诉我，这一轮我要面对的对手是大名鼎鼎的莎拉波娃。

莎娃当时刚拿下温网冠军，风头正劲。我们的比赛在罗德·拉维尔中央球场进行，这是我第一次在四大公开赛的中心场地打比赛。

按照规定，比赛开始前我们要等着别人带我们进场。当时我紧张到了极点，进入球场的走道两边挂着曾经拿过澳网奖杯的球员照片，但我完全没有心思欣赏。脑子一片空白，机械地迈开步子走进球场。后来李婷跟我说，我紧张得连走路的姿势都变了。

我听到广播里面说："现在我们热烈欢迎中国选手李娜。"但除了紧张，我什么都感觉不到。

罗德·拉维尔中央球场傲然挺立在我面前，气势恢弘，深不可测。这座建筑非常有特点，顶棚是可以自由开合的。我站在场地上，忽然觉得这个场地很像古罗马的斗兽场，观众的喊叫声如同龙卷风一般从我头顶呼啸而过，他们在呼唤他们战无不胜的女王，而我就是那个倒霉的角斗士，手里的球拍像是一块吸引公牛的红布，但我却忘了带上长矛。

这个球场给我的印象极其深刻，我觉得它好大，它就像网球场中的泰坦尼克号一样，庞大到触目惊心的地步，大到似乎超越了我以往打过的任何一个场馆。

"怎么会有这么大的场地？"

这是我站在场地上，脑海里唯一能想到的问题。

莎拉波娃比我排名高，所以入场晚，她入场时全场掌声雷动。莎拉波娃当时已经声名鹊起，场地内她的球迷几乎把整个场馆坐满了，目光所及之处，很少能看到空的座椅。我举头向上望去，只觉得头顶上到处都是喧嚣的人群，黑压压的人头几乎一直接到天棚的座位上。后来我知道罗德·拉维尔中央球场在当地非常著名，它可以容下足足15000人，但在当时，即使你说这个球场可以放进10万人，我也会立刻相信。

我能感觉到自己的紧张，但不知道如何舒缓自己紧张的情绪。我记得自己欲盖弥彰地做出无所畏惧的样子把网球包放下，然后拿起拍子走到裁判的旁边，听裁判宣读比赛规则。

在这期间莎娃的支持者们一直在呼喊她的名字。看台上不时有闪光灯的亮光扫过。

我们分立场地两侧，活动了5分钟。比赛开始！

那场比赛我只赢了两局，很快就输完了，这几乎是我打网球以来输得最快的一场比赛。

我甚至没有感到伤心，我只是紧张，非常紧张。当比赛结束后，我拿着拍套沿着过道走进休息室时，我看到自己的双手还在瑟瑟发抖。

那种紧张深入骨髓。

每场比赛之后都有新闻发布会，那场比赛之后，记者照例蜂拥而至，问我有什么感受。

我说我只觉得场地太大了，没有办法去适应。我第一次见到这么大的场地，已经完全不知道在场上应该如何去做了。

我想见多识广的记者当时可能在心中暗笑了。他们接着问我："那你打算怎么适应呢？"

我说：我只能慢慢适应，比赛场次多了，积累了足够的经验，自然而然就适应了。

这次澳网之旅就这样结束了。我安慰自己，不管怎样，也是走近了大满贯，看到了自己和世界顶尖选手的差距。

有趣的是，2011 年我再进澳网，也经历了好多中心场地的比赛，赛前我也去中心场地训练过几次。旧地重游，我忽然发现，这场地并不大啊！那时怎么会觉得它那么大呢？

也许场地始终没有变，变化的，是人的心。也许是这几年在这个圈子里摸爬滚打的结果吧。

在澳网的比赛结束后，我又参加了一系列国际公开赛。在退役前，我基本是打ITF的小比赛，退役两年又复出后，我反而找到了感觉，开始持续打WTA的比赛，成绩稳中有升。那似乎是我最顺风顺水的一个时期了，在体内沉默了两年的欲望忽然苏醒，虽然此刻我还没进入国际网坛的核心，但那种欣欣向荣的态势是看得见的。

那段时间，我进步很快，在葡萄牙的埃斯托利尔巡回赛上击败了名将萨芬娜，打进决赛；在联合会杯世界二组附加赛上，我取得了包括击败斯莱伯尼克在内的两场单打胜利；在多伦多顶级赛上，我击败当时世界排名 18 的扬科维奇成功晋级，这是我第一次战胜TOP20 的球员。慢慢地我发现，我也能打败一些世界顶级的球员，自信心随之水涨船高。

2005 年 8 月下旬，我第一次出征美网正赛，美网也是四大公开赛之一，此时的我已经不再是吴下阿蒙，对大满贯的中心球场也不再畏惧了。

遗憾的是这次比赛签运不佳，首轮就遇到了当时的世界头号种子达文波特。这位美国老将在家乡本土作战时骁勇异常，我也摆脱了澳网时的青涩，拼得十分卖力。尽管最后以两个 4 ：6 输掉了比赛，但我对自己的表现基本是满意的。

我对美国有一种亲切感，也许是少年时代曾来学习过 10 个月的原因，听周围人说大大咧咧的美语，耳朵很舒服。美国虽然没有欧洲城市那种经历过岁月沧桑沉淀出的美感，但它很热闹，这是一个年轻而热闹的国家。

美网的阿瑟·阿什万人球场是四大公开赛里最大的中心场地。

打比赛的时候，我已经感觉到这个场地很大了——不是澳网中心场地那种印象上的“大”，这个场地的面积确实大得异乎寻常。有一次央视五套采访，我们站在中心场地最上面一个平台上聊天，这是我第一次站到这个场地的平台上，往下一看，真有点 得慌。央视的记者告诉我为了安保，中心场地上面有狙击手。十来个狙击手潜伏在场地周围，想想还是挺让人汗毛倒立的。

美网的球场离机场很近，有噪声。但在比赛期间，机场会保证两周左右的时间，让飞机从其他路线绕行过去，以免影响球员比赛发挥。我打球很怕吵，但并不讨厌飞机的声音。我在得克萨斯的网校学习时，球场上也时常有飞机飞过，当时我还会幻想这也许就是国航的飞机，我坐上它，就能一路飞回武汉去，因此听到这种熟悉的噪声时，我并不觉得烦躁，它就像我少年时埋藏在美网场地上的一个小小的秘密。

摄影：Kubinska & Hofinann

14 炮轰风波

很快“李娜炮轰国家队机制”的新闻就变成了大字标题，在报纸和网络上不断被转载，在转载中又被不断地夸大和引申。我从没有伤害过谁，也不想伤害谁，我只想安安生生地打我的球、过我的日子、做我的李娜。可是一夜之间，我就变成了“全民公敌”。

美网结束后，我回国为全运会作准备。在这期间，一件意想不到的事情发生了。这件事给我带来的困扰和伤害，远远超乎我的想象。百口莫辩的委屈，被曲解误读的气愤，被悔恨和痛苦吞噬的难眠之夜。那段时间，我觉得我就是案板上那条任人宰割的鱼，无力地张着嘴，却发不出任何声音。

“2005 年 10 月，以卫冕冠军身份出战全运会的李娜却在女单半决赛上，完败给国家队队友彭帅，赛后李娜炮轰国家队的体制，引发舆论大地震。当时网管中心主任公开批评李娜，并表示李娜绝不可能代表中国出战北京奥运会。”

这段报道，我看了无数遍，但每次看到的感觉都是一样的：我觉得我的血液都要凝固了。

怎么会这样？

我知道我是个直肠子，嘴不把门，心里想什么就说什么，情绪也是来得快去得快。这种性格如果是你喜欢的人，你可以说是“心直口快”；如果是你不喜欢的，你可以说是“缺心眼儿”。我就是这么一个心直口快的缺心眼儿。对我来说，掩饰自己的情绪是最困难的任务，这也是早几年我在比赛中时常崩盘、大赛成绩时好时坏的原因。

当时输了球的我心情十分沮丧，记者问我在国家队训练的感觉如何，我就实话实说：“我觉得国家队各项措施不很完善，也没有针对球员个人的系统的训练。”这确实是我在训练中体验到的不足，我只是如实地说了出来，这些话登上了报纸后忽然变得那么暧昧，那么富有暗示性和火药味。“炮轰”，还“大地震”。我只是一个打球的小女生，既不是超人也不是金刚，我哪儿有那么大的威力？

很快“李娜炮轰国家队机制”的新闻就变成了大字标题，在报纸和网络上不断被转载，在转载中又被不断地夸大和引申。我从没有伤害过谁，也不想伤害谁，我只想安安生生地打我的球、过我的日子、做我的李娜。可是一夜之间，我就变成了“全民公敌”。

记者拿着报纸去问孙主任：“李娜说国家队的机制不好！您怎么看？”

这不是故意挑拨么？

在这个报道见报后的第二天（还是第三天？我记不清了），孙主任针对这个报道说了她的想法。记者立刻又拿来给我看了。

我很难受，但我不敢说话了。

一句话经过了三个人以上的转述，它多半会变成另一句话。

老实说我很反感记者们来回传话的行为，生生把一件事情说成了另一件事情。同时也对部分记者产生了畏惧，他们太厉害了，挖好了坑，等你来跳。当着你面一直顺着你说，等到把一件事说成另一件事时，他们忽然又在报上拿出了另一套理论，这让我觉得很可怕，有种被欺骗的感觉。

这件事可以说给我和孙主任都带了很大的困扰。孙主任为了我一时的口舌之快承担了很大压力，我也被自己的快嘴害得头痛不已。我是个直来直去的人，从来不善于和领导沟通，出了这事以后，我觉得给孙主任带来了麻烦，更不好意思去找她谈话了。

我从来不会找人理论，只能用行动证明自己，可是有些事情，是我无从证明的。

丹麦的莫滕森教练曾经对媒体说："(2011 年法网后) 李娜成为巨星了，但成为巨星，一定会付出相应的代价。"事实上，用不着成为巨星，我就已经付出了代价。名声是一把锋利的双刃剑，哪怕只有一点点，都要你时时刻刻为它付出代价。

那以后很长一段时间我都告诫自己在媒体面前少说话，偶尔开口，也是字斟句酌，跟姜山商量又商量的结果。

我觉得我怎么说都是错，真话也错，假话也错，多说多错，少说少错。

但事实证明，即使我不说话，媒体也会写"李娜情绪沮丧心理素质有待提高"这样的新闻。我真是苦闷到了极点。

其实之前每场赛事结束后，我都很愿意跟记者分享自己的感受，有时我会说很多东西：今天正手没太打好，或是体力有些跟不上等等。只是这些跟打球有关的内容很少会得到关注。反而是打球之外的东西更能引起他们的兴趣。只要我说了一句“我觉得训练有问题”，第二天体育版的头条就会是“李娜炮轰举国机制”。

我理解你们对举国机制有自己的想法，但我只是个球员。各位，高抬贵手好吗？

姜山那段时间也为我处理了不少事务，平时有他陪在我身边，教我如何表达自己的想法，如何应对媒体。但新闻发布会那天，只有球员可以入场。他不能在身边提点我，我又是个见坑就跳的直肠子，最后把事情闹成这样，姜山也跟着受累不少。

每当情绪跌到谷底时，我都会想做点以前从未做过的事来放松自己。比如，2001 年广州全运会我和姜山的混双组合被强行拆开，我心情非常差，全运会结束后我就在自己身上文了一颗心和一朵玫瑰花。我这么做的唯一原因就是因为这个图案的样子很好看，而且文身可以让我把心情从不愉快的赛场上挪开一会儿。姜山对我的文身感到很恼火，说看起来像个坏女孩。

我反唇相讥：“坏不坏是一个文身决定的么？”

他说我不懂，这个文身会被人家做文章的。

果然，许多记者注意到了我的文身，照片发出去之后，很多人把这个图案当成了一条蛇，有人认为我又在哗众取宠，也有人指责：“李娜竟然文身！她凭什么文身？”

后来我上节目的时候，主持人问我，这个文身是不是象征着爱情？我赶紧点头同意，顺水推舟地将文身的原因归结到了爱情上，表示这是为了纪念我和姜山的感情。这期节目播出后，我的文身忽然变成了一段带有浪漫色彩的佳话被反复传颂。大家在一夜之间站到了我这边："文身是为了纪念和老公的爱情啊，那挺好的！"

人心是多么奇妙的东西，一个19岁姑娘的无心之举竟然可以被演绎出那么多复杂的用意和取向。我完全无语了。人嘴两张皮，横也是它，竖也是它。

这种事情经历多了，我也慢慢麻木了。爱说什么就说什么吧。

后来姜山给我看了特蕾莎修女的一段语录，我觉得很受益：

"即使你是友善的，人们还是会说你自私和动机不良，不管怎样，你还是要友善。

"当你功成名就，你会有虚假的朋友和真实的敌人，不管怎样，你还是要成功。

"你今天做的善事，人们往往明天就会忘记，不管怎样，你还是要做善事。

"说到底，这是你和神之间的事，而绝不是你和他人之间的事。"

"炮轰国家队体制"这件事，我再也没有在公开场合澄清过，这是我心中的伤疤，一碰就鲜血淋淋，况且我知道有些事是越描越黑的。好在国家队的教练、领队们都比较了解我的性格，这件事在媒体上被炒得很凶，在国家队并没有掀起什么轩然大波来。

但在我自己心里，这件事反而成了一个过不去的坎儿，情绪一直很低落。等到风平浪静的时候，我忽然很想去拍结婚照。姜山怕麻烦不愿拍，但考虑到我当时在情绪低谷，他还是陪我去拍了。虽说是形式，但有时候，女孩子们还是需要这点形式的。

婚纱照很美，有外景也有室内景。拍一组婚纱照也挺累人的，我们之前只拍过一次情侣照，还是在刚退役的时候。

也就是在那个时候，我忽然觉得，该结婚了。

图片来源：CFP

15 结婚

我俩都不是那种擅长制造浪漫氛围的人。我们倾向于活在真实的世界里。第二天，我们就去民政局领了证。也没挑什么黄道吉日。今天刚好有时间，那好，领证去吧！领完回家，吃顿好的，踏实了。

结婚于我和姜山而言都是一件瓜熟蒂落、水到渠成的事。我们事先并没有商量。

2006 年 1 月底，我在澳网首轮就遇到了小威，打了三盘，结果还是输掉了。我觉得很累，什么也没说，取了机票直奔武汉——每次打完球，我都很想赶快回家，打球令我身心俱疲，家是我的充电器。我太累了，我想好好休息一下。

姜山特地去机场接我。我们回到家放下旅行包，朋友们约我出去吃饭、唱歌，我窝在沙发上说 ：“太累了，想睡觉，不想去。”姜山劝我 ：“还是去坐坐吧，朋友们都等着呢。”

饭后大家一起去K歌，我没想到，姜山就在那时候向我求婚了。他准备了一只大蛋糕，一大捧玫瑰花——真的好大一捧啊，一共 99 朵。一个朋友帮我把玫瑰抱出来，路过的女孩看到那捧玫瑰都会“啊”一声叫出来，因为真的是太显眼了。

我很感动，同时又下意识地觉得浪费，这么大一捧花，不能吃不能喝的，这不浪费钱吗？那束花确实很美，但我们都已经不是需要靠浪漫气氛过日子的年纪了。那样美丽的花让我觉得不真实。第二天玫瑰枯萎了，我就直接把它们搁垃圾桶里了。姜山也没有异议。其实送花也好，甜言蜜语也好，都不是他擅长做的事。我觉得他之所以准备 99 朵玫瑰求婚，只是为了让我高兴。我也确实很高兴，不是为了花，而是为了他能够这么细致地体察到我的心思。

我俩都不是那种擅长制造浪漫氛围的人。我们更乐于活在真实的世界里。

第二天，我们就去民政局领了证。也没挑什么黄道吉日。今天刚好有时间，那好，领证去吧！领完回家，吃顿好的，踏实了。

婚房是早就准备好了的。上大学时我们就把房子买好了，四室两厅两卫，在武汉郊区的一个小区里，小区环境很好、很安静。

我理想中的房子是海景房。我喜欢海，一直梦想自己能在海边有一套房子，蓝天白云，在家里拉开窗帘就看见大海。看见海，人会觉得自己特别渺小。武汉不少小区有江景房，但我不喜欢房子挨着长江，被污染的江水看起来很浑浊，我喜欢海水特有的那种清清凉凉的蓝色，显得很干净。

但有这套房子，我也知足了。装修完全是我们俩自己的主意，设计师帮我们把其中一间房打造成了吧台。后来我得了大满贯奖杯，就把奖杯放在吧台那儿了。除了苏珊·朗格伦杯，家里还有一只银杯，我忘了是哪个国家的女王送给我的了，杯子上面刻了“给中华人民共和国，李娜”，这是女王通过外交部给到中国网球协会，然后网球协会交给我的，我很喜欢那只杯子的形状。除了这两只杯子，我家里没有一件和网球有关的东西。我的那些奖杯，早期的都搁我妈那儿，现在的都放箱子里，我也不喜欢在家挂自己打球的照片。我不想回家还跟网球没完没了。

装修中最大的败笔是没装衣帽间，这让我比较后悔。耐克赞助了我很多运动服，大多都只能在赛场上亮相一次就被束之高阁，因为品牌希望我能多展示一些不同款式的服装。加上我喜欢乱买包包和鞋子，家里大小衣柜都被我放满了。我的衣服以深色为主，因为我觉得冷色搭配起来出错的概率比较小，款式则没什么限制。我喜欢的色调隔一段时间就会换一换，今年我特别喜欢紫色，不过我对别的颜色也不排斥，各种颜色都有它的美好之处。

我们家最多的就是酒，我喜欢那种小瓶子洋酒的包装，买了很多在家里放着。

姜山的酒量很好，我也还行，朋友们不时登门探访，大家会刻意避开“网球”、“比赛”这类话题，但我们心里都知道，我们不可能绕开它很远。

我妈妈对我的婚姻还算满意，像所有中国家长一样，她迫不及待地想要看到外孙，她也知道眼下这种情况我们完全不具备要孩子的条件，但是她希望，等到我们有孩子以后能够由她来带。

这是绝对不可行的。

我对自己的性格不太满意，除了在网球上有点小天赋，我觉得自己并没有任何过人之处。小时候的我是个瑟缩、内向、非常不自信的孩子，这和我妈妈的教育方式不无关系。

记忆中妈妈年轻的时候长得很美，她是那种每天都会化妆的女人，我经常看她站在镜子前细细梳妆打扮的样子。小时候的我有一头“自来卷”的长发，放下来的话，可以垂到腰部。像所有的小女孩儿一样，我特别爱美，没事儿总对着镜子照。结果被妈妈严厉地批评过一次，她批评说我每天就知道臭美，也不学其他小孩那样练练字。

从那以后，我很少照镜子了，那句话跟随了我许多年。每当我看到镜子，那种挫败感就会从记忆中不声不响地流淌出来，包围我全身。

为了打球方便，网球队的女孩子们会把长发扎成马尾或是梳成辫子，我梳头时从来不用梳子，简单地用手理一下就立刻扎起来，怎么随意怎么来。

我 4 岁以前都住在外公外婆家，跟外婆家的人都很亲，两个舅舅也从没拿我当过外人。我和两个舅舅的关系一直都很好。大舅舅的女儿比我小 5 岁，我们从小一起长大，手足之情十分深厚。小舅舅只比我大 12 岁，小时候他总带我一起玩。

当年我家困难的时候，两个舅舅时常接济我们。现在我的环境相对好点，我能帮他们一把就会多帮他们一把。让我难堪的是，这似乎成了妈妈的一项武器。她对舅舅们的态度显然有点居高临下的感觉。一周一次的家族聚会上，舅舅有时谈点工作上的事，妈妈立刻不耐烦地打断：“你别给我说这件事情，我听着就烦。”

我的外婆是个豁达乐观的老人，每次我要给她钱时，她都坚决不肯要，说这是你的血汗钱，来得不易，我花了心会疼。我妈妈却似乎把钱当成了证明我们母女关系从不曾冷淡的铁证，她很坦然地接受我“孝敬”的任何钱或者物，但却对我给予舅舅们的小小帮助感到不解。

这个态度当然会让大家很尴尬，不过她是大姐，舅舅们也不太在意。我背着人跟她谈：别这样，不要总觉得别人都是欠你的。我们要想想在我们落难的时候，别人是怎么帮我们的。其他人家的兄弟姐妹不见得有我们家这样团结和睦。

另外，妈妈是个特别好面子的人。我运动成绩特别好的时候，她去参加同学聚会，会提前要求我在她聚会时打电话给她，好让她的同学听到——她觉得这样才算面上有光。这一点也让我觉得别扭。

但我又不能说她，我说多了，妈妈会觉得我和她立场不一致。也不知道是不是到了更年期，她总是不停地感到生气、委屈。因此不管她说什么，我也只是听着，尽量忍着不回嘴。

妈妈是我在这世界上最亲的人。我总是想小时候我住在体校，她是怎么天天来看我，大热天给我带冰镇绿豆汤解暑。她是我的妈妈，我非常非常爱她。我是她唯一的女儿，她也不可能不爱我。只是我现在经常不知道该怎么跟妈妈交流和沟通了。

妈妈当然比谁都更加清楚这一点。爸爸走后，妈妈一个人觉得孤单，特别想和我多待一些时间，但我们心灵的距离越来越远，观念上的差异越来越大，真待在一起又会闹得大家都不开心。这也让妈妈非常痛苦。她是个非常直的人，不开心就会讲出来，抱怨我不去看她，不多陪她。

我不知道说什么好，事实上，我宁愿和姜山的妈妈待在一起，她和我妈妈的想法完全不同，姜山的妈妈持一种“只要你们觉得幸福就好”的心态，比较尊重孩子，对我们的生活并不干涉。我妈妈总觉得我们还是小孩子，需要监督和管制，哪怕我都快30岁了。她执著地用她的经验来指导我的生活，却不知道世界已经变化了。

妈妈觉得她是过来人，经验会更丰富一些，我就必须要听她的。我跟我妈聊天时，她会习惯用这样一些句式：“你听我的”，“我吃过的盐比你吃过的米还多”。我心里说，那可不一定。

所以当我妈提出要帮我抚养孩子时，我毫不犹豫就在心里拒绝了。不行，我心里说，当我有了孩子，我不能再用我小时候受到的教育来教育他/她，我要给他/她足够的尊重和自由，我要给他/她说“不”的权利，我要让他/她拥有自己的灵魂和梦想。

我和姜山一直没有办婚礼，这一点也让妈妈很不满，但我觉得结婚是两个人的事情，一场仪式对我来说只是个可有可无的东西。

现在好多人的婚礼都异化了，不再是感情的见证，只是浪费时间、浪费人力物力的一个无趣的仪式。我和姜山都认为这个仪式没那么重要，生活美满不美满和这场仪式是否隆重并没有直接关系。

以后我估计自己也不会补办这种仪式的。我们已经在一起这么久，大家早知道我们结婚了，我自己也没那个精神了。

归根到底，婚姻只是我和姜山之间的事。别人怎么看，怎么想，那就是他们自己的事了。

图片来源：CFP

16 打败前十

在多哈的巡回赛结束后，我忽然觉得所有的奋斗都失去了意义，自己一直在错误的方向上行进，背负着一身伤痛和嘲笑，多滑稽啊，我根本不配打网球！我生来就是个失败者！

我还没有享受多久新婚的甜蜜，就匆忙回到了四处征战的生涯中。那时候我情绪很不好，2 月份在多哈打比赛时，我遇到了一位排名世界前十的选手。就像之前在澳网遇到小威廉姆斯时一样，我打完三盘，彻底地输掉了这场比赛。我被对手压制得很死，而且完全没有逆转的机会。

回到休息室后我一个人洗澡，一边洗一边控制不住地流眼泪。

从我 11 岁起，我总是听教练在我背后大声呵斥我："笨！""你是猪啊？"我的任何一个失误都有可能招来更大的羞辱。时至今日，我已经不需要别人对我吼叫了——我已经将教练的愤怒、暴躁内化进了自己的脑海中。

我不需要教练羞辱我了，我自己会陷入病态的、无法克制的自我羞辱的过程中。

当自己被对手克制住时，我很容易陷入暴躁、愤怒、焦虑、情绪激动的状态中。输球后我恨不得一头撞在休息室的门上。我觉得自己像跌进陷阱的狮子，狂躁地向天空扑去，却越陷越深。我痛恨生活中发生的一切，不断败北和伤痛也令坏心情雪上加霜。我一遍又一遍地痛骂着自己，同时痛哭流涕。

为什么这一切会降临在我身上？

那时我还没有赢过一个世界前十，“炮轰国家队机制”的阴霾还没有过去，外界又有了关于我的新说法，有人说我“一碰到前十就输”，还有其他许多泄气的难听的话，不一而足。

当我保持着相对优秀的战绩时，我可以控制自己去跟这些负面的情绪对抗，但这次失利让我陷入了对自己深深的失望中。日积月累的负面情绪在此刻完全爆发出来了。在多哈的巡回赛结束后，我忽然觉得所有的奋斗都失去了意义，自己一直在错误的方向上行进，背负着一身伤痛和嘲笑，多滑稽啊，我根本不配打网球！我生来就是个失败者！

在更衣室洗澡的整个过程中，我哭得浑身都在颤抖，脑子里盘旋的始终是那些非常消极的念头：你看，别人说的是对的，一跟前十的选手打你就输，这么苦练还有什么意义？

那时姜山还在华中科技大学念书，我走到哪里都是孤身一人，最多有教练和领队伴随。在这种失控的情绪下，我只能给姜山发信息宣泄压力：“看来他们说的是对的，我真的赢不了前十。我永远是一名二流球员，狗肉不上宴席。”

姜山回复我：“其实你已经做得很好了，不要给自己太大的压力，不要对自己要求得太苛刻了。”

他又陆续回了我很多鼓励的话，让我赶紧克制自己、平静下来。

但那很难，我觉得自己的尊严已经像被打破的瓷瓶一样，碎成一块一块的了。

报纸上对我的失败进行尖锐的讽刺的同时，还不忘提及之前的“炮轰”事件。

那感觉就像要你光着脚，从那只瓷瓶的碎片上一步一步踩过去一样。

姜山远在万里之外，身边的人对你的痛苦袖手旁观，谁让你攻击体制呢？我就这样成了全民罪人。就是从那时候起，我看到报纸就觉得双手冰凉，我绝不上网看别人对我的评论，更不看报纸。

在那段时间，姜山忙坏了，他一边要应付学业，一边要帮我做心理建设。

在我心情不好时，他会给我讲很多道理。这些道理我不完全相信，但我很耐心地听着，除了爸爸，没有人这样对我好过，他是唯一一个不计回报、不惜代价、真心实意对我好的人。

我原来是一个非常非常在乎别人怎么说我的人，别人对我的负面评论可以让我很久都无法走出情绪低谷。我不知道为什么他们要那样对我，我一生没有做过坏事，为什么要这样？

姜山逐渐改变了我的想法，他教我保护自己，教我谨言慎行。他告诉我：我们改变不了任何人的想法。我们能改变的只有自己。

慢慢地，我开始学会一点点，开始懂得保护自己、控制情绪。虽然还是会被伤害，但我知道他永远会支持我。

我在国家队里没有自己专属的教练。大家都是一锅端，我们中国人的传统就是“一锅端”，每个人都小心翼翼地让自己与大多数人一样，一旦超越了大众约定俗成的那条界线，就会立刻招来他人的口诛笔伐。许多人都在用教练教给他的生活方式生活，用父母的生活方式生活，唯独不敢用自己的生活方式生活。而我，就像众多模具中的一个手工制品，挣扎着想要闯出自己的一条路来。因此经常让大家觉得奇怪：你怎么就那么特殊？你凭什么就那么特殊？

我并不是特殊，我只想跟随内心深处的呼声生活。

在我的生命中，我几乎没有为自己活过一天。小时候，我遵循爸爸的意愿，成为一个专业网球运动员。爸爸离世之后，我更不能悖逆他的遗愿。我拼命挣钱，因为这样可以让妈妈过上好的生活。1997 年我打到了全国冠军，从此更加循规蹈矩，按照大家理想中的“冠军应该有的样子”生活。

我在物质上不再缺乏，可我内心非常不快乐，我内心深处的那个“李娜”非常不快乐。

在大学休养的两年，我第一次可以随心所欲安排自己的生活，但很快，我又回到了这条轨道上。我也很想做一个乖乖听话的老实孩子，在大多数时间，我也确实做到了。

只是，那个“李娜”非常不舒服，她总在伺机而动，给我惹下一身麻烦。

在国家队的时候，我觉得自己被边缘化了。全队只有一个主教练，那么多运动员要他管理，他不可能对我的训练投入很多精力。没有人帮我进行有针对性的校正，这让我觉得找不到方向。我需要一个可以让我依靠的团队，国外的运动员大多拥有自己的团队，有人帮他们矫正每一个纰漏，根据他们的身体状况做定向定量的体能训练，甚至还有心理医生帮他们做心理建设。相比之下，我们国内的球员想要做出点成绩，基本全要靠自己的悟性了，加上国内总体水平与欧美国家还有很大差距，球员们接触不到一流的对手，对大赛缺乏经验和信心，这样闭门造车显然是行不通的。

顶级球员之间的竞争，很大层面上，也是心态的竞争，得人心者得天下，这句话在球场上也是说得通的。

我身边能帮上忙的只有姜山，而他还在武汉。我们之间还隔着十万八千里。

国家队曾经以我的名义聘请过托马斯教练来中国做指导，但事实上，他要负责全体队员的成绩，无暇分身为我做专门辅导。我一边要靠小米加步枪的打法去和国外装备精良的一流好手们过招，一边不断地承受着“不能打前十”的冷言冷语。我不知道自己怎么才能放松下来。

幸好还有姜山。

能遇到姜山，我觉得自己非常幸运。我们俩是一个整体，如果没有他，我也就不会成为我了。许多我身边的人都问我：你怎么这么听姜山的话？买衣服的时候，谁给建议我都觉得不踏实，只有姜山点了头，说“好看”，我才觉得：嗯，这件衣服果然好看。

这是一个长期养成的习惯。我非常依赖他，因为他给我足够的安全感。他在我心中代表着理性和坚强的意志，有他在身边，我就觉得自己还没有跌入谷底，还可以有翻身的机会。

为了我的比赛进行得顺利，姜山不得不想尽办法多陪伴我一些时间，他像是国家队的一个编外教练，不厌其烦地通过电话和网络对我进行各种劝导。只要条件允许，他会尽可能地观看我的比赛，然后对我提出一些合理建议。

在他的帮助下，我的状况略略好了一些。2006 年 5 月 7 日，我连续第二年打进埃斯托利尔站的决赛，和队友郑洁实现了会师，这是WTA 巡回赛决赛上首次出现的中国德比。

郑洁的先生也是网球圈内人，后来体制松动后，郑洁也选择了自己的丈夫做教练。能和队友在决赛相遇，我也很高兴，这意味着我们国家整体水平的提高。遗憾的是，在比赛之前我的肩伤复发，最后只能在决胜盘弃权，连续两年都是亚军。

网球在运动中算是相对安全的项目，但职业选手还是不可避免地会受伤，运动员身上基本都是伤痕累累的。再好的运动员在伤痛面前也束手无策。

认真算来，我的肩伤并不算严重，膝盖上的伤才是要命的。

但身体上的伤痛和精神上的重负比起来，又显得微不足道了。在我的职业生涯中，我不止一次见到伟大的球员被自己的伤痛击倒。球场对面的敌人容易击败，我们内心深处的敌人才是真正可怕的魔，当我们试图迈向更高境界时，我们首先要击败的，就是我们自己心中的对手，我们自己的心魔。

我在姜山的教导下，逐渐摸索出一些控制情绪的门道。我越来越熟悉自己的心魔，大多数时候，能跟它交手几个回合，或者相安无事了。

心态好了，运气也跟着好起来。我职业生涯中终于打赢了一个世界排名TOP10 的选手。那是有着“瑞士精灵”之称的施耐德。施耐德比我大 3 岁零3个月，身材娇小，长了一张娃娃脸。中国人叫她“小龙女”，因为她右肩上有一个繁体“龙”字文身。费德勒少年时曾经为她当过球童。她和辛吉斯一样来自瑞士，少女时期即以高超的技巧脱颖而出。

我们是在2006年5月中旬举办的德国公开赛中相遇的。德国公开赛是在红土地上进行的比赛，总奖金有100多万。我在八进四的比赛中遇到了施耐德，她是个极有头脑的球员，左手打、正手拉、反手削，打法很适合红土，她最好的成绩也都是在红土场上取得的。许多世界高手，包括辛吉斯、卡普里亚蒂、达文波特、大小威、海宁都曾被她击败过。

这时我正被圈外人的评论困扰，很多人（尤以记者居多）说我“就是打不过世界前十”，这些话让我很难过，自己千辛万苦的付出非但没有得到大家的鼓励，反而被人指指点点，评头论足。有一段时间，我自己几乎也要相信这个说法了，因此在遭遇施耐德的时候，我并不是很有信心。

施耐德当时世界排名第9，她是左利手，每一拍的落点都变幻莫测，我被她调动着，几乎跑遍了球场的每个位置。第一盘就这么输掉了。

在这种情况下，我心情自然很郁闷，又要听一遍“就是打不过世界前十”的魔咒了吗？

当时我大脑里忽然一片空白，难说是解脱还是愤怒，我不再留意其他细枝末节，只管发力去打。最终我拿下了这场比赛。我上前与施耐德、裁判长握手，然后转身向观众挥手致意，那一刻我感觉气壮山河：我做到了！我可以打败前十的选手！

横在面前那么久的一道坎，终于迈过去了。长久以来横亘于胸中的闷气一扫而光，“不能打前十”的魔咒也对我不生效了。

17 温网

温网WTA医务室的一位印度医生看到了脖子僵硬的我。我告诉他自己脖子不舒服，讲了自己受伤的过程。印度医生没有多说，伸手往我脖子上一放，"咔啪"一掰，脖子竟然神奇地好了！

2006年似乎是我运气回转的一年。5月，我第一次参加法网正赛，击败了27号种子查克维塔泽，进入三十二强。

十几天后，在伯明翰DFS精英赛中，我打进了第三轮。整个红土赛季，我的状态一直不错，世界排名也上升到了第30位。这也是中国球员首次进入世界排名TOP30。很多老朋友都打电话来恭喜我，我自己也很开心。之前的一切现在看起来似乎都不成为问题了，那些焦虑、伤痛、危机感都成了过眼云烟。

那个充满正面能量的李娜又回来了。

打完伯明翰精英赛，我还要去赶在荷兰进行的两站比赛。从伯明翰长途跋涉到荷兰，一路又是飞机又是大巴，折腾得我筋疲力尽。

比赛时间安排得很紧，我上午到荷兰，下午就去训练，因为第二天就要比赛。这次比赛我并不孤独，因为一同赶来参赛的还有中国国家队的队友。比赛当天我打了一局，正当我聚精会神想着怎么把对手的发球局破掉的时候，忽然扭到了脖子！好痛啊！连转头都不能了。我立刻僵在了原地，裁判马上去请赛会医生，在等待医生的时候，我就坐在休息室里上网，队友喊我，我也不能转转脖子答应，只能以脊椎为轴整个人向队友方向转动，样子相当狼狈。

赛会医生带我去了WTA的医务室，帮我推拿按摩，还贴了膏药，让我好好休息两天。遵医嘱，我整整两天没敢动脖子，但收效甚微。温布尔登网球公开赛马上就要开赛了，这可怎么办？

怀着“必死无疑”的心情，我跟国家队的另外几个队友一起奔赴温网比赛地点。

在温网的场地上训练的时候，我仍然是那个直着脖子的怪样子，我的朋友们都忧心忡忡地为我着急，这时，我们认识了一个在此地留学的中国学生，他在我们比赛的球场里打工，他说自己认识一位中医，可以请中医帮我做个针灸试试看。

那天是星期六，星期一温网就开赛了。

我想，事已至此，看看中医也无妨。这时的我已经做好了时刻回国的准备。

就在这个关头，温网WTA医务室的一位印度医生看到了脖子僵硬的我。我告诉他自己脖子不舒服，讲了自己受伤的过程。印度医生没有多说，伸手往我脖子上一放，“咔啪”一掰，脖子竟然神奇地好了！

我又惊又喜，连声道谢，逢人便说WTA的一位印度医生妙手回春，轻轻一掰就把我的脖子治好了。这位医生大概此前已经掰过很多球员了，大家对他的医术都印象颇深，很多运动员一听就知道："哦！他啊！"然后告诉我他们以前脖子没事的时候找这位医生做过推拿，结果被掰得转不了头。大家都恭喜我，说我是万里挑一的幸运儿。

真是吉人自有天相啊！

这是我第一次参加温网。事实证明，这次我的运气着实不错。星期一那天，忽然天公不作美，下起了大雨，温网被迫推迟了一天。我又多了一天的休息时间。周二比赛，我的首轮对手是一位法国女孩，那次我打得很轻松，很快就赢了。

这多少有点出乎我的意料，温网是草地比赛，而我从来没有练过草地。参加温网，我心里并没有多少底气，到温布尔登之前，我还跟队友开玩笑："我不会打草地。来参加温网就只能拿第一轮的钱，拿完就回家。"

不熟悉草地的原因是国内没有草地和红土这两种场地，我对这两种场地心里都没底。这也是很多其他运动员的软肋。四大公开赛有两项是在硬地上进行的比赛，我们一年中有 8 个月左右的时间都是在硬地场地征战。

小时候，我还在武汉的灰色沙地上练过球，对沙地还稍微有点印象，这点印象可以让我在红土地上凑合一下，我会一点点滑步——就像在旱地上滑冰似的那种步法，但在草地上打球，这就完全是另外一回事了。

草地比赛，球落地时同场地摩擦小，球的反弹速度快且不规则，因而对于球员的反应、奔跑的方式和技巧要求非常高。人一上草地，重心必须马上降得很低，更不可能滑步，这对许多运动员都是很大的挑战。

从硬地转为红土，我还多少有一点童年留下的经验可供借鉴，而且中间有两三周的时间可以让我练习、适应场地。但从红土转到草地，那种巨大的变化真让人难以招架，每次我一上草地就觉得手足无措，连怎么移动都不知道了。而温网能提供给你练习的时间也非常短，我只能边打边适应。

因为我是小种子选手，打赢第一轮之后，就与库兹涅佐娃碰到了一块。这一局打得比较艰难，第三盘本来我已经以 4 ∶ 1 的优势领先，如果下一个球我处理得好，可能就是 5 ∶ 1，但我错过了这个机会，库兹涅佐娃立刻跟进，一路将比分扳到 3 ∶ 4，我很紧张地想：完了，又回到同一起跑线了。没想到接下来的几分拿得很顺，最终我以 6 ∶ 3 赢下了这一盘。

在四大公开赛赢了排名前十的选手，对我来说，这与在巡回赛中击败前十选手多少有些不同，似乎含有更正式的意义。我感到自己正在一步步迈向更高的台阶。

赢了库兹涅佐娃后，我进入了十六强，下一个对手是捷克的瓦伊迪索娃。很巧，我和瓦伊迪索娃打球的场地就是之前打库兹的那个场地。那天我状态不错，前两盘都打赢了，第三盘开赛前瓦伊去了趟洗手间，我心中默念，接下来我们俩谁能先破谁的发球局，就一定会赢，这个信念非常坚定。

上场后我果然破了她的发球局，我在心中为自己欢呼了一声，然后势如破竹地拿下了这场比赛。

获胜的时候我非常兴奋，还大叫了几声给自己助威。

瓦伊之后我进入前八，对手全是前十的选手，这是我截至目前走得最远的一次——我在四大公开赛打进了八强。我是以大满贯历史上首位来自中国的种子选手的身份参加温网的，走的时候，我名字前面的前缀变成了“大满贯以来首位进入八强的中国选手”。此前，中国选手的最好纪录是郑洁2004年在法网创造的十六强纪录。从这一天起，外媒开始了对我的关注。我终于杀进了西方世界的视野。

进入四强争夺赛后，我遇到了实力强劲的比利时老将克里斯特尔斯，她在前一轮只用了两盘就击败了波兰的对手，两盘都是速战速决，一共只用了55分钟。在对阵克里斯特尔斯时，我使出了全力，但仍然被对手逼得频频失误，克里斯特尔斯获得了最终的胜利，我的温网之旅到此结束了。

不过六天后，郑洁和晏紫就击败了前世界第一苏亚雷兹和帕斯奎尔的跨国组合，获得了温布尔登网球公开赛的女双冠军。

网球是高度职业化的全球主流项目，可以说，它是“小球”中的“大球”，是被普世体育价值观认可的。网球赛事中，最有影响力的便是四大网球公开赛，具有悠久历史的温布尔登网球公开赛的地位超然，如今，中国人也进入了四大公开赛，并且越来越抢眼了，无论是从体育还是从商业的角度看，这都是一件同时令国人和外媒精神一振的消息。

我非常高兴能有国家队的队友一起打比赛，当场边有同胞出现的时候，那种孤独和烦躁的心态便不翼而飞。即使我站在温布尔登的草地上，我仍然依稀听得到遥远的东方来自的祖国的助威，那一刻我知道，我不再是孤岛，我们每个人都是心意相通的。

7月16日，我在联合会杯世界组附加赛上取得了两场单打胜利，在这次比赛中，中国队以4：1击败了德国队，历史上首次跻身世界八强，中国队的世界排名也由原先的13位上升到了第7位。

这一年的8月份，我的世界排名进入了TOP20。9月份，我去打美网，前两轮没有任何异常情况，第三轮，我在先输一局的情况下连胜12局，逆转了法国名将皮尔斯，首次杀入了美网十六强。

至此，我在四大公开赛都取得了一定的进展，并且最后以年终排名21位的成绩结束了这个赛季。

但是，我隐隐感到身体开始向我发出警告的讯号：多年积累的伤痛慢慢显示出了威力，我为此忧心忡忡。那个曾经吞噬了许多伟大球员的怪兽，现在也开始追踪我的脚步了。我不知道自己能否在和它的对抗中取得胜利。

18 都是喷嚏惹的祸

打喷嚏居然能把骨头打裂！真是匪夷所思。骨头都裂了，肯定不能继续比赛。我的心情瞬间晦暗下来。

2007年我的开局其实还是非常不错的。先是在1月份的悉尼网球公开赛中击败了俄罗斯名将德门蒂耶娃，成功进入半决赛。这也是我在击败施耐德、库兹涅佐娃之后再一次击败世界排名前十的选手。至此，我的世界排名提升到第16位，创造了中国选手的最高世界排名。

之后，我以19号种子身份出战澳网。在前三轮都非常顺利地晋级，其中第三轮我以直落两盘击败9号种子俄罗斯名将萨芬娜。进入1/8决赛，我遇上的对手是6号种子、瑞士公主辛吉斯，在先胜一盘的情况下，我被逆转，最终止步16强。不过这已经是我澳网的个人最好成绩了。辛吉斯是世界顶尖的高手，在与她的对抗中，我并没有一味地被动挨打，而是找到了一些与之抗衡的方法，虽然最后丢了比赛，但是让我认识到自己与世界顶尖高手的差距并没有我想象中那么大，对我自信心提升还是有一定帮助的。

3月份的美国印第安维尔斯网球赛上，我在第四轮和1/4决赛中分别淘汰扬科维奇和兹沃娜列娃进入四强。据说是该项赛事四强中首次出现中国单打选手。3 月下旬我参加了迈阿密大师赛，值得一提的是在十六强争夺赛中，我在第三盘逆转了比利时名将克里斯特尔斯。她在 2005 年的世界排名是第二，2006 年世界排名第五，曾经多次获得大满贯冠军，与海宁有“比利时双姝”的美称。去年的温网我就是因为输给了克里斯特尔斯而告别了赛场，现在找到机会扳回一城，我对自己的信心又增强了一分。

可就在我自信心大涨，外界对我也普遍看好的时候，意外出现了。

2007 年 4 月份红土赛季开始了，我要在欧洲打将近两个月的比赛，这一次姜山全程陪同我——我从华中科大复出后，姜山仍然留在学校读书，他顺利地完成了四年本科学业，然后进入湖北队当网球教练。在我的一再要求下，国家队将姜山调来担任我的专职教练。

网球是一项孤独的运动。对我这样经常单独出国的球员来说尤其是这样，欧洲赛季至少会延续三个月，如果没有国家队的球员、教练陪同，这三个月就像一场漫长的苦役。即使有教练，还是有许多不方便的时候，你会希望身边有家人陪伴。在这个圈子里，小运动员打比赛，一般都是父母随行，长大了，陪伴在身边的人就换成了兄弟或丈夫。国外的球员基本都有自己固定的小团队，球员打球时会带着自己的伴侣、体能教练、技术教练和治疗师，有的还会带家人去比赛。当时国家队也曾以我的名义聘请了外籍教练，但教练来中国后，要负担起整支队伍的指导工作，能用在我身上的精力就少得可怜了。

一心不能二用，我一直很怕在专注打球的时候，还得分心来惦记“比赛有没有注册啊”“酒店房间有没有订好”这些问题。队里的其他队员有些也有自己的私人教练，我心想，我也需要一个私人教练啊。没有人比姜山更适合这个角色了，我就向国家队申请将姜山调来担任我的教练。

国家队思考再三后，同意了这个申请。我素来是个心直口快的人，姜山则比较理性，遇事想得比较多，比较周全。有了姜山在我和国家队之间做缓冲，我们处理问题的效率明显提高了，他的存在有效地减少了我和国家队之间的摩擦，我外出打球时也不再觉得孤单，姜山是一个称职的私人教练加助理，那些我没想到的问题，他都可以帮我处理妥当。

然而这一次，我们遇到了一个连他都没想到的问题。

2007 年 4 月底，我和姜山到了欧洲，这正是春暖花开的时候，在欣赏古老欧洲花团锦簇的美景的同时，我忽然发现自己开始不停地打喷嚏，差不多每天要打三四十个，从到达驻地起就没停过。这真是前所未有的怪事！

这样持续两个月后，已经转战草地比赛，突然一天我觉得右侧肋骨不舒服。当时也没太在意，可是后来越来越严重，肋下的疼痛越来越明显，等到离温网还有一周的时候，我发现只要自己深呼吸一下，肋下立刻会传来明显的痛感。

本来温网前一周还有个比赛，我和国家队商量把它取消了，这样一来就可以给自己足够的时间休息。可能是这段时间练得太狠了吧，我想，休息一下吧，全力准备温网才是重点。然后我和姜山一起飞到伦敦，准备迎接即将到来的温网。那时国家队在伦敦租了一套别墅，所有队员都在那里居住，我和姜山也搬到那里休养。

到了伦敦之后，我发现情况比我想象得要严重了，我连早上起床都不能直接坐起来，必须先侧过身借助肘部的力量，才能把自己撑起来。

后来疼得实在不行去医院拍片子，在去医院的路上姜山突然就急了，说：“你不就是不想打比赛吗？不打不打我们回国。”

他不信我说的话，还生气了。

我无言以对，也没有心情去跟他吵架——肋下的疼痛让我很难分心去想别的事，我只是觉得委屈。

网球运动员最容易出问题的部位是手腕、肘部和膝盖、脚腕，但很少有网球运动员会在这个部位受伤，我自己也没想到肋下会毫无征兆地疼成那个样子。万般无奈之下，我告诉主教练我可能受伤了，然后去找赛会医生。

赛会医生建议我拍个片子看看，我就和蒋教练、姜山一起去了医院。医生诊断后说可能是骨头有问题，这种职业病常见于高尔夫选手，网球运动员几乎没有得的。最后拍片子的结果也验证了医生的推测：肋骨骨裂。

我很奇怪，因为这个地方从来没有遭受过严重的碰撞，怎么就会骨裂呢？

医生仔细询问了我这一阶段的活动状况后告诉我：我刚到欧洲时患上了花粉过敏，骨裂就是由于这期间我不停地打喷嚏导致的。

打喷嚏居然能把骨头打裂！真是匪夷所思。骨头都裂了，肯定不能继续比赛。我的心情瞬间灰暗下来。

回到驻地，姜山把我料理好了，让我卧床休息，他自己转身出门不知道去忙什么。大约50分钟后，他带着一大堆排骨、作料回来了。原来他是去买排骨给我煲汤喝。

我们住的地方离超市大概有20多分钟的路程。姜山一个人跑出去，语言又不通，居然给他找到了地方，大包小包地带了很多吃的回来下厨房。尽管疼痛仍在持续，我还是觉得很贴心。第二天，我们就和国家队的队友一起回国了。

6月，我们回到了北京，我继续休息。两个月后，我觉得骨头应该好得差不多了，想回到赛场上。为了保险起见，我先去拍了个片子。国家队的队医为我们联系了一位30多岁的女医生，我拿着拍好的片子找到她，她看了看，问我："你是运动员吗？"

我说是啊。

对方放下了片子："运动员拍什么片子，回去练吧！"

我一头雾水地回来了，心想大夫说继续练，那一定是骨头已经长好了。我就回到了训练场，练了两星期，准备去美国参加比赛。

刚到美国，训练了一天，第二天起床后，我就感觉熟悉的疼痛又来了。我找到当地的医院拍片问诊，接待我的医生看到片子，一叠声质问我为什么骨头还没长好就开始训练。我只好请教医生：大概要多久我的伤势才能恢复？

医生说："至少要6个星期。"

那时已经是8月份，等到10月份，那不是整个赛季就都结束了？

我心中一凉。

但骨伤又不能不养，最后我只得取消了当年所有的比赛，前往慕尼黑治疗。就是在那个时候，我认识了我的医生艾瑞克和我的体能教练哈纳斯。

养伤的时候我瘦了不少，体重减轻了，肌肉也萎缩了一部分。

姜山安慰我："就当是休息一段，调整下状态。"

我无法放松，我心情很不好。

最初练网球的时候，我并不喜欢这项运动，我努力打球只是为了完成父母的心愿。体校的学生没有寒假和暑假，用缺失的童年换来了出色的专业技巧。这样的缺失不是没有遗憾的。我不知道我失去了什么，以后也没有机会知道。

但经过多年训练之后，我和网球已经密不可分了。它就是我的全部生活。我不停地为它付出，而它也不停地以它特有的方式在回报我。我从网球中得到过悲伤，也得到过欢喜。它使我成熟，督促我思考。在经历了这么多年的球员生活后，我对网球的感受非常复杂，事已至此，我不能用简单的"喜欢"或是"不喜欢"来概括自己对网球的感情了。

我不愿意公开承认我需要网球。我已经恨了它那么多年。但我又确实离不开它，这让我陷入自相矛盾的境地。

当我被迫离开网球赛场时，我的自信和充实也就随之远去了。我的舞台在球场上，那是我最光彩最有自信的时刻。而现在，我却卧床不起，连个刚学会走路的孩子都不如，这让我消沉不已。

如何才能尽快回到赛场上？这是我眼下最最关心的问题。

2007 年第一季度我的发展态势不错，如果不是那场意外的话，说不定会有一个欣欣向荣的发展期。可是意外发生了。人们形容一个人倒霉时爱说“喝凉水都塞牙”，我打喷嚏骨裂跟那倒是有一比。莫名其妙地过敏，再莫名其妙地骨裂，还遇到了不负责任的大夫，从 4 月份开始，几乎大半个赛季我都在伤病状态中度过，而这些伤病来得又是那么荒唐……不过，有些事情可能注定就是无解的。一个喷嚏引发的灾难，在当时看来就好像是晴天霹雳，把一心想飞得更高的我劈得是外焦里嫩的。不过，现在回头看过去，就像是个好笑的小插曲了。

人的一生难免会遇到各种各样的沟沟坎坎，身在局中，你会以为自己过不去了。如果你能灵魂出窍一下，让自己站在半空，或者穿越到几年以后，再来和当时的自己说句话，估计你很可能想说：“淡定，淡定。没什么过不去的。”

19 伤痛

医生语气严厉地告诉我："你已经不能打球了。"为了让我明白事情的严重性，他打了个比方：如果用0到10的数字来标识膝盖受损程度，我现在已经到了7的位置。

养伤这段期间，姜山付出了很多。

说得再公平点，其实姜山一直为我付出很多。我是个情绪波动非常大的人，当局面失控时就忍不住会发脾气，久而久之，跟姜山发脾气成了我一种固定的宣泄方式。说起来我觉得自己也挺怂的——不敢和外人多说，有了脾气就去找老公翻脸。换了别人，也许早就受不了了，也只有姜山，能不计前嫌一直忍着我。我听朋友说，这叫“窝里横”，很多人都这样，这说明他是“自己人”。这让我感到欣慰了一点。

在我们都是职业球员的时候，我们的关系非常正常，两人各司其职，每个人都有自己的空间。复出后我一心想打出好成绩。姜山便主动承担了“保姆”的责任，为我处理许多我不擅长的事务——我不会说话，不通人情世故，情绪上来的时候像个孩子，姜山一边像“保姆”一样帮我打扫战场，一边教我学会适应环境、学会成长。有时我嚣张得过分了，他就不吭声了，过后我觉出不妥，再去主动找他言归于好。我们的关系像是亲人，长久生活在一起，激情虽然退去了，留下来的却是骨肉相连的亲情。

从我们开始谈恋爱一直到现在，他是我最依赖的人。小的时候，你受到了惊吓或伤害，第一反应是转向父母寻求帮助，长大了，就必须学会自立。如果不幸时时站在风口浪尖上，更要做好“打掉门牙和血吞，回头还得谢谢大家关心捧场”的精神准备。我是个简单的人，不善言辞，不懂交际，我仅有的一点社会经验都是无数次在现实的门槛上磕得头破血流后学习到的。如果不是打得一手好网球，我不敢想象自己会落到何等境地。

唯一值得庆幸的是上天把姜山送给了我，他给我足够的安全感。当我遭遇负面情绪的时候，我有一个人可以依赖，有一个人可以倾诉，我觉得这就是最大的幸福。

小时候，我爸爸妈妈感情非常好，我有一个非常幸福的家庭。所以我非常向往婚姻，18 岁和姜山在一起后，我的世界里就几乎只有他一个人。退役那两年，他和他的朋友一起打麻将，我可以坐在他身边一个晚上不说一句话，只是安静地陪着他。许多人都觉得不可置信：李娜怎么会是这样的人？怎么会做出这样的事？但这是事实。我是双鱼座，AB 血型，许多复杂和矛盾的性格都集中在我身上。

姜山说过，他最欣赏我的一点，是我能够正视现实，能去打破很多界限。我们中国人习惯保护自己的面子，习惯寻找各种各样的借口开脱。其他方面我们不了解，以体育界来说，很多地方我们做得不好，大家就会说：这是因为我们亚洲人的体质差，和西方人不能比啊。我不觉得这是一个正确的态度。很多时候，说这些话的人根本不了解自己民族的身体素质能够达到一个什么程度。

夫妻相处的日子久了，许多特点和小习惯、小毛病都会感染到对方。我一焦虑就会啃指甲。他从不这样。可是照顾我那段时间，他忙前忙后帮我联系手术事宜，手术后，我发现他的指甲也变得光秃秃的了——自己啃的。姜山是个深沉厚重的男人，他不会把压力转嫁给别人，只会选择自己承担。

从2007年到2008年，我一直被伤痛折磨，好容易等到肋骨的伤养得差不多了，膝盖又出现了问题。

膝盖积水，是很常见的运动损伤，许多知名运动员都深受其苦。对于普通人来说，只要积极进行针灸、按摩、中药、理疗等治疗，避免过度劳累，就可以获得疗效。而对几乎每周都征战于各个赛场的我来说，运动疲劳会加重伤势，恢复起来也不太容易，想要根治，只有在不参加比赛的情况下，通过科学合理的计划，加上精确的治疗，才能慢慢好起来。这显然是不可能的。

我知道自己的膝盖有问题，2008年1月份，在澳洲打比赛的时候我就感到膝盖不对劲了，赛会医生诊断后说我软骨磨损，膝盖积水，帮我往外抽了一部分积液。我问他：如果做手术治疗膝盖积水的话，哪儿的条件最好？医生告诉我澳大利亚就不错，但德国的康复是全球最好的。

当时我的日程表排得满满的，一直有比赛，我总觉得自己还能坚持，膝盖的事情也就抛在了脑后。每天吃点消肿的药，然后继续去训练、比赛，就这样一直拖延。3月份，我飞到美国去参加在印第安维尔斯和迈阿密举办的世界巡回赛。印第安维尔斯的组委会为了了解运动员身体状况，给每个人都安排了一次全身体检。当医生检查到我的膝盖的时候，我发现有些动作自己已经完全做不了了。

医生语气严厉地告诉我："你已经不能打球了。"为了让我明白事情的严重性，他打了个比方：如果用 0 到 10 的数字来标识膝盖受损程度，我现在已经到了 7 的位置。他说自己完全不能理解为什么会有球员在这种情况下还坚持打球，作为赛会医生，他有义务向组委会说明情况。

这位美国医生说到做到，当下就开了一张单子交给组委会让我立刻停止训练和比赛。当时中国队是蒋宏伟主教练带着的，我自己不能做主停赛，就把蒋教练找去商量对策。蒋教练和医生沟通了一次，决定让我回国休养，放弃那次比赛。

我心里对这位美国医生有点感激，也向他咨询过去哪里做手术最好，他的答案和澳洲医生大同小异：手术在哪儿做都差不多，美国也可以做，但德国的康复做得最好。

既然大家众口一词地说德国的康复做得好，我就决定去德国做手术。姜山立刻安排了机票，带着我从美国直接飞往德国。

我们马不停蹄地找住处、找医院、安排手术，一切进程都很顺利，终于，我的医生告诉我：第二天就可以安排手术了。我的一颗心这才放下来。

可就在这个时候，国家队方面忽然传来消息：手术必须暂停！

暂停的原因是：这时距离奥运会只有 5 个月了，队里的领导担心我手术后不能及时恢复，影响比赛，因此对我的手术持疑虑的态度。他们要求医生写一份报告，将手术需要的时间、术后多久可以下地行走、需要多久才可以恢复训练的问题都写清楚。

医生于是写了一封长信，将所有这些问题都列表说明，并寄给了我的领导们。但国内方面对这封信的内容表示怀疑，他们认为医生给出的时间太短，我不可能在那么短的时间内完成全部治疗和恢复，因此，他们要求我先不要做手术，立刻回国。

事已至此，我只好对医生说抱歉，我得服从纪律回国。

医生说没关系，他能够了解我的处境，需要他的话，他可以随时给予我力所能及的帮助。

我记得那天是 3 月 21 日，我们当晚就买机票回国。回国后，就接受了国内的专家会诊。第三天，结果出来了，我的领导们也都在场。会诊结果是：建议保守治疗，等到打完奥运会再做手术，但决定权还是在我的手上。

既然是让我自己拿主意，我就得把情况问清楚了，我问专家们：保守治疗是什么样的治疗方法？训练时能不能上运动量？

一个运动员如果训练时不能上运动量，那训练也就失去意义了。对我的问题，专家组给的答案很模糊，没有人可以提出一个准确的说法。这就等于说，在“保守治疗”的同时，我每天早上起床都不知道今天身体会是一个怎样的状况，也不知道自己可以投入多少分力去训练，更不知道自己到了奥运会开赛时身体状况是否能承担比赛的压力，一切都是未知数。我能不能在“保守治疗”的条件下坚持到奥运会，谁也给不了我准确答案。

我向来是个喜欢干脆的人，是就是，不是就不是。让我在那儿悬着，上不着天，下不着地，比伤病本身还让我难受。

相比之下，德国大夫那份有着准确数据的手术计划显得可靠多了，与其提心吊胆地煎熬5个月去等待一个未知的结果，还不如痛痛快快给自己一个了断。我决定放手一搏，自己给自己做一回主。我告诉领导：我决定了，接受手术。

我订好机票，办好签证，和等待我的医生通了消息。3月30日，我再次飞回慕尼黑的医院。

31日早上8点，手术开始。这场延迟了10天的手术，终于可以进行了。

这件事让我多少有些寒心。在我牛脾气发作，再次出国时，并没有人硬生生拦住我，可能也是没人敢承担这个责任。出国治疗是我自己做的选择。万一德国那边的手术失败，或是康复出了问题，他们可以推到我头上——“我们建议保守治疗，是李娜自己不愿意接受”。

更可气的是奥运会期间我的成绩还可以，当时开会的人中还有人表态，说是他鼓励李娜做的手术。唉，怎么说呢？要是我成绩不好，您肯定也会说是“李娜一意孤行，做的手术”吧？

给我做手术的德国大夫叫艾瑞克·伦贝克（Erick Rembeck），他以前曾经担任过慕尼黑1860队的队医、网球戴维斯杯德国队的队医。我们的外籍教练托马斯向我推荐了他。艾瑞克又给我介绍了一位优秀的体能教练——哈纳斯·韦伯（Johannes Wieber），他们两位都是我的老熟人了，2007年我肋骨受伤时，曾来慕尼黑做过两个星期左右的训练，在那时我们已经认识了他们。这两人都曾经是运动员，艾瑞克年轻时跑过马拉松，而哈纳斯则是手球运动员。手球在咱们中国不太有名，在德国据说可是仅次于足球的第二大运动。

我对哈纳斯印象很深刻，他当时只有39岁，是个典型的德国男人——高大挺拔，声音洪亮，气宇轩昂，浑身上下都透出日耳曼式的气派。

2008年这次慕尼黑之行是我印象中最为艰苦和寂寞的日子。

手术全程只有姜山陪着我，从安排住院，到康复、训练，都是我们两个人一起挺过来的。

我住的那家医院环境很好，简洁美观，不像医院，倒像一家疗养院。医生和护士对病人的态度很和蔼。手术前护士过来问我："准备好了吗？我们做手术。"我说好了。她说："那我们走吧。"就推着我的床向手术室走，一边走一边和我聊天。

我记得手术室是透明的玻璃房间，采光很好，手术台旁边放着一排银光闪闪的针、剪刀之类的器械，看起来非常干净，我的心情渐渐放松下来。护士帮我盖好毯子，这时大夫也过来了，他戴着白帽子，穿着白大褂，眉目清朗，看起来也很是慈祥。这位大夫以前对中国人有点成见，但在我们交往的过程中，他说，我改变了一些他对中国人的印象。

他曾经告诉我，我和他的女儿差不多大。事实上，他和我讲话的方式也很像一个爸爸和女儿讲话的方式。手术开始的时候，大夫过来告诉我："现在我们给你打麻药，再过一会儿你就会睡着了。"

我点点头，这边的医生真好玩，每做一件事会先解释给你听。

这是我平生第一次做手术，非常好奇，打完麻药以后还老想撑开眼睛看看他们在忙活什么。医生拍拍我的脸，问我：“紧张吗？”

我小声说：“不紧张。”

话刚说完，就觉得眼皮发沉，很快就睡着了。

手术大概做了一个多小时，等我醒来时，已经是中午了。护士在我睡着的时候把我送回了病房。我看到自己的腿高高地跷在床头，有根管子从腿上伸出来，另一端接着一个用来排淤血的袋子。我腿上没有打石膏，只裹了一层弹力绷带。手术前打的麻药还没完全失效，我躺在那儿，头还有点晕。

第一次做手术，我多少有点害怕，好在从医生到护士都对我很好。那一整天医生都有手术，但他在下班之前还特意来病房看我，问我感觉如何。

护士会把饭送到我房间里来，我可以自己吃饭。麻药劲儿过后，伤口有点疼，但我觉得还可以忍受。最郁闷的是当天晚上去厕所的时候，刚一起来就觉得头晕，身上还插着根导淤血的管子，碍手碍脚的，去趟厕所特别费劲。好容易才从洗手间走回来，感觉像是虚脱了似的，浑身冒冷汗。

第三天，医生过来教我怎么用拐杖走路。就在这一天，医生要把插在我腿上的管子拔出来。他事先警告过我会有点疼，但真下手拔的时候，我还是瞬间疼出了一身冷汗——那种感觉就像生生从你身体里抽出一根骨头似的。拔完管子，我足足休息两个多小时，才慢慢缓过来。

做完手术后，我不太敢弯腿，稍微弯一点点也提心吊胆。拔管子的时候拆掉了弹力绷带，伤口就用白色的布贴着，用冰袋镇着消炎。我做的是微创手术，后来也没留下什么疤痕。

我在医院待了5天就出院了，出院时还拄着拐杖。因为长久没训练，肌肉萎缩得很厉害，住院期间医生每天都会帮我做两次按摩，他按摩手法纯熟，根本不会弄疼我。

出院后的第一天，我开始跟着体能教练哈纳斯做康复训练，腿暂时不能动，就只练上肢。做完手术一星期，回医院拆线，拆线后又拄了十天拐杖，医生才准我自己走。

刚把拐杖扔掉的时候，我还是不敢在右腿上施力，每次试着把重心挪到右腿上时，都会立刻感到不舒服。哈纳斯给我排的训练时间表很满，每天上午下午的课都排得满满的。我像个小跛子一样，每天跛着去训练场，再跛着回来。

自己的腿到底能恢复成什么样？我心里也没底，这件事就像巨石一样，沉重地压在我心上。

哈纳斯根据我的身体状况给我制订了整套的康复计划，我们就对着镜子做康复训练。刚开始训练时，我就发现自己的双腿极度不协调。哈纳斯给我安排的训练计划，我左腿可以很轻松地做完，右腿却根本没法做到。这种时候我心里特别难受——在做手术前右边原本比左边要强壮的，可做完手术后右边要比左边差很多。

在训练中，哈纳斯不时要求我“蹲低点”，“再低点”，可是我的右半边身子无论如何都低不下去，感觉上，那好像不是我的腿，而是另外一个什么人的。你拼了命地想把这个计划做好，可它的状况又不允许你去努力。那种感觉真令人绝望。我心里特别着急，很想做好，但右腿一用力就痛……而这时距离8月8日奥运会开幕只有四个月的时间了！

我几乎听得到表盘上秒针咔嗒咔嗒走过的声音。哈纳斯跟我说没关系，相信你自己。还给我做了很多计划，包括后来去打温网。但我在内心深处一直有点怀疑，真的能康复吗？我还能打球吗？那段时间，我经常陷入一种极度恐慌、绝望和焦虑的状态。看着别人都在打比赛，但自己连拍子都不能拿。我常会跟姜山发脾气："为什么别人都挺好，我却每年都在受伤，就不能将一整年的比赛完完整整打下来？我这么辛苦地练习有什么用？还不是打不了球！"

姜山并没有跟我一般见识，他在照顾我之余也在积极与哈纳斯和医生探讨我的病情。待在德国有一点好，医生和哈纳斯可以随时联系我。比如我今天腿有点不舒服，马上跟医生联系，医生会说出是什么问题和毛病，接着马上给哈纳斯打电话说什么计划可以做，什么计划不可以做，这对康复很重要。

在那时，我根本不知道会有今天的成绩，腿不能动，我就像掉进了万丈深渊一样，只觉得前面黑压压一片，一个跛脚的退役网球运动员能做什么呢？做手术这条路是我自己选的，再好的医生也有百分之几的失误率，我这条路真的选对了吗？还是该像别人建议的那样选择保守治疗，然后听天由命呢？这是我人生路上第一次豪赌，我忐忑不安地等着结果。

万幸的是，随着时间的推移，我的腿渐渐呈现出好起来的趋势，哈纳斯给我定的指标我也慢慢能完成了。由于我在德国的签证只有三个月，6月30日前我必须离开德国。我对自己不是很有把握，觉得还没有恢复到百分之百的健康状态，但医生说，可以去打球了，让我相信自己，打打试试看。

于是，我参加了 2008 年的温网，甚至还赢了首轮的对手。尽管第二场我就输给了一个很年轻的姑娘，但这珍贵的胜利却是“竞技状态正在回升”的铁证。我兴奋得几乎要哭出来了。输完球后，我和姜山就收拾行装，高高兴兴地回国备战奥运去了。

2008 奥运会

在我想明白自己要做什么之前，我的身体已经先行一步。坏脾气淋漓尽致地爆发了出来，我冲着观众席大喊了一声："Shut up!"

图片来源：CFP

等我在德国做完手术、进行了3个月的康复训练回到国内，奥运会似乎已经近在咫尺了。“鸟巢”和“水立方”场馆都已经收拾齐备，倒计时每天都出现在电视屏幕上。我和国家队的队员一起来到蓟县的基地，在此地集中训练。

蓟县位于北京与天津的中间地带，我们的训练场地坐落在群山之间，远眺可以看到长城，山谷间空气清新，没什么人，这是个让人感觉很舒服的基地。

打完温网回国后，我的右膝又有点水肿了。我赶紧与医生联系，医生告诉我该用的针剂的名字，让我在国内找医生，每5天打一次针。因此我在蓟县训练时每5天就往北京市区赶一次，姜山陪着我坐车去找北医三院的胡大夫打针。这样往返一次至少要花三四个小时，但为了训练，也没有别的办法。

由于训练强度陡然增大，我的膝盖比预想中磨损得要严重，有一次训练后肿得很厉害，医生得先把里面的积水抽出来，再往里打药。这个针我一直在断断续续地打，中间断过几次，但最后还是延续了下来。即使是现在，我也每周必去打一针。注射进膝盖的药剂相当于机械使用的润滑剂，对软骨能起到保护的作用。

腿伤是否会影响我在奥运会上的发挥？就连我自己也不敢确定。我对奥运会只能抱一个“重在参与”的心态，没有给自己太大压力。好在大家关注的焦点都在女子双打上，对单打项目普遍不抱什么期望。奥运会前我们在蓟县集训了很久，当时的主教练对郑洁、晏紫的关注比较多，经常去看她们训练，我的场地他只来过两次。可后来我在奥运会上进入前四时，主教练又忽然来看我。当时我正在中心场地训练，很多记者都在现场，主教练忽然过来视察，还帮我捡起一枚掉在地上的网球。我顿感压力，这个有点刻意的行为说明大家相信我这次可以获得奥运奖牌。

8 月 8 日，奥运会开幕了。尽管有着种种伤痛和担忧，但当奥运会真正到来时，我仍然感到兴奋异常。这是我们国家举办的奥运会，这是一次意义非凡的盛会。2000 年我也参加过悉尼奥运会，那是第一次参加奥运会，但这一次毕竟是在家门口举办的奥运会，感觉非常不同。

很难形容那种欢欣鼓舞的心情。我想在当时，无论是运动员还是普通观众，是在北京开幕式现场还是在家里的电视机前，身为中国人的自豪感都会油然而生。

开幕式的时候，孙主任怕我身体跟不上，还跟我说："别去了，太累了。"我告诉她没关系，"我要去的"。我想亲眼见证这一盛事。当时我还很仔细地给自己化了个妆，好让自己上镜时好看一点。

作为奥运会东道主，中国的方队是最后一个进入主会场的。一路上，志愿者们就在中国代表团周围不停地高喊："中国加油！"观众席上，人手一面小国旗，大家都高高举起旗帜大声呐喊。有那么一瞬间我真的想流泪——语言形容不出那么微妙的感受，我无力多说什么，我只能任自己的热泪流淌。

进场后，表演开始了。我和姜山都不停地与人合影。其实那时我最想找费德勒照相，那天他是瑞士代表团的旗手，一出现在赛场上就引起了观众们热烈的回应。平时我们看到的都是身着运动服的费德勒，而在开幕式上他穿的是瑞士代表团的制服，非常新鲜。我在人群中找了他很久，没有找到，可能他提前溜走了。那天还是他 27 岁生日，想来这一天对费天王也很有意义。不过我还是很开心，我在人群中找到了汉图楚娃和其他几个我特别喜欢的网球运动员合影。中国代表团的运动员们也互相拍照，大家的情绪都很高涨。去的时候，我们还都纪律严明，谁上哪台车一点都错不得，等到开幕式散场后局面就全乱了，大家看见哪辆车就上哪辆车。代表团发的鞋子我穿着不舒服，车到了奥运村我就打着赤脚走回去了。

与奥运会带来的欢乐相反，网球队里一片愁云惨雾：那次比赛的开局形势对中国队很不利，我记得当时抽完签后，蒋宏伟教练脸色就变了：几乎所有中国队选手都在第一轮就遭遇了种子选手。

我的签运是所有人里面最差的：第一个对手就是威名在外的库兹涅佐娃。

这正是库兹涅佐娃的状态巅峰期，进入奥运会前她的排名是世界第三。这是一场一边倒的战役，几乎所有人都认为库娃一定能够取得这场比赛的胜利。就连我自己也不由得这么想。媒体干脆就登出了这样的大字标题：中国金花签运差，李娜首轮库兹娃！

倒是还挺押韵的。

我总觉得自己一到奥运会就运气不好，2000年悉尼奥运会上，我就是首轮遭遇世界排名TOP10的桑切斯·维卡里奥，结果在第一场比赛就被淘汰了。这次一看到抽签结果，我就苦笑着对姜山说："完了！又是个'一轮游'！"

尽管如此，我还是尽自己所能，认真地训练、备赛。我调了一些库娃的比赛录像，反复观看，有一股好胜的小火苗在我心里偷偷地燃烧——我和库兹涅佐娃也算老相识了，还曾经在温网赢过库兹涅佐娃一次，之后打比赛我俩相遇时，比分大多也比较接近。虽然嘴上那么说，但在我内心深处，库兹涅佐娃并非不可战胜，我还是有机会的。

事实证明我想得没错，那场比赛的开局不算顺利，我仍有点担心自己的伤腿，库娃则先声夺人地连破了我的前三个发球局，早早确立了领先优势。她的发球威力强大，正手也很出色。

但这期间的对抗让我找到了自信，我不去考虑输赢的事，专心致志地攻击她的正手，成功地完成了两次破发。

接下来又是库娃的发球胜盘局了，我成功地破掉了她的发球局，并一路将比分追到 5 ∶ 5 平，在抢七局中，我以 7 ∶ 5 的比分结束了第一盘的比赛。

观众们大声欢呼。我心中平静了一些。无论怎样，库娃，这是我的主场啊。

第二盘的比赛进程和第一盘如出一辙，库兹涅佐娃又是在开局破掉了我的发球局。但这于事无补，我连破了她的两个发球局，用连赢五局的强势将比分反超为 5 ∶ 2。

我看到库娃的脸，那是一张烦躁、失去信心的脸，我曾经多次在休息室的镜子里见到自己的同样的表情。

那是失败的征兆。

此时的比赛已经完全失去了悬念，在关键的第十局，我用制胜破发粉碎了库兹涅佐娃的逆转希望，将最终的比分定格为 6 ∶ 4。这场比赛我们大概打了 1 小时 45 分钟，我前后发出三个 ACE 球。

这场比赛结束后我回奥运村吃饭，还在餐厅遇到了湖北籍的小运动员，她们跑来问我打得怎么样，我说刚拿下第一轮，她们说她们进前四了，大家心照不宣地用力握了握手，叮嘱对方："加油！"

第二轮比赛有惊无险，我顺利冲入 1/4 决赛。

进入八强之后，我遇上了一位威风凛凛的对手——即使是对网球相对陌生的中国观众，也少有没听过她的威名的——她就是大家耳熟能详的大威廉姆斯！

这又被认为是一场一边倒的比赛，大家都觉得大威廉姆斯冲入四强已成定局——即使是从没打过网球的人，也都听过大小威姐妹的赫赫威名。拥有 7 个大满贯桂冠的大威廉姆斯一个月前刚刚包揽了温网女子单打、双打冠军，奥运会前三轮比赛她赢得也相当轻松，可以说竞技状态相当不错。而我此前从未与大威交过手，现在忽然在 1/4 决赛与这么强大的对手狭路相逢，所有的人都替我捏了一把汗。

如果你关注网球新闻的话，你就会看到那段时间上网站上的新闻标题态度上微妙的变化：从“李娜勇擒库兹娃”到“中国金花面临重大考验”、“强敌阻挡四强之路”，家乡媒体正在以他们独特的方式表达出对这场比赛的担忧，显然，对我能否战胜大威廉姆斯，大家普遍抱着谨慎观望的态度（或者说有些干脆就没抱希望），但身为中国人，那种同仇敌忾的态度是能感受到的。

比赛当天一直在下雨，原定的比赛时间只好一再延迟、延迟。直到晚上 6 点半雨才停了，我记得当时我连准备工作都没做，忽然接到通知说 45 分钟以后开始比赛！教练们都不在身边，还好吴迪在旁边。我赶紧叫他帮我活动了一下，就匆匆入场了。我和大威的比赛是那天的第二场比赛，前一场是布雷克对阵费德勒。

那场比赛费德勒好像输了。因为他们出场时，我们正在往里走，我看到布雷克神情愉快，正在接受记者的采访，当大威走过他身边时，两人还和对方打了打手，意思是：“加油！”

我没想太多，走进场地就开始热身了。

那场比赛场边座无虚席，尽管赛前已经有工作人员向观众们宣读了赛场纪律，但我一进场就听到有观众大叫我的名字。那次比赛，让我真正体会到了什么叫做“骑虎难下”。

主场这件事，确实非常微妙。看台上传来的助威声可能会给你带来动力，也可能会给你带来压力。打网球这么多年，我习惯了客场作战——我曾在莫斯科的球场上顶着山呼海啸与俄罗斯选手交锋，也曾在美网赛场领略过华盛顿人对自己家乡球员的热爱，这些都不是问题。大多数时间，我可以忽略英语、俄语、法语和西班牙语的干扰，它们都不是我的母语，当我全心专注于网球时，它们在我大脑皮层轻飘飘地一点，就立刻飞出去了。它们无法影响我进入状态。

我唯一不曾经历过的，就是在中国，在这么多摄像机镜头前，在近万名中国观众的注视下去打一场似乎注定会输的比赛。网球在中国的历史不长，大家对网球场上的礼仪还不大了解，因此经常在一个回合结束前就狂热地加油，这让我非常感动，尽管声浪在一定程度上带来了困扰——我没法去集中注意力观察对手、思考战术变化了，但是，无论如何，我对自己说，不要担心，你是在自己的家门口打球，这是你的主场，放下包袱专心打球吧。

大威不愧为全世界最优秀的女子选手之一，她的开场确实充满王者风范，强大的发球压得我无法回球，很快大威就确立了 3 ∶ 0 的领先优势。

开局不利，这似乎是我在本届奥运会每场比赛都要经历的场面。我努力镇定自己，向包厢的方向望了望，姜山和我一样，他也在极力保持镇定，姜山还做了一个“放轻松”的表情。

我稳定了一下情绪，开始正面去迎接她的发球，尽量回球给对方，尽量将比赛的节奏控制在自己这边，这一手果然见效，我连续保发成功，比分被我慢慢地扳了回来。

最后，我以7 ：5的比分拿下了第一盘。

比我更兴奋的是场外的中国球迷们，我听到他们大声呐喊，还有人唱起了《龙的传人》。这时比赛才不过进行了一半，大家已经高兴成这样，好像我已经把大威打败了似的。

这一口气已经提到了胸口，欲望和赢球的那种动力不断击打着我的心。我知道自己得赢下这场比赛，我必须赢。胜利是唯一的选择，我没有权利失败。这确实不是我一个人的战斗。

第二盘开局后，我以6 ：5领先，比分始终没有拉开很大的距离，始终平稳地交替上升。到我赛点的时候，我非常紧张，老练的大威立刻注意到了这一点，我的发球被对方大力打了回来，我去接球——失误了。

我安慰自己：没关系，我还是领先状态，把这一分拿下来就没问题了。

但大威同样理解这一分的分量，我们为了那一分没完没了地缠斗了很久，直到大威逐渐失去耐性，我抓住机会痛下杀手，终于赢到了这宝贵的一分。

这一分可能也给大威带来了压力。等到第二个赛点我发球时，她竟然直接一拍接下网了，我情不自禁地就跳了起来。7 ：5！我赢了！我打败大威了！

事后我才知道，那天的观众席上不但有孙晋芳主任在给我加油鼓劲，而且比尔·盖茨也来看大威比赛了。但最让我感动的，是比赛获胜后与大威、裁判握手之后，全场掌声雷动，大家齐声高喊："李娜！李娜！"那一刻，我的耳朵被震得嗡嗡作响，那吼声绵延不断，一直到我离开场地，走进休息室，还能听到大家在场外高喊我的名字。

后来记者告诉我，这是迄今为止中国女子网球选手在奥运会上打出的最好成绩。许多网站即时更换了最新的新闻：标题大多有"爆冷"、"黑马"的字样，煽动性极强的"大败"、"痛宰"等字样也频频出现，甚至出现"大威已成李娜拍下亡魂"这种标题。（你们是有多夸张啊！）

有一家网站最有趣，它干脆做了个对比图：

7 座大满贯得主	VS	2 个 WTA 低级别赛事冠军
7 号种子	VS	42 号种子
5 届温网冠军	VS	温网八强

最后，"'中国一姐'李娜爆冷淘汰大威廉姆斯"。

胜负乃兵家常事，维纳斯·威廉姆斯是个拥有无与伦比的天赋的球员。那场比赛之后我们又陆续交手过几次，双方互有胜负。奥运赛场上的一场比赛，其实并不能说明什么。让我震撼的是观众席上传来的无形的沉重压力，国人太需要一场胜利来证明自己了。我原以为网球只是一种体育赛事，但那场比赛，观众的疯狂让我意识到：它承担的意义并不仅止于体育。

虽然之后的一场比赛发生了不愉快事件，但这个夜晚还是给我留下了一个特别美好的回忆。

接下来的一场，我要与俄罗斯的萨芬娜对阵。

这盘比赛打得比意想中要艰难。我曾经两度与萨芬娜交手，都取得了胜利。这一次，我认为自己获胜的概率很大。但事实证明，萨芬娜不但有丰富的比赛经验，还拥有和哥哥“网球沙皇”萨芬一样的体能和爆发力，而我自己前一季度的缺赛使得我在赛场上的感觉变差了。第一盘我就感到吃力，我加大了网前攻势来和对手周旋，但在萨芬娜强有力的发球包围下，我的进攻显得有些拖泥带水。该死的膝盖也来凑热闹，我感到力不从心，最终丢掉了关键的抢七局。

第二盘情况稍好一点。为了让体力充沛的萨芬娜变得安静一点，我尽量让球的落点不停变换。这一点起到了一定的作用，我在局分上取得了4：2的领先。

萨芬娜意识到了我的企图，她开始更加卖力地反攻，这位比我年轻4岁的俄罗斯少女的力量简直是无穷无尽的。我丝毫不敢怠慢，脑子里那根弦绷得紧紧的，仿佛稍有不慎，就会断掉。然而就在这种千钧一发的状态下，我总是听到看台上某个观众大声呼喊：“上网！削球！左右拉！”声音很大。萨芬娜的回球还没有落地，我就听到他在喊：“出界啦！”有些观众也在附和着他一起喊叫，场面混乱不堪。因为观众的反应太大，裁判也用中文说过几次“安静”、“安静”，但收效不大。

我觉得耳边到处都是噪声，以往国外观众喊英语、法语还好些，我可以充耳不闻，但当场下充斥着自己的母语时，你很难不受影响。

打败大威之后，我知道自己的心理状态产生了变化，之前我的想法是：尽力而为就好，但现在，我对自己的期望变得更高了，我急于获得对萨芬娜的胜利，结果欲速则不达。此刻的我如同逆水行舟一般，在疲惫、烦躁的夹击下精疲力竭，头脑也变得麻木不仁，一阵高过一阵的声浪让我很难去思考接下来的比赛。打到 5 ∶ 4 的时候，我有一个盘点在手，在我回球时，那个声音再次响起："上网！扣死她！"

鬼使神差地，我居然真去扣杀了。

网球应声出界，我丢掉了这一分。

在我想明白自己要做什么之前，我的身体已经先行一步。坏脾气淋漓尽致地爆发了出来，我冲着观众席大喊了一声："Shut up!"

场面忽然一下子就静下来了，被伤及无辜的观众们的表情失望而委屈。我也被自己的冲动吓坏了，我这是在干什么？

我说不出话来，负罪感开始一阵阵涌上来，我无心恋战，匆匆打完了这场比赛。

赛后我既感到愤怒，又不停地被内疚折磨。我欠那些热情的观众们一声"对不起"。

这句"闭嘴"在我来说，是"你这样做不对，你干扰我了"的意思。我也不知道为什么，一下子就把这句话说出来了，好像这样就找到了一种发泄的渠道。以往承担这个压力的是姜山，但这一次，我失控了。急躁的性情让我没能控制住自己，显然，这不是一个成熟的运动员应该拥有的心态。

常年在国外训练，我习惯了在网球场上说英语，因为只有用英语才能与裁判、裁判长以及教练们沟通。赛后，网络上针对"李娜为什么用英语骂人"开始了轰轰烈烈的讨论，光是"骂观众"就够恶劣了，"用英语"则更让我陷入了万劫不复的泥潭中。微妙的民族情绪被这句“Shut Up！”激发了出来。

如果我早知道这个下意识的举动会带来这么大麻烦，我宁可用胶条把自己的嘴巴粘起来。

奥运之旅就这样充满起伏地结束了。从这次比赛之后，我自己也开始有意识地训练自己的心态。奥运会是我非常看重的比赛。爸爸生前曾说过希望我能拿到全国冠军，拿到奥运会冠军，好容易赶上这一次我们国家主办的奥运会，我却没能达到自己的期望，止步于四强，不能不说，还是很遗憾的。

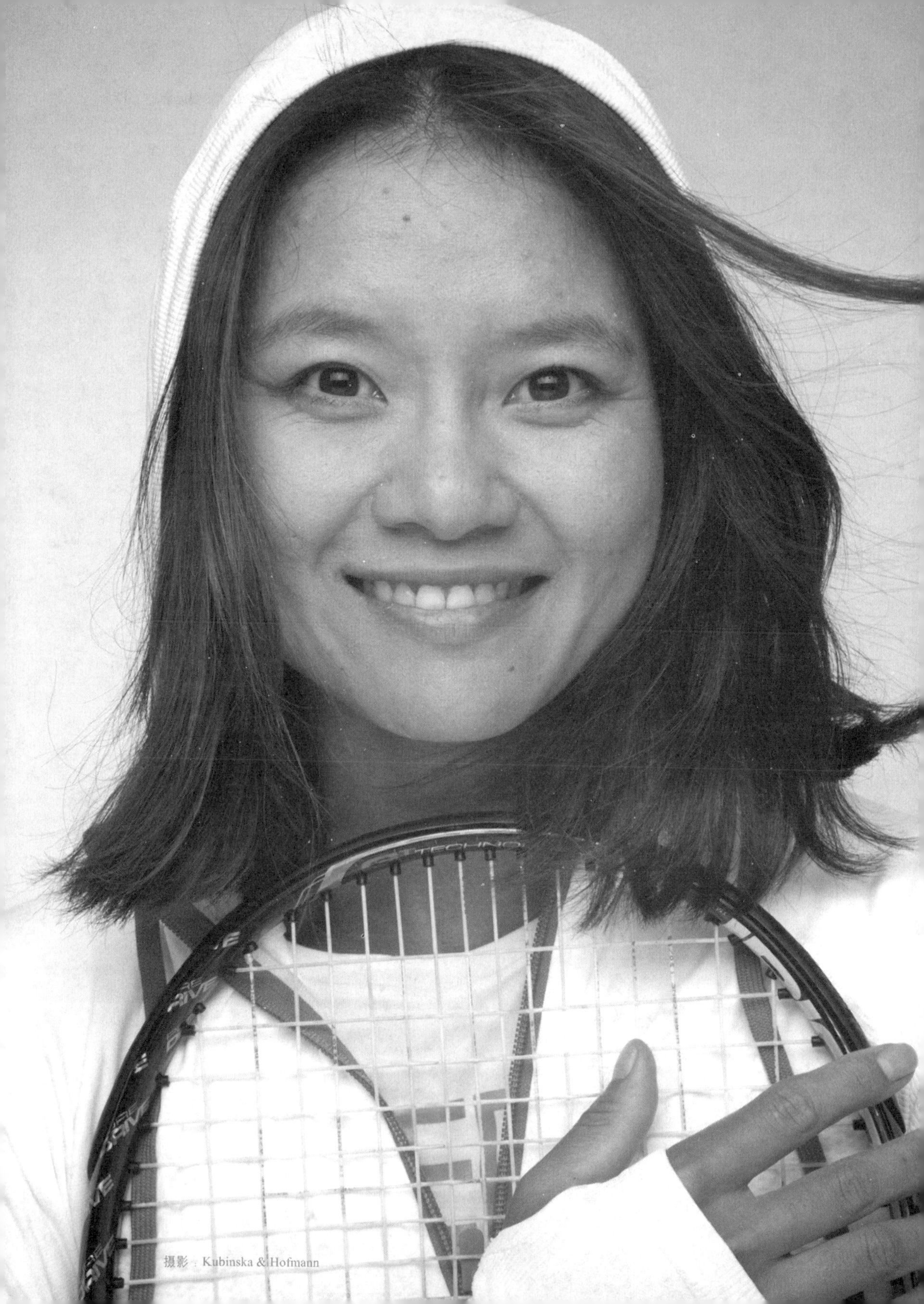

摄影：Kubinska & Hofmann

21 单飞

2008 年我已经 26 岁，作为一个职业选手，这个年龄就差不多了，这种环境、这样的方式我也待够了。我想体会一下真正的职业网球是什么样子。

2008年9月奥运会过后，中国网协宣布我、郑洁、彭帅、晏紫四位球员可以选择单飞。

这个消息是我期盼已久的，“改制”在中国网球运动史上是一个划时代的举措。我不知道孙主任用什么方法说服体育总局让网球可以改革，我们可以单飞。一听到这个消息，我简直欣喜若狂，立刻就去签协议了。这份协议规定，从2009年开始，运动员个人可以享有如下政策：教练自主、奖金自主、参赛自主，收入归运动员及其团队所有，须将商业开发收益的8%和比赛奖金的12%上缴国家。协议还规定，当运动员自身的参赛、训练计划和奥运会、联合会杯等比赛发生冲突时，需要服从网协安排，并且肩负为所属省区市参加全运会等比赛的责任。

对这些条款，我全盘接受。它从根本上改变了我们的训练和生活，将我们真正送上了职业化的舞台。说得夸张一点，这就是中国网球史上的“包产到户”。此前，我们一直是吃“大锅饭”，大锅饭可以引导新人成长，可以保证年轻人得到更多的锻炼机会，但是要帮助那些比较成熟的队员进入到更高级别的领域，“大锅饭”的体制就显得有点有心无力了。这种情况下，灵活的商业机制就显出了优越性，“国营”体制做不到或者不屑去做的事情，“私营”模式可以很好地解决。

我特别感谢孙晋芳主任，我知道她一定为此做了很大的努力，才让网球中心底下的女子网球队有这么大的突破性举措。

当时刚提出改革方案时，体育总局方面的阻力很大。孙晋芳主任解释说，网球是一个很特殊的项目。总局方面的回应是：哪儿特殊？如果是个人项目的话，乒乓球、羽毛球都是个人项目。

其实，运动本身并没有高低贵贱之分。网球的特殊性在于它是一个已经高度职业化的全球主流项目，是小球中的大球，所以就有了改革的可能性。

当时我们国家网球队的成绩也不像现在这么好，大家众口一词地表示：改革是错误的。如果不是孙主任力排众议坚持体制改革的话，我们这一茬运动员可能最终也就和前辈一样悄无声息地沉寂了。

直到 2011 年拿到法网冠军后，这个一直存在争议的“改革”才得到更多的支持。

我一直都希望能通过单飞的形式得到更专业的训练。早在 2004 年我复出的时候就有过这个想法。刚复出的时候成绩很好，国家队想要我 2005 年归队，但当时我还在华中科技大学念书，就向队里提出可不可以自己做，不进国家队，因为这样我还可以继续上学读书。当时我说的“自己做”，其实也只是把编制留在湖北省队，并不等同于后来的“单飞”，只是不想去国家队那么麻烦。这个要求没有得到批准，鉴于当时国家的体制，留在哪里不是个人可以轻易说了算的，最后我还是进入了国家队。

说实话，我的性格太直了，一些场面上的事情，我不会做，也不善于做，因此显得不合群，也让领导很难受，所以在国家队，我不算是很受喜欢的运动员，至少自我感觉是这样的。他们可能会想，羊群里怎么忽然就跑出一只骆驼来了？当然不会有人公开这么说，但那种微妙的距离感无处不在，没有赛事的时候，我基本没什么存在感，人家看我的眼神像是在看一扇玻璃门，穿过我的身体直达远方。当某项重大赛事到来之时，我忽然又炙手可热了。大家排着队亲切关怀，这给我关怀的啊……躲没地方躲，藏没地方藏的——躲球场打球都不行，人家照样能找到你。

这种事次数多了，自己慢慢会领悟。时间长了，我也习惯了，也麻木了。

但长期这么相处下去，其实挺没意思的，我也难受，领导也难受。

还是单飞吧，单飞就是双赢，大家都痛快。

其实我跟国家队的关系也不算紧张，我们并没有多大的矛盾，某种层次上，我们其实还是共同体，一损俱损，一荣俱荣。

但是有些事情有些时候没有得到及时的沟通，以讹传讹，已经离最初的原意有一些偏差了。等到队里的指示再一层一层反馈回来，最后到我这儿，也偏离了本意变得面目全非。有时实在匪夷所思，我只好去当面申诉，弄得队里也很吃惊：我听说的怎么不是这样呢？

姜山告诉我，有些气要受，有些事得忍。

可是有些事我忍不了，你让我吃苦可以，受累可以，但是不能哄我、骗我。如果哄我、骗我，我索性就把一些确定不了真假的消息直接屏蔽了。

我也不太愿意去解释。我觉得，你如果认为这是杯子，我再怎么告诉你这是碗，你也不会相信，因为你已经有自己的想法了。好吧，你说杯子，那就是杯子。

现在自己做自己的主，担自己的风险，打自己的成绩，我觉得自己虽然比以前累了，但精神上比以前轻松了。现在挺好的，最起码不会为一些原本不该属于体育范畴之内的事分心。

2004 年到 2008 年，正好是一个奥运周期。2008 年奥运会开始的时候，我被伤病困扰了很久，成绩不见起色，渐渐萌生了去意，便和国家队的相关人员谈了谈自己的想法：如果不能自己自主参赛，去做一个真正的职业球员的话，就退役算了，这样我还可以继续未完成的学业；如果可以自己打，我就继续打下去。2008 年我已经 26 岁，作为一个职业运动员，这个年龄就差不多了，这种环境、这样的方式我也受够了。我想体会一下真正的职业网球是什么样子——像国外同行那样自己请教练，自己有选择参加比赛的自由，能够根据自己的身体状况和技术水平配备自己的团队，能让自己百尺竿头更进一步，这才是职业网球。

打了十几年网球，却从来没有体会过真正的职业网球，这是我当时人生中最大的遗憾。那时远没想到自己能拿大满贯冠军，就像隔着窗户纸往外看，只知道外面有星星、月亮，具体的样子却是雾里看花，无从捉摸。

等到签了单飞的协议，我感到自己迎来了一个全新的开始，从此，我可以去试着融入职业网球的圈子了。

单飞，意味着运动员有更多的自主权，可以自己挑选适合的比赛参加，挣奖金，请教练，安排训练。同时，单飞也意味着压力增大，如果成绩不好，奖金少，就无法请到好教练，训练水平就不会高，最终就会被淘汰。它不仅意味着机遇，更意味着挑战和压力。我和姜山还开玩笑，让他做最坏的打算，弄不好，我可会把我俩原来的积蓄全部用完，一无所有呢。他说，那我们就从零开始，再来一次。

这当然是玩笑话，我已经 26 岁，“从头再来”这种话只是说说而已。

尽管如此，我还是非常坚定地准备走上这条职业化的道路。真正的职业网球是球员自行组成团队，自己做自己的主人。以前我打比赛，投入的是体力，现在还要投入财力。财力和体力两方面的投资才有现在的回报。

当我留在国家队的时候，所有的费用都是由国家负担的，我只需要投入体力就行，因此那时的负担比现在小得多。说实话，如果当时我能自主参赛，再有个小型的服务团队留在我身边，我会更愿意留在国家队，因为这样个人的负担和压力就不会那么大，承担的风险也小得多。

国家培养了你，对你拥有管理权，这是理所当然的。我们国家的网球项目还是相对比较公平的——不同于有些其他项目存在一个限制人数的问题，网球选手只要能够获得参赛资格，队上都会让你去国外参赛——只要不影响队内的比赛计划、训练计划就可以。在国家队，队员的吃、住、训练、比赛都是统一管理的。

在单飞之前，我们不需要有任何财政上的支出，当然收入比例相对也少了很多，约占赛事奖金的25%左右。

单从经济上看，“单飞”意味着所有的费用都要自己出，还要将赚回来的钱上交给国家百分之十几。一般人是不可能支撑下去的。那时我一年的奖金只有七八十万美金，但一个团队一年的开销至少要700万人民币，这显然是入不敷出的，一年要赔200多万。但当时我顾不上这些了，在打了这么多年网球之后，我非常渴望体验一下真正的职业球员的生活。

我已经26岁，对职业网球选手来说，这完全是一个可以随时退役的年龄了。我每一天都感到时间的紧迫，那种“时不我待”的感觉，分分秒秒压在我心上。单飞的队员拥有了更多的赛事选择权，不再一刀切地随国家队比赛，也就是说，以后我可以专心冲击四大公开赛了，这也是促成我单飞的重大动力。

单飞之后，我的训练费用、机票、团队开支都是我自己负担的，除此之外，我仍然按固定比例向国家缴纳收入。这是我心甘情愿去做的，我希望我们国家的网球事业越办越好，希望有更多年轻、有潜力的新人能够走向国际，能让大家知道东方人也可以拥有一流的体质和水平。我觉得在为国家付出这件事上，付诸行动比喊喊口号更有意义。

单飞后我遇到的一个非常大的问题就是签证。因为网球运动员每年要全球飞来飞去地打比赛，去到任何一个国家都要签证，按照正常的签证周期根本来不及，还好有国家网球管理中心非常积极地帮我们解决签证的问题。

单飞后我发现语言关是我面临的另一个考验。我身边的工作人员大部分是外国人，教练、体能教练是外国人，在国外面对的记者也大多是外国人，他们都讲英语，我不会英语就没法跟他们交流。也就是在这个时候，我的英语有了突飞猛进的进步。很多网友关心我的英语是怎么学的，其实我是环境逼的。如果问我学英语最重要的是什么，我一定会说要“脸皮厚”，要敢说，要敢于尝试。你不要担心你的语法呀、时态呀、发音呀什么的对不对，即使不对，老外也听得懂。你也不要担心老外会嘲笑你。如果有老外跟你说中文，你是不是也会对人家有点敬佩，不会笑他“怪腔怪调”呢？同理，大部分的老外还是很友好的，他们见你说英语，不仅不会笑话你，还会教教你。所以，最重要的就是要张开嘴，敢于尝试。我的英语也不是很好，但是跟老外沟通、交流都没问题，对于我来说，这就够了。

22 新团队

以前什么都有人管，什么都有人安排。现在这些都要你亲力亲为，说白了，你就是这个团队的老板，有权去选择和开除员工，这并不仅仅是一种自由，更是一种责任——你不仅要领导好自己，还要让这个团队达到最佳状态。

图片提供：《网球》杂志，摄影：陈功

“单飞”之后，迫在眉睫的事情是我要立刻开始组建自己的团队。我通过一位热爱网球的香港友人的帮助（因为当时的经济基础让我支付不起教练的费用）留住了原国家队的教练托马斯·霍格斯泰特（Thomas Hogstedt），他成了我第一个自己请的外籍教练。

姜山自然也是我的团队的重要成员。我的团队还包括：医生、体能教练、技术教练、治疗师，基本就这几个人了。其中治疗师并不是一直跟着我们。他的工作主要是帮我做康复训练，偶尔会带我练一下体能，比赛时我们才会带上他。除了姜山，团队所有人的费用是按周薪计算的。所以，我每年都会跟治疗师谈这一整年的计划，告诉他们哪个比赛需要他们过来。

我现在的治疗师叫阿莱克斯（Alex），我们是从 2010 年 3 月通过托马斯的介绍而开始合作的。阿莱克斯跟着我全世界跑，一年大概要工作 25—30 个星期左右，他的工作是为我放松做治疗，每天训练完后他需要两个小时左右的时间为我做治疗加按摩，这样有助于恢复。自从他来到我的团队后，我没有再受到任何伤病的困扰，我可以全身心地投入到球场上，不必再担心自己的身体状况，必须要说他的工作做得非常出色。

2009年单飞后的初期，由于我们长期食用的营养餐是统一配备的而非为运动员量身定制的，我有过感觉体力顶不上的经历。后来请了专用营养师、健身师，经过一段时间的调理后，才慢慢恢复过来。

在我开始单飞旅程的时候，许多人对这种运作模式感到疑惑，我对此不置一词——我没有时间和精力去做无谓的口舌之争，事实胜于雄辩，只有拿出成绩才能让流言不攻自破。

2008年之前，我觉得自己是生活在一个大家庭中的一员，凡事只要听从家长安排就好。2008年底单飞之后，拥有了自己的团队，成为真正意义上的职业球员，我才发现旧有的生活完全改变了。以前什么都有人管，什么都有人安排。现在这些都要你亲力亲为，说白了，你就是这个团队的老板，有权去选择和开除员工，这并不仅仅是一种自由，更是一种责任——你不仅要领导好自己，还要让这个团队达到最佳状态。这对我来说也是不小的考验。

原来在国家队的时候，订酒店、订机票这些事情都是国家队管，2008年年底后所有的事务都由我们自己处理。团队成立前期，我们对这些流程不是很熟悉，这时托马斯发挥了很大作用，他主动承担起了这份工作，让我能够投入更多精力在训练上。你可以想象一个教练除了训练外还要坐在电脑前一个字母一个字母地敲打键盘来完成行程安排，是件多可怕的事。

托马斯是瑞典人，40多岁，有点谢顶。可以说正是这个瑞典人让我真正地走入职业网球圈。他是一个训练上非常积极的人，在场上永远都是很有活力的样子，不知道疲惫。从他第一天带我的时候他就坚信我可以进世界前十，可以进四大公开赛前四。他也是第一个让我坚信自己可以进世界前十的教练。

托马斯在这个圈子待的时间比较长，训练水平很高。我们在国家队时，关系就非常融洽，是很好的朋友，但那时的托马斯要照顾所有队员，能分给我的时间非常有限。在成为我的私人教练后，托马斯和我深入沟通了几次，我们都对未来充满了信心。

托马斯是个非常乐观的人，他很喜欢和人聊天。准确地说，是他非常喜欢说话，和他聊天，你不需要说很多，托马斯一个人可以声情并茂地把国际网坛分析一遍，有时候说着说着就走出了网球圈，逮什么聊什么，跟他在一起训练是件轻松愉快的事。但如果你总是不说话，托马斯就会忽然警觉，他会问：你有什么想法？或者说，我都说了这么多了，要不你也说点儿？

赶上这时候，我就也说点自己的看法。托马斯在倾听球员意见的时候是个充满耐心的人，不论他是否同意你的想法，他对球员的意见都十分尊重，是个允许球员有自己意志的人。老外不像中国人讲究多，如果我说的合他的心意，托马斯立刻会开心地表示同意，我说的跟他想的不一样的时候，他马上就开口把我的想法全盘推翻——这种风格倒是跟姜山很像，反驳起来毫不留情。托马斯眼光锐利，分析问题非常专业，他给过我很多不错的建议。作为教练，托马斯无疑是非常优秀的。

我最欣赏托马斯的一点是他的积极向上，他是个很敢突破自我的人，敢想敢做，只要他认为这个目标有可能达到，他会不厌其烦地告诉你：你可以的！你应该试试这个！当时我已经进入了世界前二十，在同行们看来，差不多是走到职业生涯的巅峰了，托马斯非常果断地说：你应该进入世界前十，而且你是有机会拿大满贯的！也许这是西方人的思维方式吧：不断地给你信心与肯定，不断提醒你你可以做得更好，对球员不吝赞美。就算我刚输完球，第二天托马斯到球场上来和我分析完得失成败，还是会补一句：没关系，这次输了，我们下次会做得更好。

在托马斯带我的那两年，我有种前所未有的自信。攻无不克、战无不胜谈不上，但我确实觉得自己应该有勇气向更高的层次发起冲击。

对职业网球选手来说，语言能力非常重要。南美的运动员很容易比亚洲运动员发展得好，因为他们大多会说西班牙语和法语，与欧洲的同行可以很好地交流。我的英文比较好，主要是这两年与外教交流的结果。职业选手们一般会在打比赛时和对手们一起聚一聚，好朋友们会打个招呼，赛前会一起训练或是活动，打完比赛有时也会互相鼓励，谈谈自己的想法。基本上所有大一点的比赛都会有player party，但我一般只出席那些必须要出席的聚会，毕竟自己还没有完全适应人家的圈子，有时还需要团队的人陪我一起参加活动。

托马斯在文化交流方面做得非常好。他在这个圈子待了很多年，处理人际关系游刃有余。在比赛期间，他会主动帮我找世界前十的球员训练，让我有更多的机会去接触她们。那时我打比赛时会提前一点到，比如说：星期一有比赛，我们会在上一周的周五就赶到比赛现场，那么周六、周日这两天，托马斯就会介绍那些顶级球员给我认识，或是帮我去约她们一起练习。在这之前，作为一个世界排名二三十的选手，我是不太可能去主动找这些顶尖好手切磋技巧的，而托马斯的主动和热情让这一切成为可能。这些练习带给我很大的信心，打得多了，我渐渐发现，原来我和她们的距离也没多远啊，前十选手在我想象中的那层神秘的面纱被托马斯揭开后，我也学会了主动去与她们进行交流，找她们训练，从而提高自己的水平，真正融入这个圈子。

此外，托马斯也会带着我去与裁判长见面。以前我从未想过要与裁判长交流，除非要提交什么材料，我才会与裁判长简单地沟通。大多数中国球员的态度都是如此，结果造成了中国网球界偏居一隅、与世隔绝的封闭状态。托马斯在网球圈子的人脉很强，他带着我去与这个圈子的权威接触和交流，也让西方人记住了我的名字，打破了之前那种封闭、蒙昧的状态，对我而言，这是一个很大的进步。

我们在单飞的初期和两年过渡期几乎都是这种状态。2008 年底到 2009 年期间，托马斯还兼顾带另外一名男子选手。2009 年以后到 2010 年，他就专注来带我一个人。第一年他还要兼顾订酒店、机票这些工作，2009 年底我签了经纪公司之后，这些事务才全部交由经纪公司打理，托马斯可以更专注于训练方面。除了与球员、裁判加强联系，他还帮助我请按摩治疗师(因为我膝盖不好，需要在赛间做治疗)，介绍医生，通过他牵线搭桥，我才接触到许多优秀的圈内人，准确地进入了国际轨道。

23 经纪公司

在这些公司中，IMG是资历最老、条件最优的，在IMG旗下，有费德勒、莎娃这样一批世界顶尖球员。我考虑了一段时间，最后决定与IMG签约。让专业的人去做专业的事吧。

2008 年 12 月 22 日，我在德国慕尼黑做了第二次膝盖手术。手术全程都是我和姜山两个人在安排。马上就是圣诞节了，医生特意把手术时间选在圣诞节前夕，这样就保证我在圣诞期间能够留在医院，可以按时按点吃病号餐。他告诉我：圣诞期间所有商铺都闭门停业，我若是在那个时候出院，怕是连饭都吃不好。

等到我可以出院时，已经是 12 月 26 日了。

我和姜山没有惊动任何人，跟大夫、护士道谢后就离开了医院。姜山拿着大夫开的药方去药房买我要打的消炎针剂，我就在地铁站拄着拐杖等他回来。德国人过节喜欢在家里待着，这时圣诞节已经过去两天了，大小店铺还都关着门，整个城市空空荡荡，大街小巷静谧得可怕。

姜山回来后也说，慕尼黑完全变了个样，街上一个人都没有，只有药房开了一个小门，和平时的繁华比起来落差超大。好在我们中国人对圣诞节基本没什么感觉，也不会由此勾起乡愁。他扶着我回到驻地——当时我们住在当地一所体育学校的客房里，我们开始了自力更生的恢复过程。

那套小公寓装备很齐全，有炉有灶，可以自己做饭。姜山听从医生的建议，在圣诞前囤积了好多食物，现在全用上了。我养伤的时候，姜山每天都在厨房里忙着淘米煮饭，炒点青菜什么的。他的厨艺还是说得过去的，至少填饱肚子不成问题。我每天就吃姜山做的爱心午餐、爱心晚餐，看电视、上网打发时间。做过手术的腿还是高高地跷在床头，轻易不敢挪动。

看电视看烦了，就打开电脑上网，和国内的朋友们聊聊天，看看带来的韩剧，日子过得也很开心。身为网球运动员，我平时不是拼命比赛，就是拼命训练，难得过几天不摸球拍的日子，如果不考虑高高挂在床头的右腿传来的疼痛，老实说，这段日子还真是蛮惬意的。

最大的苦恼是打针。圣诞节期间，医生不能给我打针，他教我简单的操作手法，让我自己打。我在医院看医生给我打针，三下两下就完事了，一点儿都不疼，但当自己握着细细的针筒的时候，忽然发现打针这件事还是挺需要勇气的。

姜山自告奋勇说："我来帮你打！"被我谢绝了。男的总归重手重脚的，我不大信得过他，还是自己打最放心。

但到底该往哪儿打呢？屁股上？自己够不着。大腿和肚子肉都蛮多的，看起来很好打的样子……我捏了捏大腿，又掐了掐肚子，感觉还是肚子上面的肉稍微多一些，那就肚子吧！

没有医生下手利索，我犹犹豫豫地把针头扎进皮肤下，倒也不很疼，擦擦手心的汗，慢慢将药水推进去，拔针！姜山帮我用酒精棉球擦擦针眼——其实这也不难嘛。

我每天给自己打一针，连打5天以后，圣诞假期结束了，医生帮我打了后面的几针。

康复训练是从出院后第四天开始做的，和上次一样，我的腿暂时不能动，就先跟着教练做上身的运动。

手术后，一般要拄拐杖一到两个星期才能自由行走。第一次手术后，我不敢确定自己能否如期恢复，一直为即将到来的奥运会悬着心，精神很不好，这一次就平缓多了。

大夫告诉我：手术后大约要4到6周才能完全恢复，具体视个人的身体情况而定，他认为以我的身体状况，大概需要5周可以恢复。果然5周后我就可以开始训练了，真是料事如神啊。

两次手术做下来，我跟医生的关系渐渐熟稔，我们变成了非常要好的朋友。那段时间我差不多每5天去他办公室打一次针，帮我做康复训练的哈纳斯教练有时也会征求他的意见。为了方便我训练，有时我该去打针了，医生不让我过去找他，他亲自拿个小药箱，开20分钟车过来，打完针后他再回去。

2010年，医生干脆把办公室搬到了哈纳斯的楼上，这就连那20分钟都不用等了。

有人说德国人古板、傲慢，我没有这种感觉，我甚至觉得“傲慢”可能是中国的某些领导们对德国人的印象，领导们在国内一呼百应，底下人唯唯诺诺地看着领导的脸色行事，但德国人不太会考虑这些，大家既然是合作关系，就会用对待合作伙伴的方式对待你。至少我在生活中接触到的德国人都很宽容大度，对异国的朋友和文化也很尊敬。我去见体能教练哈纳斯的时候，我的医生艾瑞克·布朗贝克给我们拍照时还开玩笑说："今天是我们的中国日！"我从来不是个轻信他人的人，但对这群德国朋友，我一直很放心。他们都是非常善良的人。

有人说德国人严谨、守时，这点我倒是深有体会。我的医生非常有时间观念，而且极具服务精神。他可以为了患者的病情改动自己的度假计划。那次冰岛火山爆发，我的医生当时正在西班牙度假，本来说好星期一打针，但飞机飞不回来，他就自己租车从西班牙开回慕尼黑来帮我打针。我非常感动，但在他那边，却觉得这很正常，是自己分内的工作。

艾瑞克给我开的针剂确实很有用。我膝盖的问题相当于软骨磨损，磨损严重就会有积液。人的软骨组织一般是平的，但我的膝关节总是在摩擦，软骨就会多出来。最严重的时候，我连厕所都上不了，睡觉时必须要放一个枕头垫在下面，腿完全伸不直。做手术的目的就是把软骨给削平了，但软骨是可以重复生长的，做完手术，它还会继续长。医生告诉我，只要我还在继续运动，膝盖就不可能完全好。

做第三次手术前，我问医生有没有根治的方法，他说想要根治只有两种办法：要么把骨头上面的软骨全部磨光，然后花 8 个月的时间让它长出来；要么干脆换一种人工软骨，但人工软骨只适合一般人，运动员如果做了替换手术，运动生涯也就随之结束了，目前没有一个运动员可以在做完替换手术后重新回到球场上。

这两个办法我都不敢尝试——替换手术我肯定不能做，8 个月的时间我又等不起，最后就还是按照前两次的方法做了第三次手术，不过，这是后话了。

网球比赛大多是在欧洲举办的，因此我一年中有小半年都在慕尼黑住，缩近与医生和教练的距离可以方便我训练、调整状态，更省了从国内到欧洲来回签证的麻烦。我的医生艾瑞克、体能教练哈纳斯都在这里。

自从拥有了自己的团队后，慕尼黑更是我经常来的城市，可以随时检查自己的身体状况，也可以保持体能训练。自从第一次手术后基本上 5 天膝盖就要打一次针，相当于给汽车加机油，这么多年过来了，从刚开始害怕针管到现在可以边打针边聊天真的算是突飞猛进啊，有时候想，我是不是一个靠针管来维持运动生命的人呢？（当然是干净的，违禁药品绝对不会碰，更不会做对不起自己的事。）体能训练对我来说非常重要，想要保持对抗能力必须要有强壮的体能做保障。体能训练一般都会很枯燥，特别是刚做完手术康复的时候每天重复着同样的计划，有时候会怀疑自己的坚持到底是为了什么，完全就是自己跟自己较劲，也可以说是跟自己过不去，可是当你看到萎缩的肌肉逐渐变强大，自己的竞技状态越来越好的时候，你必须要感谢那些冰冷的器械、死板的计划带给你的成效，那个时候你就会觉得原来自己的坚持是这么的重要。他们是我的固定团队，更像是朋友，我们会一起聚会，一起去享受圣诞集市（Christmas Market）的节日气氛。

不管我在世界的哪一个角落比赛，我知道他们都会默默地支持我，不管我的成绩好坏，当我回到慕尼黑时他们都会用最温暖的拥抱迎接我，这样就足够了，更感谢他们在我 30 岁生日这天陪我一起度过！

我的团队其实不大，就这么三四个人。整个班底基本固定在慕尼黑，比赛时只有姜山和治疗师跟着我。我们团队没有新闻发言人，打比赛的时候有赛会医生照顾球员，我也不必把医生带到比赛场去。

虽然团队人不多，但一年下来，各种支出加在一起也得有 700 万到 1 000 万。其中包括支付给教练的薪水，教练随行的机票和酒店的开支，成绩好的时候，教练还可以从奖金中拿提成，慕尼黑的体能教练的薪水也算在这里面，体能教练帮我进行冬训的费用是按照课时结算的，这也是一笔支出。

这些支出全部要靠我打球的奖金和品牌的赞助来支付。法网期间，我的团队每天要花费人民币 10000 元以上。

有时我跟国家队的孩子们聊天，不由得感慨说“你们太舒服了”，其实对年轻队员来说，在国家队挺好的。虽然只能拿奖金的 25%，但是不需要投入资金。网球这个项目投入还是很大的，年轻的球员很难负担得起。在国外，年轻球员想要出头，要么家里有雄厚的经济实力，要么自己小小年纪就在青少年赛上崭露头角，获得一些公司的支持（就像耐克当年赞助我去美国读网校一样），普通人想凭自己的能力出头，不是那么容易的。这也是职业网球的残酷性：这是一个凭成绩说话的世界。如果你没有比赛奖金，没有赞助商，你就没有办法支付教练团队的费用，无法获得好的训练条件，最后终将被淘汰。做职业选手，就要做好愿赌服输的心理准备。

我们这一茬球员的处境非常特殊，我们是在举国机制下成长起来的球员，对国家的感情很深。在我年轻时，国家对我的帮助很大，省队付钱给我们请教练，负责我们出国打比赛的差旅支出。因此，“单飞”后我们除了自负盈亏，还要上缴一定比例的收入，我也从不曾有过拖欠，这也是理所当然的，祖国栽培了你，那你在用成绩回报祖国的同时，缴纳一部分收入也是合理的。我愿意用各种方式回报我的祖国，我希望我的回报可以用于建设我们国家的体育事业，让更多孩子们能够受到良好的体育教育，能够享受到体育带来的乐趣。

能拥有改变以往训练方式的机会，这是我的幸运。

作为一名“老将”，我时常会感到孤独：网球运动本身固有的孤独感——当比赛开始后，你不能与自己的团队交谈，也接触不到对手，大多数时间都要独立拼杀。

此外，还有种族的孤独，在中国，网球项目不算主流项目，强手如林的世界网坛中鲜有黄色面孔的出现，我必须非常努力才能跟上欧美球员的节奏，适应他们的文化。

最后，是年龄的孤独，当初我们一起试点“单飞“的四个人，晏紫已经退役了。彭帅、郑洁还在坚持打。李婷 2008 年好像没打奥运会就退役了，她比我大两岁多，我们是一起从省队打上来的。和我同年龄层的欧美选手也陆续退役了，30 岁的我，是一名不折不扣的“老将”。尽管医生告诉我，由于中途曾经有过两年多的退役求学的经历，就身体的损耗而言，我的身体相比于同年龄运动员有着明显的优势，但当你看着身边的人一个个离去，新换上来的小将们脸上那种充满稚气的热情时，你仍会怀念过去的时光，怀念和你一起并肩战斗过的队友们。

这种孤独感，让我更加重视自己的小团队。

我的小团队不仅包含了教练、医生和家人，也有赞助商派来的工作人员。多年的交往让我们完全了解彼此，他们在许多时候都给了我莫大的支持。

提到赞助品牌，我必须要谈一谈这些年和耐克公司的合作。我十几岁时就接受了这个品牌的赞助，当年去美国上网校的学费也是他们负担的，十几年下来感情很深，跟耐克的工作人员也成了好朋友。

按照合同，我每年要给耐克拍摄两个广告。我的经纪公司也很认可我和耐克的合作，他们给我的定位是“健康、阳光的运动员形象”，我也很喜欢这个定位，和我本人很契合。WTA 给我拍的“Strong is Beautiful”和耐克的“用运动改变一切”这两个广告我都很喜欢，这两个广告都是经纪公司为我确定的。

签约经纪公司也是给我带来影响比较大的事。

2008 年之前我在国家队，肯定是不可以有自己的经纪公司的。年底改革后，我离开了国家队，许多烦琐事务需要亲自处理，虽然有托马斯鼎力相助，我仍然感到烦不胜烦，这时有几家经纪公司开始主动跟我们接触，我陆续收到了不少邀请。

在这些公司中，IMG是资历最老、条件最优的，在IMG旗下，有费德勒、莎娃这样一批世界顶尖球员。我考虑了一段时间，最后决定与IMG签约。

让专业的人去做专业的事吧。

签下IMG，令我的负担大大减轻，也让我们整个团队的工作都迈上了正轨。

首先是把托马斯从订酒店和机票这些琐碎事务中解放了出来。我现在出去打比赛，经纪公司会来找我确定要参加哪几场比赛，需要几间房。然后帮我去预订，接机、送机也可以跟经纪公司说。每年参加哪些比赛基本都是我自己决定，当然，有一些赛事是必须参加的。如果我需要新的教练、治疗师或是助理，也可以向经纪公司咨询，他们会给我一些合理建议。

代言和品牌赞助也由经纪公司来打理，经纪人收到合作方的赞助合同后，会告诉我有一份这样的合同，问我觉得合不合适，如果合适他们就会再去谈。

如果有活动，经纪人也会先给我发邮件，介绍相关活动的内容，然后根据我的意思决定是否出席。他们只提供服务，并不能强制我参加活动。赞助商每年安排的活动一般不会超过两次，时间上也会避开赛季，根据球员的日程表来安排。这些条款都会在合同里明文标注，经纪公司会替我把关。

这样一来，我基本可以掌控自己的时间。比赛日程表可以提前一年左右订好，具体的时间和地点都已经规划好，我可以随时根据自己的比赛时间调整状态。一场赛事结束后，我能够自己舒缓一下，在家里清净几天。只要条件允许，我还是尽量回到武汉去。那里有我从小玩到大的朋友，有些是体校的同学，有些是运动队的队友，大家一起看看电影，泡泡吧，吃饭聊天。朋友们对我的看法不会因为我职业生涯的顺利与否而改变，在他们心里，我一直没有变。

除了比赛，我都是自己给自己挑衣服，我没有造型师。我是运动员，不是走时尚偶像路线的，关键时刻还是要靠成绩来说话的。我不想在形象问题上花太多精力。我对奢侈品不是很迷恋，买衣服经常把大牌和自己从小店淘来的宝贝搭配在一起，并为自己的创意扬扬自得。我也不大爱化妆，化完还得卸，多麻烦。我觉得自己不是一个很细心的人，万一不小心摸一下脸，把妆摸花了，还得去补妆，太麻烦了。

有时候参加party或者出席一些重要场合，大家都精心装扮自己，你总不好穿双运动鞋到场，我只好请姜山开车把我送到门口，我在车里换好鞋，再充满自信地、美美地走进去。到签到簿上签个名，自己再溜达出来，假装很悠闲地摸到停车场，跳上车赶紧换鞋。

有一次穿高跟鞋参加party，坐车过去，但得走回来。那段路程平时大概得走10分钟，穿高跟鞋，至少要多花一倍时间，而且还是上坡。当时唯一的想法是赶紧把鞋脱了扔了。但还必须强忍着，因为一路上不停遇到其他的运动员去得晚，我觉得穿那么漂亮，走路如果不好看会很丢人，就还强忍着痛楚走得特挺。那天我一走进房门就赶紧将鞋子甩了下去，太疼了！

我现在尽量买那种跟特别低的鞋子来应付一些场面上的活动。偶尔也会买高跟的鞋，但也只是欣赏设计师的匠心，多半不会穿出来。

有一次我穿着同一件休闲服上了两回镜，经纪公司马上让我注意形象——“网友们已经发现这件衣服你穿了两次！”

哎呀，一件衣服穿两次又不会死人。

我和经纪公司的人说：我又不是影视明星，他们对我的要求也太高了。一件休闲服，又不是赛场上的运动服，应该不是太大的问题。

花了挺多钱买的衣服，只穿一次，我有点接受不了。我只是个运动员，大家喜欢我不是因为我天天换衣服。不过，我还是接受了他们的要求。一个设计师帮我处理这件事——穿过的衣服可以卖掉，然后把钱捐出去，这样可以帮助更多的人，球迷们也会开心。我觉得这个办法还不错。

作为一名职业网球运动员，你每天都要在网上申报你所在的位置，因为随时可能会被要求进行飞行药检，仅2010年我就进行了25—30次的尿检。频繁的检查有时候会让人觉得很烦，但它保证了这项运动的清白不被玷污。按照国际网协的规定，如果我今天在慕尼黑，突然有事要回国内，第二天却没有在网上把我的位置改成中国，恰好第二天有关部门来慕尼黑没有找到我，这会被看成一次蓄意的逃脱。这样的错误发生三次后，球员就必须无条件停赛一年。所以球员每天都要在网上申报自己在哪里，每天至少登录一次。

有球员抗议说我们现在完全没有自由，没有隐私。因为在网上申报后，负责尿检的ITF国际组织会知道你这个人在哪里。包括休假时也要填表，为方便他们每天随时进行飞行检查。迄今为止，我们一直遵从这项制度。在打四大公开赛时，不仅要频频尿检，还要进行血检。程序设计得十分严密。2011年我在澳网进入决赛时发现，四大公开赛只要进前八都会进行血检。

我现在是把我的所在地址发给经纪公司，由经纪公司去帮我做这件事情，如果我改地址，必须提前通知经纪公司。以前在国家队的时候，是由国家队的工作人员为我们代理这些事情的。

有时参加公开赛或者大比赛，耐克中国就派石玲来陪着我，这算是他们工作的一部分。体育圈与文艺圈不同，经纪人的影响力要小一些，而且主要以服务运动员为主，运动员的精力主要还是放在比赛上。

一般比赛结束后，照例会有新闻发布会，WTA的一名官员会来陪着运动员参加新闻发布会。之后，我就不会再接受任何采访，因为该说的话已经在会上说完了。经常跑网球的记者都知道我的性格，也不会贸然来访。有时会有人发短信到我手机上，我一般会将经纪人的联系方式告诉他们，让他们与经纪人联系，然后由经纪人安排。这样可能让媒体的朋友工作不大方便，但我也是被情势所迫，作为一个运动员，不可能有太多的时间或心思去想其他的事情，我只想专心地训练、比赛。

图片来源：CFP

24 第三次手术

桑普拉斯走出球场时，我恰好要进去，我们在通道相遇了，他非常主动地握手致意：“你好！我是桑普拉斯，恭喜你获得法网冠军！”

第二次手术后，我没有打2009年的澳网，2月份直接去打迪拜、多哈的比赛，成绩很差。赛后姜山找不到我，我一个人找了个角落大哭了一场。托马斯说了很多安慰鼓励的话，他告诉我这是刚做完第二次手术就出来打比赛，要我相信我自己。

打完迪拜、多哈后，我又回德国训练了一段时间，然后去印第安维尔斯、迈阿密打球。这一年我一直在摸索，在伤病的状态中重新回到这个圈子。

2009年5月下旬，我在法网打进了罗兰·加洛斯十六强。这是我手术后的第一个起步。

这一年的6月5日，我和姜山一起拿到了华中科技大学的毕业证书。姜山一门课不落地修完了所有课程，而我的后两年课程都是自学的，期末才回学校去考试或是交论文，结果两年的课程拖了四年才修完。老实讲，老师对我也算网开一面，我才顺利地拿到了毕业证。

姜山本该比我提早两年毕业的，但这个缺心眼儿毕业前才发现自己还差一个选修课的学分，为了陪我比赛，他陪我东奔西走了很久才回到校园补上了这个学分。这算是我们枯燥的网球生涯中的一个小插曲。

拿到毕业证后好事连连，6月14日，我在伯明翰草地赛的半决赛上击败了老对手莎拉波娃闯入决赛，这是中国选手的首个草地决赛。同年9月，我打进了美网八强。世界排名又往前冲了5位。

我对自己的进步感到欣慰，但这一年的四处奔波也让我的旧伤复发了。打美网的时候，我非常辛苦，从德国飞中国，又从中国飞美国，美网打完，我的膝盖一天也撑不住了。这时我就去找国家队的人商量：能不能不打全运会？

2009年，我就因为伤病错过了当年的澳网，如果我赶在全运会期间做手术，康复顺利的话，正好可以去打2010年的澳网，我感到自己的兴奋度越来越高，正在渐入佳境，这次澳网发挥得好的话，我将有机会迈进世界前十！

但队里的领导显然不认为这是个好主意。不像澳网，全运会在我们国家的体育机制内很受重视，因为它直接牵扯到各方面的很多利益。当时湖北省体育局的某领导找我谈话，他说了一句让我震惊不已的话："李娜，相信我！我是过来人，世界前十没有全运会冠军重要。"

听完这话，我顿感无力，我跟姜山说："我没有办法跟他们谈，根本谈不下去。"

中网比赛是在9月份，打完中网就是全运会。那时我已经准备做第三次膝盖手术了，我的想法比较简单，我想：做完手术我再回国，实在不行就残着一条腿上去，你们非让我打全运会，我就只能这么打。

姜山不同意，他说：我们不能这么做，虽然他们这么说话不合理，但我们做事情不能让人家指指点点。

姜山最讨厌的地方就是他总是对的。

结果我又不得不放了医生一次鸽子。原本跟医生说好了第二天做手术，姜山打电话来，告诉我不要冲动，要回国跟队里全部说清楚以后再处理事情。我只好向医生道歉，说得先回国确定下情况。

幸好医生很善解人意，没有因为我打乱他的工作计划生气。

我匆忙赶回国，当时国家队全队在山东济南训练，我飞到济南，跟队里说明我的状况：我已经休息了两个星期，可水肿一直消不下去。

我们队的领导对我的腿伤表示关心，但他们也说：无论如何，我们还是希望你可以打进前八。

我说：不是我不愿意打，是我真的打不了。我要能打的话，我不会跟你一直在谈这些东西。

最后对方还是妥协了，说：好，那你就弃权吧。

迫于方方面面的压力，我不能直接明着弃权，还得先在场上打场比赛走个形式。记得当时碰到的是个广东女孩，我们打了一盘，我一局都没赢。

我终于能够去德国做第三次手术了，手术时间我记得很清楚：10 月 22 日。

我做的三次手术都是艾瑞克主刀。第一次手术相对大一些，因为做了韧带松解。

我记得第一次手术费差不多一万到两万，是湖北省队出的，国家队没有出任何钱。后面两次都是我自己出的钱，因为奥运会后我单飞了。

国外的收费标准是这样的：假使一台手术应该收5000块钱，那么医生会拿大约2000左右，剩下的是医院和药品的费用。做第二次手术时，我刚刚单飞，经济上压力很大，艾瑞克没有要他自己的那部分手术费，我只需要付医院的钱和针剂、药品以及麻醉师的工资就可以。

虽然我们之前认识，但我们并没有熟悉到可以有“通财之义”的地步，艾瑞克是个德国人，这个德国人，很仗义——不过，艾瑞克应该不知道我们的“仗义”是什么意思。

他只说：“我希望你能回到赛场上。你属于那里。”

第三次手术后，哈纳斯照例帮我做康复训练。说起来我也是哈纳斯的老熟人了，从2007年肋骨受伤起，每隔几个月就得来麻烦他一次，一来就是两三个月。哈纳斯工作的这个地方，应该算是一个社区的运动中心，运动中心是公立的，对公众开放，很多老年人都会来这里做运动。后来艾瑞克也把工作室搬到了这里，就在运动中心四楼。2011年我法网夺冠后，哈纳斯还把我的大照片贴在墙上给大家看，上面还有我写给他的话：谢谢你帮助我成为冠军！

在哈纳斯这里，我还曾经见到过伟大的前辈：鲍里斯·贝克尔。2009年他在哈纳斯那里做治疗，我们曾有一面之缘。贝克尔年轻时曾拿到六个大满贯，与格拉芙并称为金童玉女，在德国很有威望。即使退役多年，他依然得到了人们的敬重和爱戴。当贝克尔开始训练时，大家都自发地安静下来，关注着他。

2011 年，我拿到法网冠军后，哈纳斯在工作室挂了我的照片，贝克尔找到哈纳斯，说希望和我打个招呼。当时我正在训练，完全不知道大名鼎鼎的前辈在外面，贝克尔没有让哈纳斯传话，说，他不想影响我训练，下次再打招呼好了。

哈纳斯告诉我时我有点吃惊，我没想到一个异国的年轻运动员，会得到这么多的重视和关爱。“贝克尔”这个名字以往我们只能从电视或是报纸上看到，他对我们而言，就像是武侠小说中退隐江湖的绝世高手，我没有想到自己会引起他的关注。

2011 年底，我又一次在哈纳斯的场地上见到了贝克尔，当时我正在场边玩。贝克尔说 :“嗨，李娜。”

我扭过头去，立刻认出了这位传奇人物。

他问我 :“你的脚怎么了？”

我们交谈了十几分钟，贝克尔虽然样子威严，人却十分亲切和蔼，那种感觉像是你在和一位关心你的长辈交谈。当他听到我之后参加的比赛还有桑普拉斯、莫亚等人参加时，他说 :“这么多人去，真好，代我向他们问好。”

那感觉如此神奇。贝克尔离去后，我还在激动中沉浸了很久。就跟法网结束后，纳芙拉蒂诺娃主动过来和我交谈的感觉类似。2011 年中网，桑普拉斯来打表演赛，当时我也在中网，桑普拉斯走出球场时，我恰好要进去，我们在通道相遇了，他非常主动地握手致意 :“你好！我是桑普拉斯，恭喜你获得法网冠军！”那一刻我有点微微的战栗，桑普拉斯是一代球王，可此刻他就站在这里，主动向我问好！

尽管有一个大满贯奖杯在手，但我清楚地知道自己与纳芙拉蒂诺娃、贝克尔、桑普拉斯这些前辈们根本不能相提并论——他们是站在网球神庙中的神，是全世界网球爱好者顶礼膜拜的偶像！

可他们却都是如此和善，如此温暖。

我猜想他们关心我的原因，很大程度上是因为我是亚洲人、中国人。他们觉得一个中国女性能打到这个层次，是很不寻常的事情。作为这个圈子里举足轻重的前辈，他们对待新人的态度如此友善、充满鼓励，这让我更加尊敬他们，也更加热爱这个圈子。

除了见到“偶像”，我在哈纳斯的运动中心还结交了一群“病友”，大家一起训练，所有人都认得。有个小姑娘，是在拜仁练足球的，还是个十足的孩子。我们一起训练，有时我带着她玩，关系很不错。

我还曾在这里遇到过一个俄罗斯的花样滑冰欧洲冠军。他在俄罗斯做完手术后一直康复不了，之后找到帮我做手术的艾瑞克。艾瑞克看了他的片子后告诉他：如果这个手术是我在德国做的，那我得进监狱。

可能在德国，与医疗相关的法律约束得更严一点吧，花样滑冰冠军的手术做得很失败，算得上医疗事故了，后来他在哈纳斯这里做康复做了很长时间。

受益于哈纳斯给我的良好的康复训练，我的身体终于不再碍手碍脚了，2009 年底，我首度打进世界前 15 名，并以这个排名结束了这个赛季。

25 避风港

到慕尼黑时间长了。我发现这里的宠物狗都很有教养，姜山也纳闷，还问我："怎么这儿的狗都不爱叫呢？"

慕尼黑是我的一个避风港。这里有风景优美、硬件优秀的训练场地，当我需要从纷繁的琐事中跳出来，专心沉浸在网球世界中时，就会来到这里。这里有我信任的医生和体能教练，当我的伤病不允许我再作战或者需要放松、调整的时候，也会来到这里。

再加上欧洲是网球运动的摇篮，每年我几乎都要在欧洲打两个多月的比赛，慕尼黑也就渐渐变成了我在欧洲的据点。我的医生、治疗师、体能教练都在此地，我们合作也有四年多了，已经成为一支成熟的团队。

每当我有比较充裕的时间休息时，往往会先回国内调整几天，再到慕尼黑训练。有时在这里一调整就是两三个星期——看看医生、练练体能，年底赛季结束的时候还来慕尼黑进行冬训。每年澳网结束，我会去一趟慕尼黑，打完迪拜、多哈再来一次。打完印第安维尔斯、迈阿密后回国待几天，然后再来慕尼黑，因为这边正好是红土赛季的开始。等到法网打完，回慕尼黑调整一下，再去征战温网。温网结束后，我会赶回武汉看看家人和朋友，然后回慕尼黑，再从慕尼黑飞美国打美网。

细算一下，在慕尼黑待的时间比在国内待的时间都要多。

我很喜欢慕尼黑，这里环境非常好，气候湿润，是座安静而美丽的城市。我2007年底第一次来到这座城市，2008年3月到6月份一直在这里养伤，伤势见好的同时，正赶上慕尼黑的春天来临，冬天的积雪消融之后，露出地面的草还是鲜绿的。整个城市都非常安静，居民大多温文有礼。据说这里是欧洲人均阅读量最高的城市之一，这一点只是听说，没有证实，但我在健身房看到的人身体素质普遍比较好是真的，他们的生活习惯比较简单纯粹，给我留下了很好的印象。

慕尼黑的城市建设很有特色，它是座古城，历史可以追溯到罗马帝国时期。现在的居民也小心翼翼地保持着慕尼黑作为原巴伐利亚王国都城的那种古朴风情，慕尼黑因此被称为“百万人的村庄”。城市基础设施和交通系统都设计得精密严格，所有的公交车、地铁都有准确的时刻表，提示乘客你等的车会在几分钟以后到。在任何一个车站，想要从地铁转公交的话都很便捷。

我特别喜欢这里的人，不管男女老少，看起来都非常健康，走路飞快。

之前我们住在靠近慕尼黑市郊的地方，2010年初，才搬到了慕尼黑“英国花园”边上的训练中心酒店居住。这个训练中心主要是网球和马术，室内、室外的网球场地都有好几块，非常专业。“英国花园”是一个很大的公园，比纽约的中央公园都大，在欧洲很有名，这个公园据说是仿照18世纪英式庭院的风格建造，并因此得名的。但我一次也没去过——在慕尼黑这么多年，除了新天鹅堡去过一趟，别的哪儿都没去，因为平时都忙着训练，非常劳累，一到休息日就想在家睡懒觉，能不出门就尽量不出门。

我的训练计划一般是这样的：每天 7 点起，8 点开始训练，一直打到 10 点，然后回来洗个澡。10 点 40 分，就得到体能训练中心，先按摩治疗 40 分钟，再跟体能教练一起训练，这样一直练到中午 1 点钟。

训练结束后吃午饭，下午 3 点到 5 点继续体能训练，然后回来，6 点到 7 点，打一个小时的球。晚上 10 点休息。

每天都这么训练，确实很辛苦。我每周日会休息一下，调整一下状态。我是资深宅女，对景点不是特别感兴趣。只偶尔陪姜山出去逛逛——星期天的时候我们偶尔去马林广场那里的圣诞集市逛逛，还可以在那附近吃顿中餐，我能去的主要动力也就是这顿中餐了。

和慕尼黑人的交往改变了我们许多生活习惯，中医说要喝热牛奶，我们从来不热，早上起来就抱着凉牛奶瓶子喝。

慕尼黑人引以为荣的啤酒我也很喜欢，我和姜山在不忙的时候，也会小酌一下。

我喜欢狗，尤其喜欢哈士奇。有一次在地铁上，看到有人带着自己的哈士奇坐地铁，那条狗很大，毛是白色的，头上有点灰。主人坐在一边看书，并没有牵着它，哈士奇自己很神气地坐在地上。地铁到站时门自动打开，大狗忽然自己趴了下去，这时一群学生走进地铁，正好经过大狗原来坐的那个地方，原来它是怕自己会挡路！等到孩子们走过去，大狗又很神气地坐直了。一路上每次地铁到站，它都是如此，而且从始至终一直乖乖地待在那儿，不叫也不闹。我觉得这狗太乖了，一直盯着它看。

到慕尼黑时间长了，我发现这里的宠物狗都很有教养，姜山也纳闷，还问我："怎么这儿的狗都不爱叫呢？"我们经常见到主人带着狗出门，到了超市门口，主人把它放到那儿，连拴都不拴就进超市了。小狗就一动不动地等着，主人在里面逛两个小时，它就乖乖地等两个小时。

我询问德国朋友，他说他们的狗在"礼仪学校"学习过，在德国城市中，违反养狗规定处罚很严。如果狗狗在街上大便后主人不清理就溜走，很有可能会接到"秩序警察"开出的罚单，这些罚单可能高达几百欧元。如果狗狗在家里不停地叫，邻居可以报警，还可几个人签名要求养狗人搬家。为了让狗不乱叫，主人必须把狗送到培训学校训练。

在德国，养一只狗的麻烦几乎要赶上养个孩子了，你要送它到宠物医院进行全身检查，打预防针。如果要带狗旅行，必须给狗狗办理一本"宠物护照"。宠物护照除了宠物的名字、出生年月、种类、性别及毛的颜色，还有宠物健康情况和每次旅行注射疫苗的记录。除了警犬和导盲犬，饲养其他所有品种的狗狗都必须交狗税，每户家庭最多可养两只狗。由于狗可能对人造成危害，所以必须为狗上最高赔偿额达100万欧元的狗保险。这种保险是强制保险，越危险的狗保费越高。

因为我很喜欢狗，加上对德国狗狗受到的"礼仪训练"大为好奇，我立刻向姜山申请："我们养只狗吧！"

姜山马上否决了我的提案。他不喜欢狗，嫌养动物家里会有怪味，还要收拾掉下来的狗毛，任我软磨硬泡，他也不肯松口，"除非你自己照顾它"。

狗与比赛不可兼得，短时间内，我估计自己只能看看别人家的狗过瘾了。等到以后我有时间再说吧！

26 蹦极

往下跳的那一刻，我觉得死亡一点也不可怕，比起这段等待的时间来简直算不得一回事。我在心里默默念着"为了我的网球成绩更好"，大叫了一声，就跳下去了。

2010年1月份，我前往奥克兰站参加比赛时膝盖再度开始水肿，那种感觉跟第一次做手术之后的感觉类似：有一点点不舒服，想尽力却力不从心，身体跟不上节奏，总之完全没有恢复到自己的竞技状态。

第一场比赛，我稀里哗啦地就输了，输完比赛，我心情很压抑，特别想做一件能够刺激自己、挑战自己的事情。

做什么好呢？我琢磨了好几天，最后，我在新西兰挑战了大桥蹦极。

我一直就想做件超越自己极限的事情，但从来没能做到。现在奥克兰海港大桥(Auckland Bridge)蹦极台就在眼前，那就去蹦极吧。

奥克兰海港大桥上的蹦极台是全世界第一个建立在海港大桥上的蹦极跳台，有40米高，不过从远处看去，似乎也没有多高。我其实是有恐高症的，但在桥下看的时候也不觉得这有多么恐怖，便放心地去桥下的指定地点量体重、戴帽子，等到装备完毕，我们就排队从桥下走到桥上去。

上桥的路非常窄，栏杆又很低，海风极大，感觉好像随时都有可能摔下去。我们摇摇晃晃地走了将近15分钟，我忽然感觉有些不对！回头一看，托马斯不见了！我们这一拨总共有七个人，托马斯、体能教练、治疗师开始都跟着我，还有一个陌生的外国小男孩也在我们的队伍里，但这时候托马斯不见了。我问他们："托马斯人呢？"回答是："他觉得头晕，回去了。"

上桥的路很窄，坡度很高，从金属台阶的间隙看得到桥下荡漾的海水，越往上走越觉得心惊肉跳，我紧紧抓着栏杆的手越来越凉，心里说：谁说要蹦极的？走到最后，只剩下我、治疗师和那个外国小男孩。治疗师是个南非人，毫不犹豫地一头扎下了桥，速度非常快。我和小男孩互相看了看，小男孩脸色煞白："我不跳了，我弃权我弃权。"

此刻我也百爪挠心，矛盾得厉害，既想感受一下刺激，又怕得直哆嗦，心想：我这是图什么呀？我为什么要这么做？但组委会安排的摄像机正在蹦极台对面对着我呢，我只好一步一步往前走。桥面上搭出去的跳台并不大，我那几步却走得腿都快抽筋了。我跟后面的人说："千万别推我。"他说："我没推你，你自己在走呢。"我就一步步地蹭到平台上去，再蹭回来一点点，害怕得都要疯了。

我一个人在平台上磨蹭了足有10分钟。最后横下心准备跳的时候，外国小男孩吓唬我说："下面可有鲨鱼。"

我说："有鲨鱼我就抱着鲨鱼一起上来。"

往下跳的那一刻，我觉得死亡一点也不可怕，比起这段等待的时间来简直算不得一回事。我在心里默默念着"为了我的网球成绩更好"，大叫了一声，就跳下去了。

刚跳下去那前3秒，我完全被恐惧抓住了，第一次感到自己是这么无助，周围的一切都在飞速离开我。我手里没有任何可以保护自己的东西。直到落下去再弹上来的时候，我才不那么害怕了。原来蹦极是这种感觉啊，像飞一样。

再次落下去的失重感让我很难受，就像坐过山车时全速下坠的感觉。但弹了两次再被人拉上去的时候，我忽然觉得整个人生都释然了！不过如此嘛。连蹦极这么刺激的事我都做了，打个球算什么呢？

当站在桥上往下看的时候，我要死的心都有了，当我告诉自己“跳下去”的一刹那，那种无望的恐惧达到了巅峰状态。可真的跳下去才明白，其实这有什么大不了的，之前不愉快的比赛也顿时失去了重量。不就是网球嘛，打不好就打不好，还能怎么样呢？

那个对跳台望而却步的小男孩就没机会体会这么丰富的感觉了。以后他会后悔的，这么特殊的机会，就这样放弃了。

后来姜山说：“我一听那声叫就知道你在跳了，你叫什么啊，就跳呗。”

我顺口敷衍说：“叫一声是为了抒情。”姜山那天没上去蹦极，因为蹦极台规定一次最多只能上去七个人。他说40米太矮了，他要跳更高的。

离开新西兰后，我去打悉尼网球公开赛，我满心指望自己能尽快恢复到最佳竞技状态，但是，事与愿违，在悉尼站我的状态仍然不理想，比赛刚到第二轮，我就输给了意大利球员。

那段时间，我对自己的厌恶和痛恨达到了顶峰。

我忘了是哪位哲人说过：“人的一切痛苦，本质上都源于对自己的无能的愤怒。”姜山说是王小波说的。啊，也许吧，请原谅，我不是很了解文学和哲学方面的知识。但我觉得这句话真的说得很好，很有道理。

走出悉尼的赛场时我没有与任何人说话，挫败感和自责交织在一起，在我心中默默地发酵。我躲开了教练和姜山的视线，我找了个没人能看到我的地方独处。网球运动员随身都会背着拍套，我带着情绪，把拍套狠狠地摔在地上，然后一屁股坐下去，把外套拉到头上，痛哭起来。

外套罩在头上带来的黑暗让我有了一点安全感，就像小孩子给自己找到个洞穴一样，我放心大胆地哭了又哭。

为什么会这样呢？

明明付出了那么多，可在关键时刻就是赢不了比赛。如果输球的原因是对手太强大，自己一直被人家吃得死死的，倒也罢了。可我清楚地知道，自己的失败完全是因为不能把控自己的心理。有夺冠的实力，却不具备夺冠的心态，这才是我的致命伤！

我躲在外套下面泪如雨下。

就是那些无聊的想法让自己没能发挥出最佳水平！还有这条该死的腿！

刚做完手术的身体不给力，不管我多想赶紧康复，膝盖仍然会传达出不舒服的信号。那种别别扭扭的感觉在生活中还不至于特别碍事，在比赛中却会让我不断地分心。作为一名职业球员，当你迫切需要跳跃、奔跑、发力的时候，你的身体却以尖锐的疼痛告诉你它不想干了，还有比这更可怕的事情吗？你的身体背叛了你！

我一边哭一边害怕起来，都这么久了，腿伤到底能不能好？自己到底恢复到什么状态？还能继续打球吗？那么辛苦地复出，那么辛苦地康复，到了赛场上还是不能百分之百地发挥，我以后该怎么办？无奈、绝望、无助，千头万绪都在胸中盘旋，这种情绪被我按捺了很久，今天还是在输球的刺激下彻底爆发了。整个世界都离我而去，我什么都控制不了！谁也赢不了！我连我自己心里的阴影都战胜不了！想到这里，我又忍不住鼻子一酸。

大概哭了二三十分钟的样子，有人揭开了我头上的外套。

此时我的双眼已经变得红肿，突如其来的明亮光线让我有些不适应，姜山无奈的脸出现在我眼前时，我不禁想逃开。

这种时候，就算他过来我也不愿意答理他。因为这是我心情最糟糕的时候，我只想躲开全世界，最好谁也不要看到我。我恨不得找个地洞钻进去，从此以后再也不见任何人。

姜山也没有马上劝慰我，他在旁边坐了一会儿，看我哭，等到我把情绪宣泄完，慢慢冷静下来，他才和我谈今天的比赛。

我非常直接地告诉姜山说我不想打了，我实在打不下去了，我付出这么多、投入这么多是为了什么？做了三次手术，每天这么辛苦地做康复是为了什么？我看不到任何收获，我不知道自己该怎么办好——那天情绪突然间特别低落，在赛场上也毫无斗志，完全没有想要赢球的欲望，唯一的想法就是赶紧打完走人。我忽然间丧失了对网球的信念，我不知道自己为什么去做这件事情了。

姜山一向很少鼓励我，那天我当着他的面歇斯底里地大哭了一回，他也没有被我的眼泪打动，只是冷静地告诉我：沮丧是可以的，这证明你觉得你还可以做得更好，所以沮丧是对的。但你还是要继续下去。输球很正常，大家都知道你刚做了手术，这次比赛的输赢其实无关紧要。但你不能就这样放弃，这些人跟你一起奋斗，你又做手术又训练这么辛苦，是为了什么？不就是为了打好球吗？打球肯定有输赢，只要努力就没有必要去沮丧，认真思考为什么失败就可以了。为什么会沮丧？因为你知道自己没有竭尽全力，你觉得自己应该赢，可是事实上你理智一点想想，你得承认别人今天做得很好，好到应该取胜的地步。不要认为自己努力了就可以战胜一切，那是理想化的结果。你只有承认对手比你好了，然后才能好好思考自己到底需要解决什么问题，才能继续战斗。你是成年人，不是小女孩了，不要轻言放弃。

听着他这些话，我心里百感交集，不得不承认他是对的，但又有些怨他——他总像是在逼着我前进，尽管我在内心深处承认自己是需要这些推动力量的，我还是不愿意姜山这么说。

沮丧渐渐散去，几个月后，我迎来了人生第一个竞技状态的反弹。人真是有趣的动物。在今后的岁月里，我渐渐发现，每当我从低谷状态挣脱后，便会进入一个更高的层次。就像蹦极一样，坠到底的时候就是开始绝地反弹的时候。我的状态总是起起落落，一直在失败和胜利间游走。我慢慢把握到了这种规律，面对失败，我开始变得更加理性。

图片来源：CFP

27 疼痛

我一向自认是个对疼痛不那么敏感的人，经过这么多年的风雨，一般的小伤小痛我是不会当回事的，但那天当医生把针头拔出来的时候，我实在忍不住，当场疼哭了。

在他人看来，2010 年时我可能风光无限，但事实上，那一年给我留下的最深的、不可磨灭的印象是：疼痛。

在墨尔本的赛场上，我的膝盖又肿起来了。在连续击败了艾拉科维奇、扎维、汉图楚娃之后，身边所有的人都看出我的腿有问题了。

病来如山倒，这次膝伤发作得很厉害。进入前十六后，我每打一天就必须休息一天，因为膝盖已经承受不了连续两天以上的运动了。

之前我已经打过一次可里松消炎，没有起到任何作用。我就向澳洲的医生求助，对方推荐给我一种昂贵的针剂，一管要 500 欧元左右。第二天，我把针剂带到比赛现场，请赛会医生帮我打针。我熟悉的赛会医生恰巧不在，另外一位女医生说，找她也一样。我就去她那里打针。

这位医生对我之前的病情并不在意，她漫不经心地看了看我的腿，说：“这不是水肿。”

她没有抽水，也没有做任何其他处理，直接把针剂注射进我的膝盖。

好疼！我忍不住尖叫了一声！那是我有记忆以来对疼痛最直观、最深刻的一次体验。我一向自认是个对疼痛不那么敏感的人，经过这么多年的风雨，一般的小伤小痛我是不会当回事的，但那天当医生把针头拔出来的时候，我实在忍不住，当场疼哭了。打完针后，我和南非治疗师说：下次就算死，我也不会再找这个医生了。

打完针以后腿还是没有消肿，那场我要对阵丹麦新秀、4 号种子沃兹尼亚奇，我就那么拐着腿上了场，居然还赢了。

这次胜利就像这管针剂一样匪夷所思。

第二天上午我和治疗师说，我还是得找原来的赛会医生。那位医生和帮我做手术的艾瑞克医生是好朋友，对我的情况比较了解。

在他的帮助下，我顺利地找到了赛会医生，赛会医生听我说了前一天的情况，检查完我的膝盖，告诉我：“她根本就没帮你把水抽出来。”

我说：“我也有这样的感觉，但我不能跟她说，毕竟她是医生，是专业人士。”

后来这位赛会医生从我膝盖里抽了两管半的水出来。抽水的时候，他得把针头插进膝盖里面，然后慢慢将针筒拉开，让膝盖里面的积液沿着针头进到注射器里面，这很疼，但比起前天女医生的那一针，我觉得这已经完全不算什么了。

医生一边看着监视器，一边不停地换地方，将针头扎进去，然后引出新的积液。就这么一点一点地找地方，好尽可能将全部积水吸出来。

这次治疗姜山没去，是我的治疗师带我去的。我的治疗师就是上次去奥克兰海港大桥蹦极，我们都在犹豫不决时毫不犹疑从台上一头扎下去那位。

治疗师是南非人，胆子大极了。那天他脸色也变了，回来以后，他对姜山说：做了这么久的治疗师，他还是第一次看到这种情况，当时他看到医生一针一针往外抽水都觉得心在哆嗦。

抽出两管半积水后，医生给我打了一针可里松，他警告我："你不能再打了，你两个星期之内已经打了两次可里松，就算再怎么肿也不能打了，对你身体不好。"

我说行，没问题。

打完可里松后，感觉稍微好一些。

第二天，我要跟大威打比赛，第一盘输掉了，第二盘比赛开局也比较低迷，但在第二个破发点上我实现了关键破发，把比赛拖入了抢七，抢七的结果是我以 7 ： 4 获胜。

决胜局我们的比分咬得很紧，最后我还是坚持了下来，逆转了大威廉姆斯，这是我职业生涯中第一次打进大满贯四强。

无巧不成书，在接下来的半决赛上，我的对手恰恰就是世界排名第一的小威。维纳斯 · 威廉姆斯和塞雷娜 · 威廉姆斯这对姐妹简直就是为了称霸网坛而生的。当她们同时出现在赛场上的时候，其他选手似乎都可以作壁上观了。和小威的比赛打得比较艰难，两盘都打到了抢七，最后还是我输了。

但这场比赛打完后，感觉膝盖还行，没有想象中那么疼痛。

值得一提的是我进入了澳网的四强，两周的比赛结束后，我的积分被带到了 3500 分，进了世界前十。我心里想：我也是世界前十中的一名球员，这种感觉……不过如此啊。

这个想法让我自己觉得有些莫名其妙，我就是这样的，有时候会突然不受理性控制，冒出来一些和我之前思路完全相悖的想法。到现在我也没明白之前为什么会那么低落，同样，我也无法解释在澳网的状态如何反弹回来。我一直都是个很被动的人，不会去试图主动控制什么事情。我喜欢随遇而安、随心所欲、随波逐流，如果没有人来鼓励和鞭策我，我可能就会一直这么游荡下去了，所以我的状态才会一直起起伏伏，这是我最大的毛病。

我也希望我可以做到像别人那样平衡，但我就是达不到。有时我比较神经质。我想这可能跟性格有关，自己一方面是一个很好胜的人，但同时又是一个特别容易满足的人。

澳网过后，我又开始了漫长、沉重的蛰伏期。也许它实际上并没有那么漫长，但你也知道，倒霉的日子总是过得特别慢，而胜利的快感却是转瞬即逝的。我甚至怀疑自己选择网球是否是个错误，因为我发现，胜利带来的欢欣远远不足以抵消失败带来的压抑。打职业联赛的感觉，就像在刀头舔蜜，所得甚少，所失甚多，然而，我们还是乐此不疲地尝试了一次又一次。

为什么会这样呢？

我知道问题出在自己身上：澳网四强让我感到满足，在与威廉姆斯姐妹对战后，我失去了对胜利的饥饿感。

没有随随便便获得的胜利，特别是在比赛双方都是世界顶尖球员的时候，精湛的技术、冷静的头脑、健康的身体状况都是获胜的重要条件，但不是唯一的条件。

想要获胜，你必须真正发自内心地渴求胜利，你要非常、非常、非常地想获胜。你对胜利的渴望，要像在沙漠中跋涉，濒临死亡的人对清水的渴望一样。

然后，你才有希望，仅仅是有希望，获胜。

我这个半死不活的样子一直持续到了6月13日，在打伯明翰的草地赛时，我的状态才有了回升。

说起来伯明翰真是我的福地之一，2006年，我打败扬科维奇在这里拿到首个WTA女双冠军，2009年，我在这里打到女单亚军，2010年，我在伯明翰击败了莎拉波娃。

这次在伯明翰拿到的冠军是中国选手首个草地冠军，它给了我一定的信心。

遗憾的是，就在这个时候，我和托马斯的合作走到了尽头。

我从2004年复出到现在，成绩一直在提高。2010年的排名从第15提升到了年终的第11位，正像托马斯说的，我离理想的目标越来越近了。

但当托马斯神色黯然地提出“我已经没什么可以教你了”的时候，我们都沉默了。

合作时间长了，托马斯觉得他能提供的帮助已经到了极限，他认为我需要一种新的感觉和体会。我也觉得自己已经从托马斯身上吸收到了尽可能多的能量。也许，是尝试下新方法的时候了。

2010 年亚运会之后，我们的合作正式结束。现在托马斯是莎拉波娃的教练。我非常感谢托马斯在任职期间给我带来的帮助。祝你好运，托马斯!

图片来源：CFP

28 决战澳网

当司仪把话筒递给我的时候，我问大家："你们看到那个穿黄色T恤的家伙了吗？他就是我老公，我总是拿他来开玩笑。"全场的注意力都转到了姜山身上，摄像机镜头也马上对准了他。

托马斯离开之后，他的工作由姜山暂时顶替。

这一阶段，姜山非常忙碌，他本来就要为我负责许多生活琐事，现在又要肩负起教练的责任，他变得更加沉默了。

姜山给我安排的第一场比赛是2011年在悉尼站举办的世界顶级巡回赛。我对这类比赛已经习以为常。按惯例，赛前活动结束后运动员会去吃点东西，休息一下，然后准备比赛。

但我不想去吃东西。

我靠在沙发上，身心俱疲。这是我们这个小团队的艰难时刻，我没有合适的教练人选。我的伤口隐隐作痛，我看不出来继续比赛有什么意义，那个在我心头闪过无数次的念头又一次跳出来，我觉得很累。

这并不是因为当天训练任务重，而是精神压力的作用，我觉得这一路走过来很辛苦、很累，我很想休息。

长久以来，这种夹杂着焦虑和无奈的精神压力让我非常痛苦，取得成绩时，我觉得自己还可以支撑，一旦陷入低谷，“退出”的念头就不断地出现在我的脑海中，挥之不去。

我对姜山说：“我不想打了，真的不想打了。每个对手都这么强大，太累了，我坚持不下来了。”

姜山也很累，这从他憔悴的脸色可以看得出来，像往常一样，他劝解我：“不管你做什么选择，我都会支持你，但我不希望你以后会后悔，毕竟我们已经来到这儿了，要不我们就试一下？”

当时我懒得答理他，自顾自去准备比赛。

也许是上天还不想让我过早地告别网坛，也许是对手刚好也有什么伤病发作，那场比赛，我不费吹灰之力就赢到手了，轻松得连我自己都深感不安，怎么会这样？是有什么地方出了差错吗？

那真是我时来运转的一个赛季，身体状况良好，腿伤也没有来添乱，我一轮一轮打下去，竟都异乎寻常地顺利！我越打越有信心，当在决赛中打败克里斯特尔斯拿到冠军时，我忽然想起了赛前的沮丧，可这时，好像什么困难都不能再压倒我了。

我不由得偷偷念叨：其实这一路也不辛苦呀！

姜山评价我：你是个很容易受到外界影响的人，幸福和痛苦来得快去得也快，只要身体不出状况，外界环境稳定，你就能够发挥出比较好的水平。

我觉得他说的可能是对的。

在悉尼，我第一次拿到了巡回赛冠军，这也是中国人首次在高级别巡回赛事中夺冠，这让我小小地兴奋了一下。从2004年复出到现在，我是在一步一个脚印地往前走，扎扎实实地进步，这一点让我很欣慰。

在悉尼站比赛夺冠的顺利，让我在接下来的2011年度澳网比赛中心情很好。

再次来到澳网，我的心情就像墨尔本的天空一样晴朗。

澳网是四大满贯赛事中每年最先登场的，通常是在每年1月的最后两个星期在墨尔本举行。这时北半球正是冰雪皑皑、寒风怒吼的时候，位于南半球的墨尔本却是炎炎夏日。我很喜欢澳网赛场，盛夏，阳光强烈，天空湛蓝，这就是我对澳网赛场的印象。

有时温度会飙升到30多度，甚至接近40度，这无疑是比赛的一大障碍。有些选手很讨厌高温，高温让他们汗流浃背，无法思考，观众席上不时会有中暑的观众被拖下去，在这种情况下打球，怎么看都不像是享受。

但我喜欢。澳网的夏天让我想起童年，那些光脚穿“回力”球鞋，在灼热的灰色沙地上奔跑的日子，街边小贩摊子上的水银体温计有时会忽然爆裂，因为气温已经远远超过了40摄氏度。

我是武汉人，我们武汉人什么都不怕，尤其不怕鬼天气。

除了天气，澳洲观众对球场礼仪的重视也让我感到愉快。

在观看体育比赛时，一些基本的礼仪是相通的，比如，拍照时尽量不要使用闪光灯，在运动员进行比赛时尽量不要走动和喧哗；观看比赛时要让手机等移动通信设备处于静音状态等等。部分体育项目，比如斯诺克、网球这些“贵族项目”，在赛场秩序上有更加严格的要求，而经过长时间的发展，观众们也认可并自觉遵守这些要求。

2011 年澳网，我参加的比赛被安排在中心场地，那是个很大的场馆，观众席可以容纳 15000 人。每场比赛之前有 5 分钟活动时间，两个球员在场上活动，解说在一边介绍球员的资料。在这 5 分钟内，你会听到各种来自看台的声音，但一旦裁判说“Time”，现场立刻鸦雀无声，你几乎能感觉到观众们连呼吸都刻意放慢了，感觉上，就好像连一根针掉到地上都听得见。澳网自创办以来已经有 100 多年的历史，观众们对网球比赛的规则非常了解和尊重，大家会主动维护场内的秩序。在球员打球的时候，如果这一分没有打完，谁也不会大声喧哗，大家都克制着内心的激动静静地观赏比赛，以免场上的队员受到干扰。澳大利亚是移民国家，它的公民来自全球各地，人们可以因为网球相聚在一起，又去共同遵守规则，这很让我感动。

在这届澳网中，我波澜不惊地杀进了 1/4 决赛，没有遇到太大的阻碍。

像往常一样，舆论对我的评价如影随形，我和托马斯的“分手”被频频提起，但这不再构成我前行的障碍。就像托马斯希望的那样，我“成长”了。

在半决赛时，我要面对的球员是丹麦的沃兹尼亚奇，沃兹是赛会头号种子，她的防守很棒，被媒体称为“拥有城墙般的防线”，我们私下交情也一直不错。

那天我和沃兹一共打了三盘，沃兹很稳健，很顽强，但我也不再是毛躁的小姑娘了，最终我以 3 ∶ 6/7 ∶ 5/6 ∶ 3 的比分逆转了战局，拿到了决赛的入场券。

赛后澳大利亚电视台的主持人问我 ：“今天是你的结婚纪念日，对吗？”这个问题还真难倒了我，我不太记得我们结婚的准确日期了，印象中是 29 号嘛，我就告诉主持人 ：“我记得是两天后。”后来回去跟姜山一比对，我才晓得自己记错了。不过我觉得两个人感情好，彼此心里知道就行，不一定非要通过纪念日的形式表示出来，不知道澳洲人民是不是这么想。

记者又问我是什么支撑着我逆转了比赛，我顺口说“奖金”。大家都笑了。其实这也是实话，网球就是我的工作，我付出后得到回报，我很坦然，这有什么不好意思的？谁工作不拿钱啊？

从 2011 年澳网的第一场比赛开始，我的新闻发布会就是在最大的新闻发布厅开的，这也算是一种待遇吧，可能是因为 2010 年我的年终排名进入了前十的关系。当我获得决赛资格时，国外媒体们兴奋极了，毕竟这是中国人首次进入大满贯赛事决赛。大家都有种振奋的感觉——在国际网坛的池塘里，终于出现新鱼了。

我感到自己的心脏不停地轻轻跳动，它渴望胜利。

墨尔本公园的中心球场有两个更衣室，我一般会去比较小的那个，因为那边人比较少，安静一些。

每年都定期来一次，感觉这个小更衣室也像是个朋友了。负责管理更衣室的两个工作人员经常帮我开柜子、锁柜子，金色短发的那个名叫琳达，是个 40 多岁的中年妇女，非常热情开朗，每次见到我都会特别热情地跟我打招呼，我也很喜欢她。感觉上，她就像是个老朋友，永远在那里等着我。

我在悉尼巡回赛拿了冠军，她一早就在电视上看到了，我到墨尔本后，她非常自豪地告诉我："我早就帮你把柜子留好了。"

只有真正打到决赛，出场时才会牵球童。

决赛的对手是老朋友克里斯特尔斯，我们在赛前还在通道里聊了一会儿。她是个很棒的球员，这个赛季一直打得很好。

小克对胜利的渴望一点不比我小——7 年前她已经打入了澳网的决赛，但还一直没机会捧杯，如果赢下这场比赛，她将获得第一个美网之外的大满贯奖杯。

我知道等待自己的是一场艰苦卓绝的战役，但我没想到会那么艰难。这场比赛打了两个多小时，我赢下了首盘，但火力全开的克里斯特尔斯简直是完美的，她勇猛地发动防守反击，拿下了第二盘。

当决胜盘开始的时候，我最害怕的情况发生了：由于自己的急躁和不自信，克里斯特尔斯最终逆转成功了，她赢下了这场比赛。我得了亚军。

站在领奖台上，我很想对姜山讲几句话，我是个不会讲应酬话的人，总觉得"感谢国家和领导"这样的话一说出口就非常别扭，只有对着姜山讲话，我才觉得是自然和松弛的。当司仪把话筒递给我的时候，我问大家："你们看到那个穿黄色T恤的家伙了吗？他就是我老公，我总是拿他来开玩笑。"

全场的注意力都转到了姜山身上，摄像机镜头也马上对准了他。

我慢慢地讲出心里的话："老公，不管你是胖还是瘦，是帅还是丑，我都会永远跟随你，永远爱你。"

回到更衣室后，琳达和另一位工作人员来看我，那天正好是琳达的生日，她邀请我和她们一起喝酒，琳达对我说："我们很为你感到骄傲，虽然你输了，但你还是很棒。"

打完澳网之后我们计划回国，第二天，大家就一起动身去办签证。在澳洲办签证比中国办签证要快，什么邀请表都不需要带，拿着两本护照过去就可以了。

我刚把款单递了过去，工作人员立刻认出了我："嗨！我知道你是谁！两点钟左右给你打电话，你到时候来取吧。"

送完护照，我们顺路去了趟某奢饰品店，有个店员认出了我，她说我说的那句话太令人感动了，她在电视机前都听哭了，最后她还说祝我和姜山幸福。

可能这些才是人类间最共通的东西吧。

中午吃完饭后我们就回了酒店，下午两点多钟，果然接到电话说签证办好了，要我们过去取。取到签证后，我们回酒店退了房，然后直接奔机场买机票回国。

有个英国朋友说，他们的文化里好像更喜欢失败的英雄。可能他们觉得这些人要面临更多的挫折，这些人在身体和心灵上要经受双重考验，其实更不容易，因此英国文化里很多伟大的作品都爱描述悲剧中的英雄。她说，这和你们的文化不同，中国人总是喜欢赢家。

我想她讲这话是为了安慰我。

没有不重视胜负的网球运动员，我们存在的意义，就是不断地让自己的球技更加完美，在不断的磨炼中追求胜利。

这次澳网虽然没有拿到冠军，但亚军也是大满贯历史上亚洲人拿到的最好成绩。主持人说我是"中国人的英雄"。我觉得言重了，我算不上英雄，也代表不了中国人。我只是个中国球员，正在努力做好自己的工作。

很多朋友安慰我"亚军也已经很好了"、"你已经创造了历史"之类的话，朋友们出于好心的安慰让我感到心情平复了很多。拿了亚军我已经非常高兴，但是也更激发了我对冠军的渴望。当我一个人把自己埋在机舱座椅上，用帽子盖住脸时，我知道，我心中涌动的情绪不是喜悦，而是对大满贯冠军的渴望。

只差那么一步了啊！通过两周六场胜利打入大满贯决赛，不管最后获得的是冠军还是亚军，我都觉得非常不容易了。但是当后来拿到法网冠军，我才意识到冠军和亚军的差别是你无法想象的。

我是个没有快乐童年的孩子，我没有寒暑假，没有时间看电视剧或是动画片，我把所有的业余时间都用在了球场上，但这并不是我自己的选择，我打球只是因为我父亲希望我这么做；青少年时期，我打球是因为教练和我所在的队伍需要我这么做，我要不断地为家乡而战，为国家荣誉而战；在退役期间，我在大学校园里重新思考我的人生，我决定去做一个自由的人，我不再为别人的利益和周围的舆论所左右，我已经贡献出了我生命的前22年，现在，我只做自己真正想做的事。

我最想要为自己做的事就是：

赢得一座大满贯奖杯。

29 换帅

我心乱如麻，一刻不停地想着：他去哪里了？回国了吗？在武汉？还是去别的什么地方了？他现在怎么样？安全吗？吃饭了吗？

图片提供：《网球》杂志，摄影：[illegible]

托马斯刚刚离开我们的时候，因为一时找不到合适的替补人选，我的教练就暂时由姜山担任。

丈夫担任教练，肯定会出现一些不可避免的问题，需要我们共同面对。我和姜山都要努力适应不同场合中的角色转变，姜山每天都在紧张地思索：什么时候该以“丈夫”的身份出现？什么时候该以“教练”的身份出现？姜山身兼老公和教练两职的时候，角色转换起来会较辛苦。而当他指责我的时候，我又会情不自禁地愤怒：你是我丈夫，你为什么还要在场上冲着我嚷嚷？正常夫妻日常生活中都会有些摩擦，对于我们来说，网球又是生活的一部分，球场上的情绪容易带到生活中，这样一来，教练的职务反而容易伤害我们之间的感情，我们之间的争执开始变多了。

而托马斯和姜山的执教风格又有着鲜明的区别，就像以往一样，在澳网短暂的辉煌结束后，我又陷入了高潮之后的低谷，2 月份我在阿联酋迪拜冠军赛和卡塔尔多哈公开赛上的成绩都不理想，早早便铩羽而归。我的精神状态又开始低迷。

我变得暴躁、易怒，我将此归咎为姜山的失职，我需要一个能鼓励我积极面对比赛的教练，我需要来自权威的认可和正面的引导。

4 月份我参加了在德国举行的斯图加特巡回赛，我在第二轮出局了。我意识到自己不能再逃避了，我坐下来，和姜山正面谈论这件事。

我说："咱们得有所改变。"

他说："是的，我认同。你觉得应该怎么做？"

我说："我需要找个新教练。"

他的回答是"没问题"。

那一瞬间，我感觉轻松多了，因为他不再是我的教练。他也有同感。

我觉得这件事情已经得到了圆满的解决。我的治疗师阿莱克斯这时正在向我推荐丹麦教练莫滕森。莫滕森教练在年轻时也曾经是球员，作为教练，他曾经指导过沃兹尼亚奇等一流好手。如果我想要百尺竿头更进一步，莫滕森教练看起来是最能够帮助我的人。

莫滕森教练的出现让我精神为之一振。经历过托马斯的培训之后，我对外籍教练的认可度直线提高——打个不恰当的比方，大家都看过《西游记》吧？孙悟空在斜月三星洞跟随第一位师父学会了七十二变和筋斗云，他对这位启蒙老师充满了尊敬和依恋，因此，在观世音菩萨刚给他指定了唐僧这位新师父的时候，他最初也是非常高兴的，这不仅是因为唐僧将他从五行山下解救出来，更因为"师父"这两个字在美猴王的记忆中是个非常温暖而亲切的代号，这种信赖来自于对第一位师父的美好印象。在莫滕森教练出现前，我对他寄予了莫大的期望，我希望他拥有不逊于托马斯的神奇力量，好让我的神经都松弛下来，让我的小团队能够松一口气，让大家都好好睡一觉，不再焦虑。

让我没想到的是，姜山在这个时候默默离开了团队、离开了我。

我们原本正准备去马德里参加比赛，我已经到了机场，手里握着两张飞往马德里的机票，眼看起飞时间快要到了，他却没有如约在机场出现。

姜山的不告而别击垮了我。

我怎么都联系不到他——之前他刚刚丢了手机，还没来得及买新的。慌乱之中我甚至打电话回前一晚住的酒店，问他们姜山住的房间现在还有没有人，酒店前台说房间已经被退掉了，住客没有说自己要去哪里。

之前我们也产生过矛盾，姜山说过很多次：“我走。”我说：“那你走吧。”因为之前一直有这种小小的口角和争执，我并没有在意，没想到他真的自己拿信用卡买机票回国了。

我心乱如麻，一刻不停地想着：他去哪里了？回国了吗？在武汉？还是去别的什么地方了？他现在怎么样？安全吗？吃饭了吗？

我完全无法集中精力去考虑后面的比赛。一个人站在人来人往的机场，我发现自己手脚冰凉，完全不知道该如何是好。我的世界仿佛忽然崩塌了一角，我不知道该怎么冷静下来。这时我忽然想起姜山有个好朋友现在在美国，他会不会是去朋友那里散心了？我立刻打开电脑上网，和这位朋友取得了联系。

这位朋友也没有姜山的任何消息，她感觉到了我的失控，为了安慰我，她给我发了一本书的链接，让我先静下心来看一下这本书，等到她回武汉，会找姜山的其他朋友再跟我联系。

我一个人坐在那里等待登机，这场景似曾相识——十几年前我一个人在洛杉矶机场被关在小黑屋里，误了班机，最后只能在洗手间过夜，这一次，我又要一个人面对一切了。

为了平复躁动的心情，我不得不努力转移自己的注意力，我打开了朋友发给我的那本书，开始阅读。

那本书的名字叫《遇见未知的自己》，是台湾的张德芬女士写的。

在看书之前，我没有想到这本书会带给我这么大的影响。

看过一章以后，我发现自己竟暂时平静了下来，但随即便发现一旦放下书，我的心立刻又会被现实中的种种苦恼填满，为了躲避现实的重负，我立刻逃回了书中。

当我到达马德里的时候，我的体能教练正在酒店等我，他打算今晚把新的教练介绍给我。当看到我孤身一人拖着箱子走进酒店大门时，他非常吃惊，问我姜山哪里去了，我一时语塞，敷衍道：“他回国了。”

体能教练不相信这个解释：“别开玩笑了。”

我不想过多纠缠于这件事，简单地说：“真的回国了。”

当天晚上我见到了莫滕森教练，他性情温和，面容和蔼，我们谈了谈训练方法和对未来的规划。这次交流的感觉不错，我决定聘请莫滕森教练帮我训练一段时间。

在这期间，姜山始终没有联系我，我给他国内的手机打电话，一直打不通。

我唯一的安慰是那本书，那两个星期，我一直不停地反复看它。内心的焦虑又让我无法像往常一样安静地进入睡眠，第一天晚上，我就看完了半本书。

这是一本非常奇妙的书，作者在书中宣扬了这样一种观点："人所有受苦的根源就是来自于不清楚自己是谁，而盲目地去攀附、追求那些不能代表我们的东西。当死亡来临的时候，会把所有不能代表我们的东西席卷一空，而真正的自己，是不会随时间甚至死亡而改变的。'我不应该受苦的。'这个思想会让你更加地受苦。它是对事实的扭曲，始终是自我矛盾的。真相就是，你必须对苦难说：'是的！'然后才能去超越它。"

看完第一遍之后，我觉得自己没有完全理解其中的奥义。就倒回去重新看了几遍。我记得书里面写到，当一位老人问她是谁的时候，她说我叫什么什么，老人说：不对。

这时我开始问自己，我是谁？我知道我叫李娜，我知道我会打网球，但除此之外呢？排除掉名字和网球，我还剩下什么？

我找不到答案。

这本书里还探讨了本我和真我的关系。她还说：人跟人之间的沟通，是因为每个人都会有自己的频率，当你觉得一个人非常适合自己的时候，其实是因为你发现了你们有同样的频率，拥有相同频率的人才会互相吸引。

这个观点我也非常同意。同时，我心中有着隐隐绞痛，我知道谁和我拥有相同的频率，但我把他弄丢了。

那是唯一一次，整整两个星期我只与自己的教练和治疗师在一起。

我一边与莫滕森磨合练球，一边四处搜罗姜山的消息，在西班牙的第二周，我总算打听到了他的下落。武汉的朋友一找到姜山，就立刻上网告诉我：姜山确实是回国了，并准确汇报了他的位置。

我松了口气，只要知道他在哪儿，我就安心了。

几天后，姜山给我发了一封邮件，问我在德国的手机号码是多少。

我回复了他。可能是心情影响了专注度，我发过去的号码有一个数字是错误的。姜山又回复了一封邮件，说他打电话来，结果是个满口德语的老外接的，这是怎么回事？

这一次我仔细看了自己的手机，确认了号码才又把邮件发过去。

我和姜山开始通过电话和邮件就此事沟通。我认为姜山是在闹情绪，但被他否认了。他告诉我：他只是希望能在适当的时候离开，这样新教练来之后才好工作。如果他真的跟随我来到马德里，可能会对新教练的工作造成阻碍。之前他和我说过他不会去西班牙，也是认真的。只是我那时不愿相信而已。

姜山后来对朋友也解释过这件事情，他说男人做事情的时候，女人是不理解的。男人可以因为爱离开，女人不会。因为爱我，所以他才离开了。他担心自己不走的话，我就更难受。我在那边有教练，什么都有，他也没什么可担心的。

但事实上，那段时间，我的心情特别低落。压抑时我会上网和朋友联系，可是再好的朋友也代替不了姜山。他出走之后，我完全无法去面对内心巨大的空白，我可以失去任何人的支援，唯有他是不可取代的。

在法网比赛之前，我打了两站比赛，每当我在球场上失误或球路不顺时，就会想到那本书里面所说的："在你改变不了事实的情况下，先去接受然后去臣服。"

以前出现问题时，我不会找自己的原因，而会怪罪于其他的人或事，我很抵抗接受"我不行"的事实。从看到这本书起，我发现以往我犯的所有错误，都是缘于我不愿意去接受这个事情已经发生的事实，这是自己跟自己过不去。所以后来在比赛当中，当自己打丢了一个球或失误时，我就会接受、臣服于它。已经发生的事情改变不了怎么办？只能接受，告诉自己改变不了，只能再做下一步，要放下。

那本书是我接触的张德芬的第一本书，我觉得很好，推荐给了很多朋友。它帮你看清楚很多事情。她说：有些东西要你先认识它、了解它，认识了它之后，它对你就不会再有那么强烈的神秘控制力。一个人愿意或者不抗拒地认识自己、体会自己，会让他更释然。

我开始缓慢地面对真正的自己，就像书中所说的，这让我更释然。

我不再抱怨和哭泣，在敞开心扉、坦率地沟通了几天后，我们谅解了彼此。打完马德里站和罗马站后，我有一个星期左右的空闲时间回慕尼黑为法网做准备。姜山也从国内飞过来了，我不愿意示弱，故意跟他开玩笑："你看，你不在这儿的时候，我两项比赛都进前四了。"姜山回敬道："我在的话，你就夺冠了。"

他就是永远不肯认输。我就是爱这样的他。

当我的小团队在场边观看我比赛的时候，我们有一套固定的赛前打气仪式。我的治疗师会先帮我做一些牵引之类的准备动作，做完后，他会和我握握手，告诉我："相信自己！你可以做到！"

而姜山会和我碰碰拳，说一声"放开打！没关系！"之类的话。

这使我信心百倍地进入赛场，我知道在自己身后，有充满了爱和期待的眼神在等待我，无论我胜利还是失败，他们的忠诚和友谊都不会动摇一分一毫。

30 节外生枝

我庆幸的是，我的亲戚和真正的朋友们，都不曾因为我的成就高低而对我好或者坏。从小他们就这样对我，今天他们还是这样对我。

我曾天真地以为：只要我打球打得好，我就可以做一个快乐的冠军。这么简单的想法很快受到了现实的嘲弄：成名带来了许多副产品，它不像我想象中那么单纯，更不像我想象中那么快乐。

姜山曾经形容我是一只刺猬：开始很小，很柔软，当感到被人伤害后，也不懂得如何回击，我唯一会做的就是赶紧把浑身的刺都竖起来。

我对这个比喻最初不肯承认，还觉得很生气，但是后来我发现，我大概、可能、也许……真是只刺猬。

一只伤心的笨刺猬。

因为害怕再次受到伤害，我见谁都举着刺。我是个敏感的人，非常在乎别人对我的评价。媒体对我的抨击让我的敏感变本加厉，以至于那只刺猬再也没有离开。它害怕极了。而它应对恐惧的办法就是奓起一身硬刺："你看哈！我可是有刺的！"

结果可想而知了。

媒体当然不会把这点刺当回事，他们的版面上随时会出现核武器。

倒是不时让其他小动物——小白兔、小猫咪之类举报："你干吗老爹着一身刺？你扎伤我了！你不是我们动物园的好小朋友！"

我也很委屈——因为我也不知道什么时候该放下，以及怎么放下。

我不懂得如何与媒体周旋，我不知道该怎么和他们交朋友，怎样让自己的意思明确地表达出来。我身边的朋友不是运动员就是教练，没有曲解、放大、刁难和莫须有的暗示，我们的世界比外面那个世界要简单多了。

在这种条件下，我非常依赖自己的团队和身边的朋友，在他们面前，我可以完全卸下心防，和朋友在一起的时候是我最快乐的时光。

但在2011年，一个从小一块儿长大的朋友的一句话，让我发现，原来我一直非常看重的友情可以是这么淡薄。

那位朋友让我帮他利用我的关系要个项目做。我很为难，我不是这样的人，我根本开不了口去管人家要什么东西。

朋友说："你怎么这样？"

我生气了："我的为人一直就这样，我不愿意欠别人人情，欠别人人情肯定要还。而且我本来就是个不知道怎么跟领导沟通的人，我怎么直接去跟领导张口说：你给我一个项目做。再说领导凭什么把项目给我做。"

朋友——或者已经不是朋友了，直接来了一句："李娜你变了。"

我真没变，我一直就这样。

后来他又来找我，说要开餐馆，他找人投资，用我的名字。

我告诉他我不想参与这些事，我现在是运动员，不太愿意去接触这些东西，这个领域是我完全不懂的，我怎么知道该怎么做。

他又来了："你怎么这样？"

我特别不能理解的一件事是：为什么他那么理所当然觉得我应该去帮他，不帮他就是我对不起他？

我们认识很多年，很早就认识对方，多年来一直是朋友，最后却出现这样的尴尬。

说来惭愧，我都年近三十的人了，才第一次领会到感情的脆弱：在利益面前，感情原来是如此不堪一击的。

在我的观念里，友谊是不会被利用的。我最好的朋友，都不是经常联系的，尽管大家各有各的生活，天南海北偏居一隅，但只要见面，仍会很"亲"。不跟你计较付出和得到，这才叫朋友。

我不是一个懂得经营情感的人，如果有人对我好我恨不得双倍对他好，可是一旦受到伤害时又会像刺猬一样竖起全身的刺来保护自己，所以我的朋友并不多，我们不需要天天联系，但是伤心的时候会第一个想到你。而且我的朋友基本上都是从小一起打球成长的，另外，还有两个小学同学一直在联系。我不是一个善于表达自己感情的人，也是一个害怕孤单的容易自卑的女孩，只有跟我一起长大的人，或者在身边一起工作生活比较久的人才会了解我，进而有机会走进我的内心世界里。我不擅长与人交往，建立联系，在人际关系中我几乎永远是被动的一方，所以就会更加珍惜朋友间的友谊。他们不会因为我成绩的好坏而对我有所不同，有时候他们会因为等我的比赛而调整时差，我在心情不好的时候也会毫不犹豫地打电话诉说自己的苦恼，他们会耐心地倾听，就算第二天起床后不记得他们也不会埋怨，而且从小一起成长的朋友友谊更单纯，我这种脑子笨笨的不适合太复杂的环境。自己享受每次比赛结束回国的这段时间，可以跟朋友一起吃饭、聊天、喝酒和唱歌，聊聊身边发生的事。

我庆幸的是，我的亲戚和真正的朋友们，都不曾因为我的成就高低而对我好或者坏。从小他们就这样对我，今天他们还是这样对我。

之后的许多日子，我渐渐对此事释怀了：也许那位朋友一个人在外地，生活方式和环境与我们的不一样，所以对事物的认知会有分歧。也许他是真的非常困难，因此口不择言。

我不太在乎这些了，经历了大起大落后，我开始成熟了。人的一生能有几个知心朋友呢？拥有现在这一切，我已经很幸福了，我不指望大家全都了解我，那不现实。我深知自己是个内向甚至羞涩的人，不能要求人人都跋山涉水地看清我心里在想什么。

岂能尽如人意？但求无愧我心。

久而久之，我慢慢学会了承担舆论的压力，媒体有他们的运营规则，记者和编辑，或许也有他们不得已的压力，人生在世，谁是容易的呢？大家误解我，我也不会特别在意，也不再去做无谓的解释。真正的朋友无须解释，不是朋友，解释也无用。

比如我以前很在乎网上对我的评论，现在不会再去关注那些，因为我不能让不好的评论影响我的状态。我知道不管我怎样做，都会有正面和负面的评论蜂拥而至，这是正常的，每个人都有表述自己想法的权利。而我最大的责任，是心无旁骛，专注地去打好球，过好自己的生活。

再比如以前我会很关心媒体对我的评论，但现在，我没那么关注了。我只希望自己的成绩能够对得起自己的努力，我是一个扎实、勤奋，而且日益成熟的网球运动员，至于别的，我不关心。

这半年因为自己状态不好，也看清了很多事情。

人在风浪之中，成熟得总是特别快。跟红顶白、见高拜见低踩的事情见过不少，心态反而愈发平和起来。有人说我法网冠军拿得很幸运，我夺冠只是凭借好运气。我也笑笑了事，无所谓了，不管你说什么，拿到冠军的是我，我的运气的确不错。

也有人说我现在挣了好多钱，应该如何捐助，如何如何回报社会云云。

对于这一点，我想说：在慈善方面，我捐助过孤儿院，以前我这样做过，以后也会这样做。我不但会给孩子们捐钱，还会去看他们，关心他们，因为我知道爱比钱的作用更大。但我这样做的唯一原因，是我想让孩子们过得好一些，我希望他们有个好的未来，而不是因为有人说我应该这么做。

虽说网球运动有“贵族运动”之称，但我其实不比任何一个蓝领轻松——我做的是力气活儿，还落下了一身的伤病，我爱我生活的土地，我爱我周围的一切，但是我讨厌总把这一点挂到嘴上宣扬。

我无愧于自己，我现在做任何事情的信条都是：第一，不伤害自己；第二，不违背自己的良心。我觉得这就可以了，我不是完人，但我是个善良的人，我是个勇敢的人，我不需要每个人都认可这一点，我只需要面对头顶的星空和内心的良知。

法网大满贯后，有媒体形容这是“中国的胜利”。我觉得这顶帽子太大了，我只是一个运动员，承担不了一个国家，更代表不了一个国家。我只能代表我自己，去做好我自己想做的事情。别人给我戴的那些大帽子，只是那些人想表达他们的想法，这其实跟我没有任何关系。

我谁也代表不了，我也不想代表谁，我只想代表我自己。

图片来源：CFP

31 STAY HUNGRY，STAY FOOLISH

就在我沮丧到完全不在状态的时候，萨芬娜给我发了一条短信：“我也有过同样的经历，很多人都说我怎么怎么不行，但是你一定要相信自己就是冠军。”

法网夺冠之后，我又进入了低潮。

打美网，我首轮出局。

外界质疑的声音不断传来，焦灼、无助的心态如影随形，无论我走到哪里，我都可以看到体育版上的大字标题：李娜状态低迷。

这一次他们说对了。

我就在这种状态中迎来了中网，赛前两天我上吐下泻，我向组委会递交申请，希望能晚一天参赛，这样就可以有多一天时间调整。但WTA办公室的人说他们没有权力，中网已经把票全部卖出去了，我必须要打第一场。

那就打吧。

可以想象，在那种状态下，你对比赛的期望会落到史上最低：我唯一的希望是比赛尽快结束，这样我可以赶紧回到更衣室，让我不断翻腾的胃安静一会儿。

这之后的比赛就像龙套走场一样，我完全没有取胜欲望，我羞愧难当，因为我知道自己心中真正渴求的就是一件事：让比赛快点结束吧。

为什么？为什么会这样？

刚打完法网时，我自信心很强，甚至觉得自己还有信心拿第二个大满贯。但直到现在我的状态都不是很好。我不禁开始了又一轮的自我怀疑：为什么我每天训练都那么认真，比赛时还会频频陷入困境？

这段时间，我和我的团队都异常严肃，我们意识到：必须改变这种状况了。

美网结束后，我和莫滕森教练的合作也走到了尽头。虽然我们只合作了5个月的时间，但是这5个月却带给我美好的经历。莫滕森是位非常积极的人，任何事情他都会看到积极的一面，感觉在他的世界里就没有不好的东西。我们的合作开始于2011年的红土赛季，也是我们一起经历了法网冠军的瞬间。在合作期间，我觉得莫滕森对我更像是长辈对晚辈的疼爱，从来不会严厉地说话，永远都是心平气和地讲解技战术，从来没有见过他有不高兴的时候。可能我从小就是在挤压的环境下生活的，所以当你给我足够的空间发挥时，我反而控制不了我自己，也许是因为莫滕森给我太温和的环境，到最后，特别是法网过后，我都不知道自己应该做什么，导致最后不能合作。

他人非常好，什么事都依着我，我做的任何事情，他都可以从中找到积极的一面，但他没有明确指出我的弱点和错误在哪里，单纯的鼓励无法让我应对比赛中的险象环生，我需要一位能从技术上指导我的师长。

我从小成长的环境导致我非常需要别人推动我、逼着我，所有曾经推动我进步的人都具有类似性格。以前托马斯具有这样的能力，他一路鼓励我、指导我，在我需要鞭策的时候，他会毫不留情地督促我奋进，当我出现错误时，他也会尖锐地指出问题所在。但莫滕森为人太好了，他曾经说“我不希望这样，我希望你自己能做好，不是我告诉你你应该怎样做”。他觉得我们在球场上是合作关系，是朋友，是互相一起前进，并不是推着我前进。他对我说得最多的一句话就是：“你要给你自己机会，让你去犯错。”因为他就觉得我是那种一旦出现失误就会特别懊恼的球员，他说：“你要想开，要给你自己犯错的机会，人不可能是完人，谁都会有发生错误的时候。”

但是记分牌可不会给我第二次机会啊。

我觉得很抱歉，莫滕森很好，但我们不适合。这很像男女之间谈恋爱，对方也许很好，也许很优秀，但就是和你不合拍，你们之间没默契。

我们最终友好地分了手。

“炒教练”这件事又在媒体上引起了轩然大波，我只好不停地向大家解释：这件事情没有那么严重，只是正常的工作交接而已。事实上，在我们运动员的圈子里，这也是件再普通不过的事情。找一个适合自己的教练，一点不比找一个适合自己的终身伴侣容易，大家在磨合期发现了问题，分道扬镳也是十分正常的。丹麦的沃兹尼亚奇的教练是她父亲，但在温网和美网连续失利后，沃兹的经纪人也表示他们准备更换教练——难道这意味着沃兹准备炒掉爸爸吗？当然不会！教练归教练，父亲永远是父亲，他们父女之间的感情不会因此受到影响，工作和生活不是一码事。

在莫滕森离开后，姜山又一次回到“教练”的位置上。

在训练场上，姜山又变回那个严厉的教练，不停地对我发号施令。

我自己也想去调整。但是训练场上不管他说什么，我都静不下心来听他的建议。他希望我按照他的要求去做，但我做不到。

从美网回来后，我回到家乡参加中网，仍然首轮出局。

WTA女选手拿到大满贯后，都会有一个低谷，到现在为止无一例外。但我内心仍然充满焦虑，我反复警告自己：必须！尽快！马上！从低谷里面走出来！

但无济于事，我依然在谷底徘徊，甚至会败给资格赛上的小将。

接下来还要打在土耳其伊斯坦布尔的年终总决赛。我心中一片荒芜，我不知道在这种情况下我还怎么打，以及为什么打。

姜山说：你心态变化了。

其实我也知道这一点，但一直不愿意承认。没拿大满贯前，训练中别人说我，我会知道他们是为我好，我对他们的建议言听计从，对自己要求非常高，托马斯曾经赞扬我：“别的队员可能会将教练的要求执行到80%，甚至90%，但李娜是个自律甚严的队员，她可以做到100%。”但赢得法网冠军后，我开始有点满足了，儿时梦想，那么遥远的目标都达到了，我为自己状态不好找到了一个理由。我不知不觉间把自己的位置摆高了，态度与原来不一样了。

2010年澳网比赛前，我艰难地逆流而上，在腿还没有完全恢复的时候都能打赢比赛，那时我不停地受到“心态有问题”的指责，但我对自己有信心，我知道行外人可能不太了解竞技体育。人不可能永远处于亢奋之中，有高潮就有低潮，这很正常。在那种举步维艰的大环境下，我反而可以把自己逼到极限。

当拿到成绩后，我对自己过于宽容了。纵容自己这件事一旦开了头，后面就是无休止的退步，惰性得寸进尺地吞噬着以往的努力，最终，宽容变成了放任，我失去了对胜利的饥饿感。

同时，我对教练的话开始充满怀疑，当我们训练的时候，我自己的心思总是不停地冒出来："我原来也是那样做的，不也拿到了大满贯吗？为什么你还说我做得不够好？"

姜山也是职业球员出身，曾经的全运会冠军，我们一起长大，他对我的问题和缺点非常了解。我知道自己该信任他，却没能摆正自己的位置，这也是导致我球场反应迟缓的问题——当对手进攻时，我不能果断地做出回击，反而把相当大的精力放在了与自己辩论这件事中。这一点非常清楚地反映在我的比赛中：连网球落地的弧线都变得犹豫不决、畏畏缩缩，充满了自我怀疑而且模棱两可了。

姜山和我一样明白造成这种状况的原因：大满贯是所有网球运动员至高无上的目标，所有打网球的职业选手都想拿大满贯。但 80%—90% 的球员拿过大满贯后，都会有一段时间的迷茫。因为要适应大满贯冠军的身份。这个身份适应包含理想构建、下一个目标、生活整个排序，以及对教练的选择认可、对生活欲望的基本要求。

一年之间加冕法网冠军，成为亚洲女子网球代表，签订了上亿元的商业合同，荣誉和巨额合同给首次登顶的我带来了巨大的压力，我无法坦然和释怀地接受这一切。

德约科维奇拥有无与伦比的技巧，但 2007 年拿大满贯后仍需要很长一段时间调整状态。我们最伟大的费德勒，第一年拿到温网冠军后，也是在第二年重新拿到温网冠军以后状态才恢复。罗迪克到现在这么多年也只拿了一个大满贯。萨芬 2000 年拿大满贯，5 年后他才拿了第二个大满贯。他的回忆录中就写道："我拿到大满贯后每天醉生梦死。"

这太正常了，当你完成人生目标时，其实是你生活最寂寞的时候。这是恐惧和担心产生的时候，因为完成了目标会想还可以做什么。

这些球员都是在 20—22 岁之间夺得大满贯，之后出现这样的结果。而我在 29 岁才第一次夺得大满贯，这意味着我已经为此奋斗了 20 年。没有一个人可以给我建议，因为没有人体会我的生活，也没有人理解我这样的生活，这一辈子是我自己一个人活出来的。我没有任何人的经验可以分享。我是多么羡慕威廉姆斯姐妹，或者萨芬和萨芬娜兄妹啊，他们一定可以分享彼此的感受，帮助对方尽快从迷茫中走出来，而我却像个孤独的旅行者，独自在浓雾中挣扎，我清楚地听到周围传来的咒骂和侮辱，却没有人能够告诉我，我该怎样做。

每个人的心里都有一头锁在笼子里的野兽，它好斗、易怒、偏激，伤痕累累、残暴无比。我习惯在比赛时打开笼门，让它出现助我一臂之力，当我的精神力量变得脆弱的时候，就会招致那只野兽的反噬。它不停地讥笑我、羞辱我，让我不断地为自己的失误痛哭流涕或是怨天尤人。

我只能自己试着去舒缓情绪，姜山会帮着我，他的陪伴让我感觉好受些。当我为自己的一个失误没完没了地惩罚自己时，他会默默陪着我，当我要求休息或者训练的时候，他也陪着我。

“我觉得她过得很辛苦，我能做的只是陪着她，适当给一些鼓励。”他对记者说。

他理解我心中深深的恐惧。

有些人恐惧父母离去，或者江郎才尽还有衰老。我比较恐惧的是怕以后会埋怨自己，就是在力所能及时没有努力做一件事，当没有机会再去做时，会责备年轻的自己。

我觉得我是很矛盾的一个人，两面性格反差很大。有时候我拼命地训练，把自己逼入体能的极限，有时却不禁想，都拿过大满贯了还这么拼命做什么？如果我这一阶段战况不错，我还可以压制住内心的争辩，不顺的时候，两个声音就会同时起来，像在与自己争夺自己。

我知道自己总有一天会打不了网球，对这件事，我原来是有一点怕的，特别是做手术的时候，我不停地想：如果康复不成功，再也打不了网球我会怎么样？

一个“我”会很高兴，终于可以不用再训练了，可以做那些自己一直想做该做的事情，但另一个自我还是觉得很难受，毕竟这一辈子在做这件事情，而且做到这个程度。真的很矛盾。

我曾经对朋友说过：我将来的理想是当个家庭妇女，姜山到哪儿我就到哪儿，这是我理想或者梦想的一种生活方式。但我也知道，完全当家庭妇女肯定会与社会脱节。我不希望看到自己落后于时代。这几年姜山全身心围绕着我转。我退役后，他去哪儿我就会跟着他去哪儿，不一定在武汉。如果他去北京，我就跟着去北京。姜山不喜欢小孩。他觉得小孩都太闹了，但我还是很渴望有孩子。

当我离开网球场时，我会和姜山讨论一些关于未来的规划：我们都一直很抵触将小孩交给父母带这件事。以前对国外的教育不了解，当我们有机会走出国门，看到国外的小孩的成长环境和教育方式时，我有一种被震撼的感觉。如果将来真的退役有了小孩，我一定是全身心自己带。小孩的第一个老师就是父母，我必须要亲手抚养自己的孩子。如果可能，我希望小孩受到与我们完全不同的教育，我不希望孩子进学校后受中国教育模式的影响。在中国做个孩子太难了，竞争者数量众多，资源有限，孩子们面临的竞争也越来越强，容易产生攀比心，价值观容易扭曲。我特别不喜欢这样的孩子。姜山也有同感。他觉得中国人的不自信是产生于家庭和教育，说得再实在一点，都是家庭造成的，因为父母老是告诉孩子要去做什么，什么事情都安排好了。而且父母们总是采用说教的形式，不停地对孩子唠叨：“你该洗漱了！”“你该睡觉了！”“学习去！”一切行为都是在大人的约束下形成的，小孩自己就不知道做一件事情是对还是错，就造成他的不自信，这是所有中国人都存在的问题，除非父母敢采取放养式教育。

中国小孩的不自信来自于父母。为什么外国人都比中国人自信？因为老外的孩子都是自己长大的。我们在国外待了很多年，大家都看到外国人怎么带孩子，对孩子的主动性从不约束。孩子会觉得，只要不是违法的，或是有严重错误倾向的，都可以去尝试一下，比如我今天选择打网球，或者选择读书、打篮球、玩游戏，他都会很自信地自己选择，然后去做。中国孩子永远遇事先想“我可不可以做”。这样长大以后，遇到事情都会根据惯性先问：“这样可以吗？行吗？”这两种状态出来的人是完全不一样的。同样读完大学、受过高等教育的学生，甚至同样读到研究生、博士生的孩子，学识也许相仿，但他们的内在修养差别极大，他们以后的发展也会完全不一样。

这种对自己负责的态度应该来源于父母，根本不是学校教的。学校教的只是知识。我们小学课本最开始告诉你：爱人民、爱祖国，到大学才教你：不要随地吐痰。这其实完全是错误顺序。我最恨自己打球时没有自信，长期在运动队，集体式的教育，导致自己做任何抉择时都总在犹豫，没有自信，不敢肯定这件事做得对不对、做完后会得到什么结果。运动员们可能更会被这个问题困扰，因为自己要频繁面对输赢，从小面对的东西特别直接。教练喜欢通过比较来打击球员的自信，确立自己的权威地位，这也是不科学的。每个人都不一样，没有什么可比性。

现在我们俩的家里就基本不放奖杯，不放任何关于网球的东西。就是不想以后小孩会有“我妈妈是谁，我爸爸是谁”的优越感。我也不会刻意跟孩子说你妈妈原来是网球运动员。

如果把孩子养在国外的话，我们就必须跟着孩子过来。

我们俩想的是，小孩 18 岁以后自由选择一切，包括在哪里生活，我们都不会再去干扰他们的人生。我们看过王志文演的电视剧《天道》，里面有句话我们很同意：养儿不防老。如果我们要孩子，那一定是因为喜欢孩子，自愿对他尽义务，并不是等我们老了希望他来赡养我们。我们俩的想法是，等我们老了就去敬老院之类的地方，我们不希望给自己的小孩带来负担。

说来也怪，每当想到未来，想到我们的宝宝时，我的心情就会好转。

值得一提的是，我的朋友萨芬娜在美网结束后给我发了一条信息。就在我沮丧到完全不在状态的时候，萨芬娜给我发了一条短信："我也有过同样的经历，很多人都说我怎么怎么不行，但是你一定要相信自己就是冠军。"

萨芬娜也经历过这种处境，清楚那种感受，有些人什么都不懂，却非常敢于评价别人，他们自己却完全没有追求梦想的经历，提出的观点非常主观。而萨芬娜不同，她曾是世界头号女单球手，她曾和我一样顶着伤痛战斗过，她对我所有的失望和痛楚都感同身受，她的鼓励给了我很大的精神力量。中国人说："良言一语三冬暖，恶语伤人六月寒。"这话不假，在看到那条短信时，我确实感到心头有暖流涌动。无论何时何地，我都会记得她是我永远的朋友。

乔布斯去世后，很多人把他在斯坦福大学毕业典礼上致辞时的那句"STAY HUNGRY , STAY FOOLISH"当成座右铭。但很少有人真正知道，保持"饥饿感"，保持"愚蠢"是多么困难，又是多么重要。

夺得法网后，我参加了多项赛事，结果都是一轮游。当一切都降到谷底的时候，我反而重新拥有了信心。情况还能坏到哪去呢？这已经是最坏的时刻了。

进入 2012 年后，我的表现逐渐有了好转。

2012澳网举办时间是1月下旬，正是我们过年的时候。妈妈曾说最大愿望就是我能在家过春节，但我最终没能在家里陪伴她。对网球运动员来说，几乎每年的春节都要在墨尔本公园的骄阳下度过。

带着对重回巅峰状态的希望，我来到了澳洲，我一直认为这里是我的福地：炎热的澳洲夏日让我想起家乡，我第一次进入大满贯决赛就是在澳网。

这种信心一直延续到中国农历兔年除夕那天，我在1/8决赛中浪费了四个赛点，克里斯特尔斯赢得了比赛。

我的失望无以复加，我匆匆离开了澳洲。

可爱的“娜离子”们呼唤我忘掉不愉快，赶紧回家过年。为了感谢他们，龙年初一，我在微博上给粉丝留言：“今年的澳网结束，希望明年以更好的状态出现在澳网赛场上，明年见！中国新年快乐！”

之后，我刻意让自己从微博的世界和媒体的视野中消失掉，败军之将何以言勇。大年初六凌晨，我和姜山抵达深圳备战联合会杯。说起来这次澳网，倒是姜山收获了一项“世界第一”，在本届澳网官方网站组织的网坛“十大丈夫/男朋友”的评选中，他战胜了高尔夫巨星麦克罗伊和NBA球星武贾西奇等人，获评“第一老公”称号。他获奖的理由是：“姜山不仅是李娜的开心丈夫，也是她场边的教练，他经常受到大满贯妻子的怒视并成为其发泄对象。”

得知这个消息后我们俩大笑了一场。不管怎么说，新的赛季开始了，振作起来吧。

32 我的世界，我做主

我印象特别深的，是2010年在东京打比赛，有个球特别深，我就说了一句武汉话："么样这苕啊，这个球你还发力。"裁判员以为我说的是"操"。他发出了警告！

图片来源：CFP

与我同时期出现的网球球员们开始纷纷退役，许多人都认定我已经到了运动生涯的最后阶段，忽然间，似乎所有的人都在讨论“退役”。在许多报道中，记者们都直言不讳地称我为“高龄”球员，隔三差五就有好事者代我传出“李娜欲退役”的新闻。有时候，记者们甚至会非常直白地问我：“李娜，你打算什么时候退役？”

这种问题听多了很烦，我的治疗师阿莱克斯就跟我说：下次回答他们“年龄是什么”的问题时，就告诉他们“只是在纸上多画了一笔而已”。

有些人看上去像十几岁，其实已经有二十几岁了，有些人看上去有三十几岁，而事实上他可能只有二十几岁。在目前的我看来，年龄只是一个刻度，而我感到自己身体的机能和大脑的智慧还远远未达到顶峰。有朋友告诉我，中国球员相比欧美球员，生理相对晚熟，因此在网球场上也会显得大器晚成一些。29 岁在网球队员里虽然不算年轻，但我的网球生涯却与大多数队员不同，我有过两年多退役求学的经历。因此就身体的损耗而言，我相比于同年龄段的队员有明显的优势，运动寿命也就相应会变得更长。阿莱克斯认为我可以将目前的状态至少延续两到三年。

只有两到三年吗？我不信，我觉得还可以更久一点。

按中国的观念女性30岁就已经到了大龄，但我觉得自己的状态还不错，只要长期坚持进行这样的训练，保持比赛的状态，我有信心继续打下去。当然最后肯定会有一个消退期，但我不认为这一年会马上来临。说实在的，30岁和29岁能有多大不同呢？我没觉得这个年龄会给我带来限制。每个人的成长环境不一样。阿加西36岁才退出网坛，35岁时还能打入美网决赛，伊达公子至今还在为日本网坛效力，老骥伏枥，志在千里，年龄并不能成为我前进道路上的绊脚石。

真正让我感到需要适应的是心态的改变，无论经济条件还是荣誉，所有相关这些问题上，我都要学会在变化之后的新层次里面生活，这样我才能驾驭新的生活，适应新的比赛，延续或者提高自己的竞技能力。

心态这东西，非常难以捉摸。“打江山容易，坐江山难”，因为它们完全是两个状态，一个是在努力拼搏，没有后顾之忧，想的东西可以全部放下，只要前进就好。而一旦你前进到某个领域后，如果不能完全驾驭这个新领域里的生活，就会产生惶恐的感觉，高手对决很大程度上是在拼心态，一个老练的球员可以迅速判断出对手是否心态稳定，当你惶惑不安原地徘徊的时候，成绩一定会马上掉下来。这是思想范畴的问题，与体能无关。

每个人都在做不同的事，有不同的社会价值定位。定位好了，才能驾轻就熟把所有事情做好，无论居于高处、低处，所有人都是一样的。并不是到了高处就觉得很幸福。只有当我纯粹沉浸于打网球本身的时候，才会感到真正的幸福。

在我眼里，网球的魅力一直在增加。网球每年有那么多赛事，可能今天你与这个对手打完，三天后你又可以跟她再打一次。基本上每周都会有全新的感受。

不管我输或赢，每一次比赛，我都能从中感受到一些新东西。我观察我的对手的成长和变化，在不断的实战中更加了解自己的身体，赢球并不是比赛唯一的意义。无论别人在说什么，我都会安慰自己、告诉自己："我感受到我感受的东西，而他们没有。"这种感受只有你自己知道，别人感受不到，也体会不了。

我慢慢开始有了主动的感觉，我知道我正在从事自己喜欢的工作，我很享受这个运动。我也知道我对我的生活拥有主宰权，如果我喜欢这样的生活，我可以继续，如果我感到厌倦或者兴趣不在，我随时可以停下来，换另外一种方式去生活。我的世界，我做主。

2012 年带给我的另一个新发现是：我正在渐渐与生活握手言和。

我依然独自上场，面对所有的一切，但我也渐渐发现了孤独的另一面。网球是综合了所有项目的一个项目，具有复杂的美感，它将力量与谋略完美地结合于一身，可以全面考量球员的能力。有人说"网球很简单"，我觉得他还没有真正体会到网球文化的神秘和博大，它的美，让我越来越有兴趣探究、追随。

网球大家看到的是有裁判在场边，有运动员在场上。但实际上，网球运动员所扮演的角色是裁判、教练员、运动员。

当球可能误判时，你要扮演裁判的角色跟裁判抗议。在一场网球比赛中，一个运动员要作出的抉择在800—1200次，这是任何一个体育项目都无法比拟的。在现代比赛中，网球的周边设施也已经一步一步地提高了许多。有时也可以看到球员跟裁判争论球的落点是否出界，现在所有的大比赛都会设置鹰眼，当对球的落点有异议时，球员可以提出挑战。因为有时边裁、裁判坐两三个小时后可能也会出现疲劳。这一规则不仅受到运动员的欢迎，对裁判也有更高的要求，裁判必须保证自己的注意力更集中，以便给球员更改错判的机会。对网球界人士来说，将鹰眼技术引入网球现场判罚是一项具有重大意义的革新，足以与36年前引入抢七制相提并论。球员要求看“鹰眼”回放就是对裁判判罚不满意，也就是挑战裁判在场上的权威地位。

但当你打球时，你又扮演的是运动员的角色。不仅要对抗对面的对手、周围的观众，更重要的是对抗你自己。通过网球，我每天都在不断地挑战自己。有时对手非常强大，有时观众很喜欢对运动员进行干扰，有时我自己无法平静心态，有时团队的合作出了问题，几乎没有一天是能够平稳度过的，每天都有新的情况等待着你。

网球是所谓的“贵族”运动，因此对球员的个人礼仪要求很高。运动员不能骂脏话，不能不尽力比赛，不能与教练交流。裁判会学各个国家的脏话，如果他听见你说脏话，他会警告你。两次警告后会罚款。

不尽力比赛会受到严格的惩罚。如果在场上骂裁判，你就要做好掏腰包的准备了，这是一定要罚款的。也不能故意输给对手，专门有一些条款就是用来限制这种可能的。如果在比赛之前医生说不能打比赛，但你还要去打，输了比赛也要接受罚款，因为这算不尽全力比赛。网球运动有它自己的运行方式，它会有一些方法约束运动员。以此表明“我们不欣赏这种行为，不支持这种行为”。

我印象特别深的，是2010年在东京打比赛，有个球特别深，我就说了一句武汉话：“么样这苕啊，这个球你还发力。”裁判员以为我说的是“操”。他发出了警告！弄得我一头雾水，网球每分之间只能有20秒休息时间。我想：是不是因为我超时或拖延了时间，他要给我一次警告？

打完比赛，我越想越不对，为什么要警告我？干脆去裁判办公室问个究竟，结果被告知警告的理由是：你说脏话了。

我立刻申明：我没有说脏话。裁判不信，他说我说的是：Fuck！好在这种清白很容易证明，调出现场录像就可以了。后来我才知道如果当时没有解释的话，有可能会被罚掉1 500美金。好险哦。

33 下一站，人生

伦敦之后，我还有很多路要走，我不知道我要走到哪里，也不知道能走多远。但是我想，心有多远，脚下的路就有多远。或许巴黎，或许墨尔本，或许马德里。下一站不管在哪里，我知道，它有一个不变的名字，叫“人生”。

图片来源：CFP

曾经有人问我："你觉得自己是个幸运的人吗？"

我有健康的身体可以去追逐自己的梦想，有幸福的家庭支持我；有爱我喜欢我的"娜离子"们守护我，更何况还有最真心的朋友们陪伴着我，我必须说：是的，我确实是个幸运儿。

我曾经日夜生活在焦虑之中，恐惧对手或者比赛，恐惧报纸上的粗黑标题"李娜炮轰"如何如何。上场前有时我会从更衣室一路恐惧到比赛结束。你不能让对手看出你的紧张——在实力相当的对手面前暴露紧张情绪无疑是送死。你要故作镇定，最好时刻都给对手一张漠然的扑克脸，即使心里已经紧张到不行了也不能让你的对手察觉到。

我也曾失去目标，迷茫无助，在腿伤康复期，有时我会想：李娜你到底在乎什么？我找不到在乎的东西，也找不到感兴趣的东西。我看电影《超人》时，主人公的爷爷被杀时跟他说了一句话我记忆犹新：你的能力越强，你的责任就越大。我顿时不无悲伤地联想到了自己，我没觉得自己有多强的能力，也不会肩负什么责任或必须要做什么事情，但大家把我看成“网球精神的象征”、“年轻人的偶像”什么的，这让我很困扰。

2011 年对我来说是特殊的一年，在事业上取得了辉煌的成就，也跌入过低谷，在梦想成真的同时，又失去了奋斗的目标。在生活上却是非常糟糕的一年，在我还没有做好准备迎接战斗的时候，心理还不够成熟到可以承担的时候，事业的成就带给我生活上翻天覆地的变化，从不被大家熟知到变成津津乐道的话题，从刚开始被名誉带来的虚荣心包围到后来面临崩溃的边缘，感觉有点一夜成名或者一夜暴富的感觉。网球带来的名誉让我偏离了人生的轨迹，我要去面对很多以前从来没有面对过的事情，例如接受五花八门的采访，面对蜂拥而来的领导接见而不得不展现虚伪的假笑，有些已不在自己的能力和想象范围之内。

2011 年的下半年是我最难熬的半年，对，是熬，因为那些日子已经不能用“过日子”来形容了。我觉得自己得了忧郁症，怕去人多的地方，不愿去面对自己，在走进球场的时候没有斗志，没有求胜的欲望，唯一的想法是赶快输完离开球场找个没人的地方躲起来，每天睁开眼睛不知道应该怎么继续当天的生活、怎么面对一切。在那段时间，我甚至会埋怨自己为什么拿法网冠军，如果没有拿冠军，我的生活会不会好过些。

不过好在，自己坚强地走出来了。时间很神奇也很伟大，它可以改变很多东西。无论如何，多少年后，回忆 2011 年都是值得自己骄傲的一年。

我对网球这个项目的感情很矛盾，我用了 15 年才真正爱上它。我觉得自己是个矛盾的综合体，AB血型、双鱼座，明明不喜欢花，觉得它的生命太短暂，可是又不得不佩服梅花在冬天里旺盛的生命力；明明知道有些人说的话是阿谀奉承虚伪的，可是自己还是照单全收；明明知道是自己的错误，可是还要找些理由来搪塞；明明心里难受得要死，可是还要假装坚强去承受……从一开始直到现在，一旦输球听到和看到最多的就是“李娜因为心理障碍而导致输球”，原来看到这样的报道会非常气愤，没有经历过我的路程凭什么来指责我？难道自己在喜欢的球场上奋斗错了？输球错了？等到心情平复下来的时候，再看到同样的报道，会感叹原来自己大学还是没有学好啊，在大学里我们学的是新闻必须实事求是，可是真正实事求是的有几个？我看到的只是又多了一个表达自己想法的记者啊。有时候想一句鼓励的话可能会让人改变，可是一句伤害的话同样也可以改变他人的生活态度。就是这些经历让我变得坚强，原来自己的承受能力远远比自己认为的要强大得多。

在我身体里好像存在两个李娜。强大的李娜总是会压住软弱的李娜，每当软弱的李娜有一点对比赛之外的想法，强大的那个就会要求她停止思考，集中注意力挥拍。束缚自己、给自己穿紧身衣的不是别人，恰恰是我自己。

大家在赛场上看到的我，好像率真自信、神经大条、大大咧咧、不计后果，比较个人化，比较勇敢地表达自己的感情。但那是在网球赛场上。场下的时候，只有姜山在我身边的时候，我才会暴露出那个欢乐质朴的自我。

曾经一个最好的朋友说我就是太过坚强了，把所有不属于自己的责任都往自己身上背，所以才会感觉自己的压力特别大。一旦找不到宣泄的方式，就会怀疑自己，所以才会过得那么不快活。我觉得她说得很有道理。

而今我已经30岁，我不再需要借助伪装来让自己强大，我渐渐和这个世界握手言和，达成了某种协议。我能够换一个角度看待那些以前不太喜欢的人与事，并不是因为我开始变得虚伪，而是因为我的内心已经成熟到可以容纳这些不喜欢。

我可以说出心中的想法，并不断追索答案，我不必再害怕思考会延误比赛，也不需要压抑自己的感情。我在一轮轮比赛中逐渐变得快乐、自信，敢于在比赛中拼杀到最后一秒，我和朋友一起去KTV唱喜欢的萧敬腾的歌，我自由了。

我知道自己是谁，知道自己在做什么。每一天，我都明白自己比昨天又成熟了一分。我渐渐走出低谷，在斯图加特站的首项红土顶级巡回赛中，我感到自己的状态正在显著恢复。联合会杯期间，我的背部一度出现了点小问题，但最终我重返赛场，开始了在红土地上的征战，这是一条漫长曲折的路，我不过刚刚走到一半。

我要感谢那些曾经鞭策我成长的媒体们，现在他们对我的态度也缓和了许多，他们不再从我的讲话中断章取义，而是认真地倾听我在说什么。这么多年来，我们第一次开始试图达成谅解，越来越多的本土记者将重心放在了网球本身上，这是个值得骄傲的转变。曾有记者提出想去我和姜山在慕尼黑的家做节目，我们婉言谢绝了，我希望自己在慕尼黑的小基地简单纯粹，在这里，我只是一个不断向最高荣誉发动攻势的运动员。我不是冠军，也不是青年偶像，我必须放下所有包袱，轻装前进。

网球这两年在中国也取得了长足的进步，我记得2008年世界组附加赛，我们代表国家队打法国，比赛在北京举行，那天我一进球场就不禁说：“哎呀！今天球迷挺多！”场边的球迷拍掌声很整齐，我心下生疑，定睛一看，差不多七成都是法国球迷，真不像是在我们中国的主场。

星移斗转，转眼已是2012年，2月份我在深圳打了三天比赛，场边中国球迷几乎满座，而且他们表现得热情友好，纪律严明，没有人会毫无来由地对外国球员发出嘘声。大家都开始学习以更得体的面貌出现在国际比赛中，我觉得这就是很大的进步，网球开始融入了民众的生活，这比出一个世界冠军、一个大满贯冠军更值得高兴。

如果说我还有什么心愿，那就是希望网球运动尽早在中国开花结果，我迫切地希望看到中国小将们能够脱颖而出，走向世界赛场。

当我在外征战时，有许多球迷会在网上帮我加油打气，为我鼓劲，虽然不能一一回复，但我希望大家知道我对你们的理解和支持是多么感激。感谢你们的包容和厚爱。我读书不多，不能用华丽的辞藻来表示心中的情谊，谢谢你们为我付出的一切，谢谢你们一路的支持和陪伴。

最后，我要感谢我的丈夫姜山。对他的感谢，我在不同的地方已经重复了许多遍，但我对他的尊敬和依恋仍然与日俱增，他是上天赐给我的最好礼物。我从他身上体会到爱是一种坚持，一种信仰，它永远不会因为时间改变。

我与姜山12岁就相识，16岁开始恋爱，现在已经携手走过了14年。

我们一起经历过辉煌、一起退役、一起读书、一起复出、一起工作、一起生活。还有第一次在德国做手术相依为命的日子，两个人在异国他乡，我刚做完手术，不知道可以康复到一个什么样的竞技状态，非常惶恐不安，幸好有他一路在身边鼓励我，陪伴和支持我。我们感觉更像是从小一起成长的朋友，彼此之间没有任何的秘密。当然我们也会争吵，毕竟是两个独立的个体，思想肯定会有分歧的时候，不过这并不会影响我们的感情；我有时候会幻想我们已经进入垂暮之年，但仍然相依相伴，我知道他是我一生的至爱。谢谢你，我的爱人。感谢老天让我遇到了你！

今年，我的日程依然排得很满，除了法网、温网，还有7月份在伦敦举办的奥运会，跟网球圈内许多球员的想法一样，我特别期待能穿着代表自己国家国旗颜色的球衣到全英俱乐部比赛。温网有着100多年的历史，它要求我们都只能穿全白球衣参加比赛，这次奥运会给了我们一次可以穿着与五星红旗同色系的服装参加全英俱乐部比赛的机会。我已经30岁了，这也许是我出征的最后一届奥运会，我不想给自己留下遗憾，我希望在伦敦奥运会上的成绩比北京奥运会成绩要好。在我的职业生涯中，我曾有过无数次逆转对手的经历，但愿我有足够的勇气和力量，让我在30岁这一年，再次逆转低迷的状态，能够在今年取得好成绩。

伦敦之后，我还有很多路要走，我不知道我要走到哪里，也不知道能走多远。但是我想，心有多远，脚下的路就有多远。或许巴黎，或许墨尔本、或许马德里。下一站不管在哪里，我知道，它有一个不变的名字，叫“人生”。

ERKE
JUST DO
ERKE

34 卡洛斯

卡洛斯说我“可以进世界前三”的时候，神情是如此的淡定，目光是如此的真诚。他为我描绘的美妙前景激发出我内心深处的渴望，渴望挑战自己的极限、渴望创造新的奇迹、渴望更高更强。我像着了魔一样相信他的话。

时间过得真快，弹指一挥间，从2012年出版《独自上场》到现在又有将近一年的时间过去了。这本书仿佛是我对自己前30年人生的一个梳理。

出版之后我长长松了口气，感觉分外轻松，好像终于给了自己一个交待，又好像有它在那里，我那已经流逝的30年岁月就会静静地待在那里，不会转瞬即逝、无迹可寻。

梳理的过程帮助我更加清楚地认识了自己。我知道我是谁，我知道我正在做什么；我知道我喜欢我自己和我正在做的事情；我还知道有些我曾经用尽力气想要遗忘的东西，一天也不曾离开过我。那么，好吧，让我换一个角度来看待它，让我试着完全地接纳它。于是，我满心欢喜地发现，我虽不能遗忘，却终可以放下了。

书出版之后，我参加了几场出版方组织的活动。去北大和北大学子交流那场我正在感冒，其实挺难受的，但是北大学子的热情让我很感动。记得有个同学说，2011 年他参加高考，我法网夺冠的消息激励了他，让他一鼓作气考上北大。我知道这有开玩笑的成分，但是依然很受鼓舞。这世界太需要正能量了，如果我和我正在做的事情恰好能够为这世界添一份力，我会觉得非常开心。

北大之后，我还回到家乡武汉做了几场活动。回家让我倍感亲切，书店的见面会从主持人到现场观众都说我熟悉的武汉话。

在华中科技大学，我见到了我的老校长李培根先生——我们的根叔。校长原本要赶飞机，为了和我见一面，特意改签了机票，让我很过意不去。聊天的时候，校长说起自己打乒乓球的事情，说他只愿意赢球不愿意输球，只愿意和不如自己的人打。我正纳闷怎么说起这个呢，他话锋一转说："唉，我就是心理素质差啊，就是读书少啊。"我差点扑哧一声乐出声来。我知道他这是演的哪一出了。前些日子，媒体炒得轰轰烈烈的李娜"心理素质差，是因为读书少"，校长这是以他特有的幽默方式支持我、安慰我呢。这份心意让我觉得暖洋洋的。

2012 年是华中科技大学建校 60 周年，校长亲自把有他签名的两份邀请函（我和姜山的）递给我，邀请我回学校参加校庆。我其实挺想回去参加校庆的，我对华科一直有着特别的感情，它是我心里的一片净土，藏着我很多美好的回忆。可惜，校庆的时间正好和 10 月份中国网球公开赛在一起，我肯定回不来了。于是我说："我特别想回来，但是那个时间正好有比赛，可能回不来。"校长仔细地询问，比赛是什么时候开始、什么时候结束。我告诉了他。他马上坚定地说："那我希望你不要回来。"我知道，他是在告诉我：希望我的比赛可以走得更远。我又在心里偷偷感动了一把。

后来，当时在场的一个朋友和我聊天说："你们校长可够爱护你们的啊。"我不无自豪地说："当然，那是我们根叔。"对，我们的根叔，不光是我们的校长，还像是个睿智又有点顽皮的大家长，他的学生就像他的孩子一样，自己说两句可以，别人不许说。我是华科毕业的，当初也有无聊的人说"她怎么是华科的"，"她又没在华科读书"等等。那时候校长就特别气愤，他在共公场合说："以后谁再这么说，我们学校的人就可以直接跟他说：shut up！ 李娜就是在我们学校读的书。"

我的朋友这样评价："爱学生的校长是好校长"。

回到北京，2012年伦敦奥运会已经近在咫尺了。说实话，我很期待这次奥运会自己的表现。因为，我从小就是在这样的环境中长大的，拿奥运冠军、为国争光，这样的信念已经深入到我的骨血之中。

可是奥运会之前发生了一些事情，让我心里很不舒服。

除了我的单打项目，他们还给我报了一个双打，搭档是小将张帅。我确实不想参加双打，我最后一次打双打已经是2007年澳网的时候了，已经过去5年之久，我太长时间没打过双打了。而且，说心里话，2012年伦敦奥运会很可能是我参加的最后一届奥运会，我希望圆满地结束它，毕竟上届奥运会取得了前四的名次。所以我想专心打我擅长的单打项目，不想分神，不想受其他因素的干扰和影响。

不过，既然名单都已经出来了，我还能说什么，我只能去服从。奥运会前一个星期，我和我的团队来到伦敦，为了方便训练，我没有住奥运村，而是在比赛场馆旁边租了房子住下来了，因为这次伦敦奥运会网球项目的比赛场地用的是温网的场地，距离奥运村实在是太远了。温网的百年传统是都穿白色的比赛服装，而这次奥运会让运动员有机会穿各自国家队的服装进场比赛，这一点还是让我挺期待的。

还有一件高兴的事，是我有幸作为一名火炬手，参与了奥运火炬传递。我参加传递的时间是开幕式前两天，当地时间 7 月 25 日，地点在伦敦北部的哈林盖区。正式开始之前，参与传递的火炬手会先在一起集合。我找到我前面和后面的号码，过去跟他们打招呼，随便聊了几句。我记得，我前面是一位年轻的妈妈。我从她手上接过圣火传递给下一位火炬手，很正常地挥一下手，自然而然地就过去了。说实话，我并不紧张，但是看到街道两旁围满了热情的市民，还是挺兴奋的。因为这里不同于国内，人们对奥运会的热情只有在奥运会期间才会释放出来。之前，温网距离奥运会已经很近了，也还几乎看不到奥运会的宣传。如今，看到街道两边热情的市民，才感觉到浓烈的奥运氛围。

7 月 28 日，我的首场单打，对手是斯洛伐克选手汉楚图娃。我和汉楚图娃交手多次，互有胜负，似乎她还略胜一筹。最近的一次交锋是 2011 年的伊斯特本网球赛，她赢了我，比赛场地也是草地。奥运会首场比赛打得很艰苦，我虽然第二盘追回一盘，但最后还是输掉了比赛。期盼已久的奥运会成了“一轮游”，我没说什么，但是心里真的很难过。

次日，我和张帅的双打组合首轮对阵阿根廷选手杜尔科和苏亚雷斯的组合。这对组合素来有“双打专家”之称，非常默契，而且她们两人已经为奥运会磨合了大半年。而我和张帅是头一次合作。但是，这次幸运的天平似乎偏向了我们。虽然比赛一度被大雨中断，我们还是直落两盘拿下了比赛。我的心情好了一点。

可是两天之后的比赛中，我们输给了一对来自捷克的对手。我们之前没有任何配合经验，注定走不了太远。不过输了球，我的心情还是很低落。之前期望很高的奥运会，最终这样草草结束，我心里非常难过。更让我难受的是，这时候各种所谓的专家开始跑出来，说李娜打奥运会没有尽力、不重视奥运会等等。一个运动员能代表自己的国家参加奥运会，是一件多么荣幸的事；对自己的人生而言，也是很好的经历和很美好的回忆。我再怎样，也不会不想赢比赛呀。这是一个运动员的基本素养。我真想问问说这些话的人，你们当过运动员吗？你们了解运动员在场上拼搏的心情吗？不为了赢得比赛，他们日复一日地练习为什么呀？竞技比赛有赢就有输，我怎么能保证我永远是赢的那一个？这次比赛失利，可以说我的调整效果不好，从哪儿能看出来我比赛不尽力呢？我真不明白。

就在我心情压抑、低落的时候，我开始了与我现任教练卡洛斯•罗德里格斯的合作。大家都知道，他曾经带过海宁，是有过骄人成绩的著名教练。

其实在温网时，我就开始筹划找一位新教练了。我给我的经纪人发邮件，希望他可以帮助我。我的经纪人帮我联系到了卡洛斯。奥运会期间，我与卡洛斯有了邮件交流。因为他还有一些事情要处理，我们决定从 8 月 16

日，也就是美网开赛之前的一个多礼拜开始合作。那时，我正在打西南财团公开赛，教练来了正好可以帮助我打比赛，还可以相互了解一下，训练一个星期准备美网。

西南财团公开赛是一项有着悠久历史传统的赛事，每年 8 月中下旬在美国俄亥俄州辛辛那提举行，所以也叫辛辛那提公开赛，它属于室外硬地网球赛。目前，辛辛那提公开赛已发展成为最重要的国际网球巡回赛之一，级别仅次于大满贯和四大皇冠赛。由于它的时间正好在美网之前，大家也都把它当作美网的热身比赛。

2012 年 8 月 20 日，辛辛那提公开赛的决赛日。那天，男单先打，之后进行女单比赛。男单打完的时候我们正在吃饭，餐厅里有一个阳台，冠军在阳台上举杯，下面的球迷可以照相。我在餐厅吃饭的时候，正好看见刚刚结束的男子单打项目的冠军费德勒举着奖杯在阳台上照相，那么英俊、那么神气。我顿时心生向往，暗暗想："等一下我要是能赢得比赛，像他那样就好了。"

我决赛的对手是德国新星科贝尔，赛会的 7 号种子。我们此前有过 5 次交手，我 4 胜 1 负，小占优势，不过这次开局我打得并不顺利，很快输掉了第一盘。一盘落后，让我有点心烦意乱，于是我把卡洛斯叫进球场。卡洛斯上场后，先问我感觉怎么样，我说了我的感觉。他说：我觉得我们可以尝试一下某某方法。重新开战，我开始尝试教练说的方法，效果不错。最终，我连扳两盘，赢得了比赛，如愿以偿地捧得了冠军奖杯，如愿以偿地像费德勒那样站在阳台上照相。

这是我本赛季的首冠，正如媒体所言，李娜“终于打破自法网夺冠以来的 15 个月冠军荒”。

说到叫教练上场的事儿，我可能得多解释两句。辛辛那提这种比赛不同于四大公开赛，一盘球可以有一次机会叫教练到场上来指导。比赛不利的时候，我就把卡洛斯叫上场、帮我出主意了。所谓“旁观者清，当局者迷”，教练在下面看，有时会比场上的选手看得更清楚一些。但是，四大公开赛都是不允许将教练叫到球场上的，所有比赛的节奏或者战术，全部要靠自己在场上完成，完完全全是“独自上场”。所以一个职业网球手，必须要慢慢习惯自己阅读比赛、把握比赛。这也是我现在正在努力改变的东西：一定要有主见。包括后来打悉尼比赛，我没有再把教练叫到球场上。

辛辛那提夺冠的那一天，我、姜山、卡洛斯和我的理疗师阿莱克斯计划晚上一起去当地的派拉蒙游乐场庆祝一下。那个游乐场很有名，而且对参加辛辛那提赛的球员有优惠政策，可以免费入场。颁完奖，接受完采访，全部都结束，已经快晚上 8 点了。游乐场是 8 点停止检票进园。我们飞快地跑到了优先通道。工作人员问我：“你赢了吗？”我回答说：“我赢了。”他说：“那进去吧。”就这样，我们终于赶在关门之前进去了。

游乐场有个悬吊式的过山车，没有车厢，人是悬在半空中的，还是相当有挑战性的。卡洛斯看了直摆手，说：“你让我干什么都行，就是别让我坐那个。”比赛之后我一直感到有点头晕，也说不坐了。姜山和阿莱克斯兴冲冲地去坐了，而且坐在第一排。我在下面给他们拍照。

我的理疗师阿莱克斯，一个50多岁的德国人，已在网球圈工作30年，其中有10年在ATP担任官方理疗师，也曾和桑普拉斯与阿加西这样的顶级球星合作。作为理疗师，他的任务简单来说就是两项，赛前帮我热身，赛后帮我放松。但是，这两项说来容易，做起来却有很多讲究。多亏了他精湛的技术和手法，自从他加入我的团队之后，我基本上不会再受伤病的困扰了。我刚认识他的时候，膝盖甚至是不能完全伸直的。我后来取得了一些成绩，这与阿莱克斯的工作密不可分。我很感激他，也很信任他。

他工作能力出色，一旦进入工作状态，就会显示出德国人特有的严谨，但平时却是一个快乐、风趣、话很多的人。他养了一条京巴，圣诞节的时候会给他的狗狗买衣服当礼物。他向来敢于尝试新鲜事物，包括我给他的话梅。我喜欢吃零食，身边总是备着各色零食，我拿特别酸的话梅给他吃，他也会勇敢地尝试一下。姜山和卡洛斯是绝不碰这种东西的。

阿莱克斯很爱说话。我们聊天的时候会聊一些网球圈里的逸事、八卦。虽然知道他在这个圈子里是“资深人士”，我还是常常惊讶于他的博闻强记和交游广阔，他怎么知道那么多网球圈的逸闻趣事？他怎么有那么多的朋友？我们出去比赛，到酒店办好入住，往往就找不到他了，他一定是出去找朋友聊天了，而不会在房间里待着。他的朋友特别多，走到哪里都找的到朋友。

我们出去打比赛的时候，一般会选中餐馆，如果没有中餐馆，会选泰餐之类的亚洲餐馆吃饭。我会找服务生要筷子用。服务生通常也会问我团队的其他人员要不要筷子。这时候，阿莱克斯会略带夸张地开玩笑：“我是中国人。我要筷子。”他会用筷子，而且用得特别好。

最近，每次他给我做治疗，一进门都会问姜山 ：“你赢了吗？”那是因为每次我做治疗的时候，姜山在旁边无事可做，都会打游戏打发时间。阿莱克斯说 ：“我一分钟都坐不住。真奇怪姜山怎么可以玩几个小时。”

我们从 2010 年 3 月印第安维尔斯大师赛开始合作，到如今已经有 3 年多了。对于我而言，他不仅是团队的重要成员，也是值得信任的老朋友。

我能有今天的成绩，我的团队功不可没。

卡洛斯好像是我的福星，一到任就带给我久违的冠军。于是，大家都很欣喜地说“新教练给李娜带来了可喜的变化”云云。其实，每个教练都会给我带来些新的变化，技战术上的，心态上的。如果要问卡洛斯和以往的教练有什么不一样的地方，我想应该是他非常喜欢和我聊天。他非常想了解我内心的想法，再进行针对性的训练。他执教到现在，除了讲技术，我们俩在一起更多的时间是聊天。

每次打完比赛后，我们都会找时间聊一下 ：这场比赛发生了什么事情？有哪些地方做得好，哪些地方做得不好？之前我是怎么想的？现在考虑下一场比赛，我会怎么看待对手？等等。

有时候，我们聊天的内容并不局限于比赛，也会聊很多其他的东西，比如我的童年、我的过往，以及我隐藏在岁月深处的最幽微、最隐秘的伤痕。他要把那些会在潜意识里影响我的东西全部挖出来，让我真实地面对并且解决它们。

他很会抠细节，他不允许我去逃避自己内心深处的想法，有一些很细微的东西很多人不会在意，他却会揪住深挖。他会像剥洋葱一样一层一层地剥开，让我所有的想法，包括最微妙的心思变化曝于阳光之下，他让所有的事情不再模糊，而是清晰可查。

在他面前，我感觉我就是透明的。

对我而言，剖析自己是很痛苦的事情。因为有很多事情我潜意识知道，但是不愿意面对。卡洛斯告诉我：这些事情你必须要说出来，必须让自己对它们有非常深刻的认识，只有这样才能找到解决的方法。

挖的过程很痛苦，但既然挖出来了，已经摆在自己面前了，就没有必要再退缩，直接面对面地解决好了。临阵退缩不是我的风格。

我会在场上发脾气，就这个问题，卡洛斯跟我聊了很多次。他说，我之所以会这样，是因为在我少年时期，我的教练就是这么对我的。如果我发挥不好，她会对我咆哮、发脾气。这些经历对我影响太深刻了，以至于我现在会在不知不觉中模仿她。

于是，他向我提了一个非常大胆的建议。

他要我去找余教练谈一次，以 30 岁李娜的身份去找余教练谈一谈当时十几岁李娜的心理状况。开始，我当然不愿意，因为那是我极力想要遗忘的、不愿意再碰触的过往。那些事情就像是陈年的旧伤口，我好不容易等它结了痂，自然是能躲避就躲避，绝不会主动把伤口撕开。可是，卡洛斯告诉我：它根本没有治愈，如果你选择继续逃避，就永远不能治愈。只有把它揭开，撒上疗伤的药，才能长出新肉，才能彻底治愈。他说，这件事情你要为我去做，更主要的是，你要为你自己去做。你要跟她谈，告诉她你当时的想法。因为如果你不去告诉她，她就永远不知道你的想法，而你也永远过不了你自己这一关。

思索了一夜之后，我决定去找余教练。

余教练是个特别严厉的人，她从我 12 岁一直带到我第一次退役，对我的性格、思想方式影响很大。十几岁时，我还是个孩子，那时候觉得教练跟天一样。中国老话说“一日为师，终身为父”，在我们眼里，她就是一个家长，而且是不苟言笑、相当严厉的家长。在她带我的 9 年当中，我没有听到过一句表扬的话。正因如此，我一直是个很不自信的人。在之后漫长的岁月里，我一直在努力重新构建自信心和自我认可。我以为我成功了，可实际上，一遇到逆境和比赛的压力，就原形毕露。她影响我的程度比我想象的要深多了。

去找余教练的路上，我心里非常忐忑，像揣了只小兔子一样，怦怦直跳。我甚至将各种可能发生的事情都想了一遍。但是，这些设想都落空了。那次见面风平浪静，完全是两个成年女人的对话应有的样子。

我们大概聊了 15 分钟。我说：余教练，我现在是以 30 岁的李娜跟您谈，您当时那样对待十几岁的李娜，她内心是一个什么样的想法。她说：好。我说：我受到了特别大的伤害，这个伤害比我自己想象的深多了，我以为可以忘掉它。但是当事情一不顺利时，这个阴影马上会浮现在我的脑海里。我说完后，她也说了一些她当时的情况。我仔细地听着，安静地听着……我了解了她当时的难处和心境，感受到隐藏在一颗坚硬外壳的心深处的柔软。终于，心底深处的坚冰慢慢融化了。两个年过三十的女人隔着时空握手言和。

离开的时候，我倍感轻松，仰望天空，头一次发现武汉的夏天，天空这么蓝。

这次对话我最大的收获，是再遇到困难的时候，那个暴躁的李娜不会再出来了，起码没有那么轻易就出来了。我没想到这短短 15 分钟的聊天居然有这样神奇的功效。

前些日子在微博上看到一个故事：南非总统曼德拉曾经住过监狱，监狱的狱卒对他很差，虐待过他。后来曼德拉当了总统，他把狱卒请到了总统府，向那个狱卒鞠躬，他说：若不能把悲痛与怨恨留在身后，那么我仍在狱中！

当然，我无意于拿自己和这样的伟人做比较。我只是想说，人类的道理是共通的。怨恨和逃避不是治愈的良方，只有真正地放下，才是自我救赎的道路。我想，我放下了。

什么可以让树木茁壮成长，只有狂风骤雨。失败、苦难、挫折、挑战，如果你把它看作帮助你成长，让你变得更坚韧、更强大的催化剂，那么它就有了积极的意义。我很感谢卡洛斯给我的这个建议，也很庆幸自己能和这样优秀的人合作。

开始合作的时候，卡洛斯反复看了我比赛的录像，认为我有强大的正手和准确走位的反手，但是发球时好时坏，需要有一些突破和改变。他说，可以加一点侧旋和上旋的变化。刚开始，我有点犹豫。但是他告诉我：我的天赋和球感都是一流的。他认为我依然有很大的发展潜力。他相信我可以进到世界前三，再拿一个大满贯。他相信我可以做到。

这让我觉得很神奇，居然有教练对一个 30 岁的女人说这些话，居然有教练愿意去改变一个 30 岁的女人。如果换作别的教练，很可能会认为这个女人已经 30 岁了，技术都已经很成熟、很固定了等等，不会改变她的这些东西。

说老实话，改变对于一个 30 岁的女人自身来说，也需要非常大的勇气。如果改变不好的话，可能连原来的东西都丢掉了。不是所有人都有这样的承受能力，去承受将要发生或者有可能发生的后果。

但是，卡洛斯说我“可以进世界前三”的时候，神情是如此的淡定，目光是如此的真诚。他为我描绘的美妙前景激发出我内心深处的渴望，渴望挑战自己的极限、渴望创造新的奇迹、渴望更高更强。我像着了魔一样相信他的话。

后来的事实证明，他的调整是有效的。双方合作，最基本的是信任。彼此信任，才会有改变发生。

卡洛斯说过两句话让我印象非常深刻。第一句是在辛辛那提的时候，晚上我打比赛，白天时他和我聊天，说：网球并不是一个只要你在场上发挥得很好，就可以赢球的项目。因为你不知道你的对手是以什么样的状态出现在球场上的。所以你知道你自己如何做，或者你只要好好发挥你自己的水平就好了。

我从来没有听过这样的话，这简直是振聋发聩。从前，大家对我说的都是：如果你发挥好了肯定能赢。所以我感觉没有输的余地，只能赢。而现在，教练告诉我，即使我发挥得好，依然可能因为对手发挥得更好而输球。

这没什么，这很正常。

我一下子释然了。释然的结果是一个久违的冠军奖杯。

他说的让我刻骨铭心的第二句话是：你是一个冠军，不光是在球场上，你所有的表现都要像一个冠军。

他说：没有人非要你去承担一些社会责任，但你是冠军，是个公众人物，你有义务去承担。他说这句话时我特别不理解，我说：我没有必要去承担，因为我只是一名网球运动员而已。他说：你错了。你是个网球运动员，同时还是个公众人物，所以有些东西你必须要承担，不是你不想承担就可以不承担的。

原来没有人跟我说过这些话。后来我想想还真的是这样的。当拿到法网冠军时，我就觉得自己是一名网球运动员，只要好好打球就可以了。但现在因为有了冠军的光环后，做任何事情都要像一个冠军的样子。说个很简单的道理，如果我只考虑自己是一名网球运动员，在球场上打好球就行了，但其他方面很不检点，可能就会给看我比赛的小朋友们带来不好的影响。

以前，我可能只是站在自己的角度考虑事情，而他则会站在一个更高的高度来看我。

冬训之前我们制订了一个计划。卡洛斯说：技战术、营养、体能、心态，只要你把这四样都做好了，你在这里怎么走都没关系。但如果这四个方面有一点点缺失，你就会从里面走出来，就不知道走哪儿去了。

冬训之前我和姜山先是在德国待了两个礼拜，然后一起回武汉处理一些事，之后我一个人回到北京，跟卡洛斯训练。可能是强度大，训练方式也不太一样，练了两三天后我真觉得累得不行了。我这位教练平时聊天的时候感觉像个平易近人的朋友，可一到了训练场上，就决不会让我有丝毫松懈的机会。

我给姜山打电话说了我的训练计划。开始他还不相信。我说：是真的。您老先生赶紧过来吧，再不来我就死了。

于是，他马上买了机票飞过来了，看我训练。冬天训练必须要先热身再打球，所以我一般是先做体能训练。练到一半了，姜山说：该打球了吧？我说：没有，才一半。他说：真的假的？我说：真的。姜山这家伙向来不是个心疼老婆的人，连他都疑惑，训练强度之大可见一斑。

有一天卡洛斯喂球，我不停地跑动，打了一个小时。姜山说：我捡球都捡累了，你还没打完。我说：你吵什么，我打球的人都没说话，你捡球的就老老实实捡球吧。

其实，我对卡洛斯的训练心里还是有谱的，打电话让姜山从武汉来北京纯粹是寻求心理安慰，并不是像有些媒体写的那样让他来检查我的训练。我在北京，他在武汉，我白天累得半死，晚上一个人回到酒店房间，连个说话的人都没有，多可怜。有他在，哪怕他忙着打游戏不理我，我也觉得踏实些。

良师通常也是益友，卡洛斯带给我的不光是技术上的变化，还有心态上的调整，他让我更成熟，不像以前那么浮躁了。这些改变，不管是对自己的事业，还是对今后的人生都有很大帮助。

我们开始合作时，需要互相了解、互相适应，所以当时签了一个试用期合同，是到 2012 年底的总决赛。总决赛打完后，我们两个人都没有说“合同到期了，要不要再续约啊”之类的话题。打完比赛第二天飞回北京，他说：我们早上聊一下。我说：好。因为这是我们之间的一个习惯，每次打完比赛，第二天都会聊一下。聊完比赛后，我们很自然地就谈到了 2013 年的比赛计划。两个人都很有默契，很自然地认为我们的合作非常好，可以继续下去。

其实，我偷偷地在心里还产生了一个想法：如果可能的话，希望卡洛斯一直带我到退役。

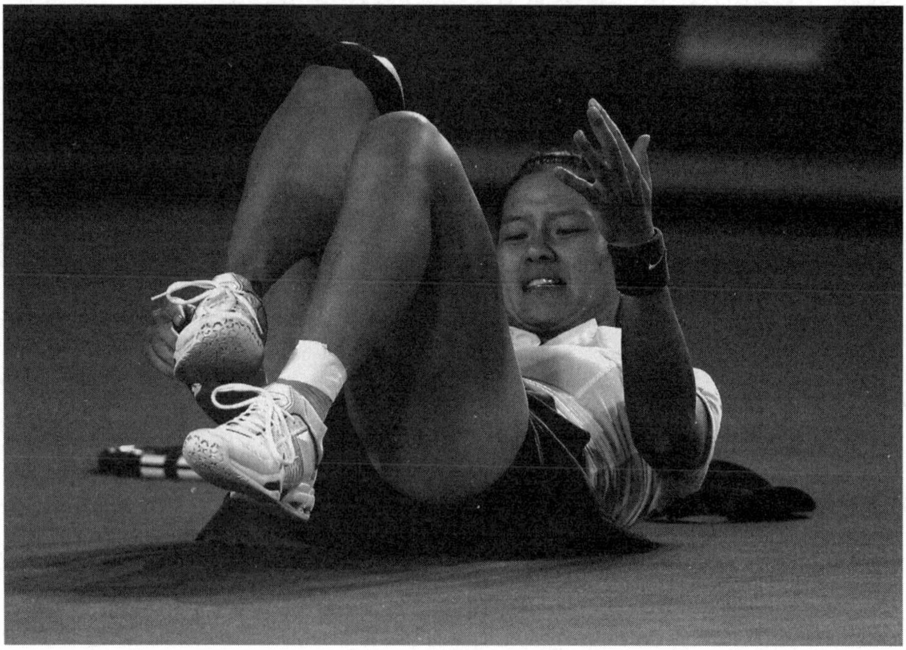

35 再战澳网：惜败阿扎伦卡

场地上的灯光全部暗了下来，我把帽檐拉下，不让别人看见我脸上的泪水。黑暗是我最好的掩护。

回想2012年我最开心的事情，竟然不是赢了哪场比赛，也不是拿到了哪个冠军，而是我终于度了一回假。

度假可能对于大多人来说，都是一件非常平常的事情，但对于我而言却是想都不敢想的奢望。从复出以来，我觉得自己就像上了发条的闹钟，每天都按照精准的时间表训练、比赛。从周一到周六，除了爬不起来的伤病，一天都不曾落下。好不容易到了周日，总算能休息一天了吧，我已经累得只想宅在家里，哪儿也不想去了。我们这些职业球员，别看满世界跑着打比赛，但真的很少有机会去欣赏一下一个城市的风景，感受一下与众不同的风土人情。

所以，我对这次度假还真的不是一般地期待。去之前一个星期，我在北京拍广告。一个赞助商可能也就一天的时间，但每个赞助商需要我做的事情差不多是一样的。因为要训练和比赛，每年给广告商的时间特别有限，但凡逮到我一次，基本上都是从早上8点拍到晚上8点。第二天结束后，我感觉特别累，都快撑不下去了。我经纪公司的人说：没关系，想想5天以后你就休假了。哎哟，一听“休假”两个字，我立刻满血复活、精神抖擞了。最后一天拍完收工的时候，虽然已经很累了，但是我的精神一直处在一种很兴奋的状态。因为，明天开始可以度假了。

这次度假还有一个让我兴奋不已的地方是：我计划和我的闺蜜们一起出去玩，不带姜山。这不是说我不愿意和他在一起。我们从小就认识，一直在一起生活，像连体婴儿似的婆不离汉，汉不离婆，如果能分开一小段时间，各自独处或者和各自的朋友在一起，我觉得不仅不会伤害我们的感情，反而会让我们更珍惜在一起的日子。有个年长的女性朋友说，除了婚姻伴侣，一个女人一辈子还要有几个特别要好的姊妹朋友，她们是自己的丈夫、子女所不能替代的。这样，这个女人的身心会更健康。我相信这话是有道理的。

不过姜山是不是这么想我就不知道了。当时，我和我的朋友们计划去韩国，但是我的签证出了点小问题。姜山立刻说：“去首尔干吗呀？不好玩。还是跟我去三亚吧。”那个高兴，溢于言表。不过后来我的签证问题解决了，某人一脸失望的表情，想想都觉得好笑。

在首尔那一个星期，我感到前所未有的放松。去的几个朋友都是相交多年、彼此很熟悉的人，丝毫不用什么掩饰。每天睡到自然醒，跟朋友一起去喝喝咖啡、逛逛街、聊聊天，没有任何计划性，什么事情都是兴之所至。比赛啊，训练啊，什么都不用想。头天晚上不用想要为第二天做哪些准备，第二天早上也不用想几点起床、几点训练。唯一的遗憾就是：一个星期的时间怎么这么短？！还没有去的时候天天掰着手指头算日子，去了以后我就想，我有一个星期自由支配的时间呢，想干吗干吗。但真正等假期结束时，我就奇怪时间怎么过得这么快，还有很多事情没时间做了。

度完假我从首尔直接去慕尼黑进行冬训，第一天下来，我累得话都懒得说，心里想：干吗还要坚持？这样的念头冒出来吓了自己一跳。唉，可能是因为在首尔的几天太舒服了吧。算了，都已经来了，还是练吧。既来之则练之。

这是开玩笑。我知道，我之所以留在这个赛场，之所以还在如复一日地训练、比赛，是因为我喜欢。有时，我会想我现在这么努力工作是为了以后得到更安逸的生活。但是，仔细一想，并不尽然，我对自己现在的生活和状态很满意、很喜欢。我何尝不是在享受当下。这样很好。

年底，我参加了在伊斯坦布尔举行的年终总决赛，那是每年的最后一个比赛，只有世界前八参加。这时候，大家的排名基本上已经落停，不会像一年刚开始的时候，大家都绷着劲。所以，每个人都非常享受、非常放松，氛围那是相当的轻松愉快。虽然球员在场上还是会死磕，但一旦到场下就会问：你计划去哪儿度假？准备干什么？在派对里，我们也会穿着便服一起拍照，互相问：明年有什么计划？离开时，大家也都会互相祝愿对方有一个愉快的假期，好好休息，明年再见等等。

回顾2012整个赛季，我参加的所有单打比赛胜了48场、负了17场，拿到1个冠军、3个亚军。四大公开赛并不像2011年那样发光、发亮，但其他比赛基本上发挥都比较稳定，不像2011年大起大落。其实，我对自己的表现还算是满意的。更重要的，我感觉这一年我可以更好地掌控自己，让自己没有那么多的理所当然或者随心所欲。

可是我知道，很多人不这么想，看到我说“满意”，甚至还可能跑出来指责我没有上进心。我想那是因为大家对2011年法网印象太深了，所以一直对我有很高的期望。而且在我们这儿，一直是成绩决定一切的。成绩好了大家觉得你哪儿都好，成绩不好时，所有的努力都被否定。不过我想说，对一个运动员而言，这样真的不太公平。冠军只有一个人，而其他人付出的努力，或许并不比冠军少。

我的2012就这样过去了。成功也好，失败也罢，它们都已经被时间的洪流留在了身后。

2013年1月初，我参加了WTA深圳公开赛。我们经常全世界跑，在家待的时间特别少，如果能在自己的国家打比赛还是很高兴的，因为可以省去不少飞行的时间，还有观众操着自己的母语为你加油，感觉是自己的主场。最终，我顺风顺水拿到了冠军，虽然不是很重要的比赛，但还是很高兴，一方面是检验了自己冬训的成果，另一方面是觉得兆头很好，中国人凡事讲究吉利，开门红嘛。

深圳站比赛是一个新的比赛，比赛地点不是在市区，而是在很偏远的地方，但还是有那么多人来看。可见网球运动在国内的发展和大家对网球运动的喜爱。这一点我感到非常高兴和欣慰。

我手机里有一张照片特别好玩，是深圳第一场比赛，姜山和卡洛斯一起坐在看台留给球员的专席上。到比赛快要结束、但那一分还没有结束的时候，所有球迷都以为我已经赢了，就全部扑上来了。姜山和卡洛斯他们准备出球场，可是观众太多了，根本走不出去，结果他们没办法，只能从看台上跳到球场里面和我会合。因为看台太高，他们跳下来的时候坐地上了。

第二场比赛时，主办方问卡洛斯：你还想要昨天那个座位吗？卡洛斯说：不要，不要，还是给我换个位置吧。我害怕。

深圳站比赛结束后，我飞往悉尼，出战WTA悉尼站比赛。1月11日星期五，我在四分之一决赛中输给了拉德万斯卡。包括那场球，我10天之内总共打了9场比赛，还有一天是要从中国飞到澳大利亚。1月是澳大利亚的夏季，和中国正好相反，温差特别大，再加上时差，这些都必须要调整。比赛结束之后，我感到了前所未有的疲惫。

下星期一澳网就要开始了，我真有点担心自己的体能状态。星期六那天卡洛斯给我放了一天假，让我完全放松休息一天。休息完，我还是感觉特别累。但卡洛斯一直跟我说：没有关系，等到星期一，你就会慢慢好起来的，你要相信自己。我的理疗师阿莱克斯也一边给我做放松治疗，一边鼓励我。不过他按摩可是真痛啊，就那两天按摩下来，我身上到处是青一块紫一块的。

星期一，第一场比赛打完之后我感觉还是有点累。好在澳网刚开始是打一天休息一天。不过休息的时候，我也不能闲着，还要训练，免得手冷下来。为了让我放松，休息这一天，卡洛斯会跟我说：“放松，明天才打比赛，今天只不过活动一下。”到了比赛日，开始赛前活动，他又会说：“没关系，等一下才打比赛，现在只是活动一下。”他一直说：“你的网球不会丢的，你只要将自己的身体状态调整好，肯定没有问题。”他总是有办法帮我丢掉包袱，让我轻松下来。卡洛斯帮助我卸包袱，阿莱克斯帮我放松，姜山陪我训练。整个团队分工明确、齐心协力。

可能自己开年打得还不错，悉尼打得也还可以，再加上教练和团队的不懈鼓励，我的信心逐渐恢复，慢慢缓过来了，状态也越来越好。就这样一直打到了半决赛。

半决赛的对手是莎拉波娃。多年前刚刚开始打大满贯的时候，我与她在同样的墨尔本公园赛场交手，曾紧张到输完比赛回到休息室手还发抖；2011年法网，我也曾在巴黎的罗兰·加洛斯球场将她斩落马下。我深深地知道，她是一位多么让人生畏的对手。

说句老实话，比赛那一天我特别紧张。直到赛前活动，我依然无法平息自己内心的紧张。卡洛斯也看出了我的紧张，他问我：今天感觉怎么样？我老实地说：我很紧张。他说：原因呢？我沉默了。他说：是不是因为你的前任教练在带她？我点点头，说：我特别特别希望能赢。他说：你不用想那么多，比赛是在你上场以后你自己去打的，你现在想这么多没用。你试着放松自己，想你该怎么去做，而不是去想比赛的结果。

比赛开始之前，卡洛斯给我递了张小纸条，上面只有“相信自己”几个字。比赛开始了，我拿到第一个赛点时，他做了一个“平静”的手势；丢掉第一个赛点时，他做了一个“加油”的手势。当我终于赢得比赛，马上转头去看他，看见他淡定地鼓了鼓掌。我转身跟莎拉波娃握手，跟裁判握手，跟球迷示意，再一转身看到他已经背上包走人了。

等我洗完澡，开完新闻发布会，这时距离比赛结束已经快两个小时了，我还沉浸在胜利的喜悦中，跑去找教练，没想到他只是抬起头云淡风轻地说了句：“Well done，girl.”我以为他会多说一点，但是并没有。就像我往常打赢任何一场比赛一样，他只是和我简单地分析了我有哪些地方做得好，哪些地方还需要加强。

哎哟，这感觉就像我是一个考得不错的小朋友，兴冲冲地跑去给家长看成绩单，眼巴巴地等着家长表扬，谁知家长只说了一句“还行”。不过仔细想想，我觉得他这样也很好。因为我打球的时候，团队离得很近，而我又会自觉不自觉地去捕捉他们的表情，如果他们表现得太高兴或者太沮丧，我会直接看到，有可能会影响到我。他让自己戴上一个面具，不管怎么样，都不会有太多的面部表情，这样反倒不会影响到我。

其实，生活中，卡洛斯并不是不苟言笑的人，他也会开开玩笑什么的。我想，他之所以那么淡定是因为作为一个教练，在赛场上他必须那样。

1 月 26 日，墨尔本公园的罗德·拉沃球场，我又一次站在了澳网的决赛场上。据说这次决赛中国有 8 个电视频道转播，还有很多人在网上收看，当天的《新闻联播》也报道了。咱们国家有这么多人渐渐开始了解、喜爱、关注网球这项运动，我真的挺高兴的。

决赛的对手是卫冕冠军阿扎伦卡，这注定了将是一场苦战。一开始，我保持了之前的好状态和好运气，在阿扎高分贝的尖叫声中，经过 45 分钟的苦战，以 6 比 4 拿下了第一盘。战至第二盘第 5 局，我稍稍领先一点。在一次底线跑动中，左脚一落地就有一股锥心刺骨的疼痛传来，还来不及反应，我就重重地摔在了地上。脚崴了。

我只好做手势请求医疗暂停。赛会医生马上到场上来，帮助我检查受伤的左脚，他们给我缠上了厚厚的防护绷带。

我重新回到了场上。观众对我报以热情的掌声。可是幸运的天平似乎不再向我这边倾斜了。我 4 比 6 输掉了第二盘比赛。

第三盘一开始还可以，不过比赛在我 2 比 1 稍稍领先的时候又一次中断了。

这一次是因为澳大利亚的国庆典礼。决赛那天正好是澳大利亚的国庆节。基本上每年澳网都是在国庆日附近，我记得有一年是男单的半决赛赶上了国庆节，今年是女单决赛。这也算是澳网的一个特色和传统，如果赶上了典礼时间，比赛就停下来，等放完烟花再开始。放烟花的地点应该就在赛场附近，因为我们在场内可以听见很大的声音。但是我们看不到烟花，因为中心场地有部分顶棚，只能看到头顶上方一小块的天空。

这次中断大约持续了 10 到 15 分钟。比赛重新开始。我们又投入到高度紧张激烈的争斗中。

突然，我感觉自己失去了重心，还没来得及想什么就轰然倒下了。我听见咚的一声，应该是我的头碰到了地吧，帽子好像也飞出去了，有两秒多钟我大脑一片空白，眼前一片漆黑，看不见任何东西，也想不起任何事情。然后，我就看到赛会医生冲到场上来照顾我。

哦，我摔倒了，头磕到了地。我赶紧摸摸自己的后脑勺，看看有没有出血。还好，没有血。医生问了好几个问题，比如问我知不知道自己现在在哪儿，发生了什么事，还伸出手指在我面前晃了一下，敢情是怕我会有脑震荡，摔傻了。哪有那么严重？我觉得有点滑稽，好像自己变回了一个小朋友，在儿童医院里接受医生阿姨的询问。我突然又感觉有点好气、有点好笑，不知道是对医生，还是对自己目前的境况。我没有看她的手指，而是看着她的眼睛，笑了。她立刻知道我脑袋不会有太大问题。

后来，有记者问我：当时有没有想过退出比赛。退出比赛？不，完全没有。虽然我摔得不轻，还磕到了头，但是我一刻也不曾想过要退出比赛。这是我的战场，如果不是爬不起来的伤病，我是不会轻言退出的。

我又一次回到了赛场。观众报以更加热烈的长久不息的掌声和欢呼声，以至于裁判不得不提醒现场观众，要克制自己的热情，以免影响到比赛的正常进行。

谢谢你们，我真的很感谢你们。那天在现场的球迷，还有在世界各地以不同方式关注我比赛的球迷，你们当中不仅有我的同胞、我的父老乡亲，还有澳大利亚本土的人们，以及世界各地的人们，正是你们无私的爱和支持，支撑我走了这么远。

最终第三盘比赛输掉了。我又一次与澳网冠军擦肩而过。

1 月 27 日，就是我与姜山结婚七周年的纪念日，我曾经偷偷想过，如果能拿到这个冠军，我要把它作为纪念日礼物送给他。人都说婚姻有七年之痒，我若送他这样一份“大礼”，看他还敢不敢痒。只是，现在，不能够了。

旁边，阿扎伦卡用毛巾捂着脸在抽泣。赛场是残酷的，不管是谁，想站到最高处都不容易。今夜，是她的。我由衷地祝福她。

场地上的灯光全部暗了下来，我把帽檐拉下，不让别人看见我脸上的泪水。黑暗是我最好的掩护。

我对自己说：我知道你想赢，我知道你很遗憾。但又有多少个人能打进决赛呢？第二名也是靠自己的努力得到的。这一年半你经历了这么多，取得这样的成绩，已经很不错了。这是一个很好的方向，没有必要哭丧着脸。应该高兴自己可以走出困境，应该为自己感到骄傲。

这样的自我安慰很有效，颁奖典礼开始的时候，我觉得我的心情平复了许多，我已经能把眼泪控制在眼眶的范围内了。我祝贺阿扎，感谢我的赞助商和团队，还有支持我的观众。我说，我知道自己已经不再年轻，不过我希望明年自己仍然可以站在这里。

这是我的真心话。如果我的身体状况允许我继续从事职业网球的话，澳网一定是我最想参加的比赛，因为澳网从来都是四大满贯里我最喜欢的那一个。

这里火辣的阳光、炎热的天气像我的家乡武汉。

这里的工作人员非常固定，一样工作每年都是相同的人在负责，比如这个人是在订车的地方，他每年都会在订车的地方。澳网有两个更衣室，我总是去那个小的，因为每年帮我们开柜子、锁柜子的服务人员都是同一个人，我每年去，她已经帮我把我的柜子留好了。而且好像这里所有的工作人员都了解你的喜好，也都知道这一年你发生了什么事。你可以跟他们聊天，聊一些很家常的事。这让你感觉不像是在打比赛，倒像是回到家，见到老朋友一样，很舒服、很放松。

还有这里的球迷，他们喜欢我。如果没有本土球员，他们会像我的父老乡亲一样，拿着中国的国旗，学着用中文为我加油。这感觉很棒。我爱澳网。如果可以，我明年一定会再来。

颁完奖后回到了休息室，姜山和我团队的其他人都在等我，先查看我的伤势，后来又跟我说了很多鼓励的话，希望我为自己感到骄傲和自豪。他们的心意我明白，道理我也懂，但是当喧嚣散去，自己安静下来的时候，那种深入骨髓的痛感和遗憾会一次又一次地抓住我，让我难过到落泪。

我常说一句话：这世上有一千种可能，就是没有如果。

转眼到了 2 月，春节临近。有一天，我心血来潮地跟姜山说：新年礼物。姜山看了我一眼说：你又不是小朋友，要什么新年礼物？情人节临近，我说：情人节礼物。姜山看都不看我一眼，说：我们又不是情人，要什么情人节礼物？我的生日临近，我不屈不挠地说：生日礼物。我心想：我倒要看看，你还能说出什么花样来。结果，人老先生一边打游戏一边连头都没抬说：生日年年有，不在乎这一次嘛。

啊啊啊……有没有天理啊？

当时新年、情人节、我生日都在一个月中，我也是无意中说了句要礼物的话，他那么干脆就拒绝了我，以至于我很犯贱地想知道：他到底好意思拒绝我几遍。所以，才有了穷追不舍要礼物的那些对话。

他说完“生日年年有”那句话之后，我彻底无语了，我根本说不过他。我心里说：好，算你狠，你等着。

果然，“不是不报，时候未到”。我们在德国待了两个星期，搭 2 月 23 日的飞机回北京。在飞机上有很多免税品卖，姜山闲着无聊，翻了会儿免税品导购目录，跟我说："马上就是我生日了，你买个礼物送给我吧。"我心想：现在才 2 月，你是 10 月的生日好吗？我这 2 月 26 日生日的人都还没礼物呢。你告诉我你马上生日了，要我送礼物？！于是，我用最轻快的声音说："不买！生日年年有，不在乎这一次。"这叫"以彼之道还施彼身"。说完这句话，看着他目瞪口呆的表情，我那个快乐哟，花了好大的力气才忍住没有在飞机上哈哈大笑。

有一次和朋友聊这事的时候，她说：你有没有想过另外一种可能——你先送他一个礼物，他下回不好意思，就记得送你礼物了。我断然回答：不会。他绝对不会不好意思。我太了解他了。他根本就不是送礼物的人。

其实，我一直知道他是一个很实在的人，不太会浪漫那一套。他不会在我生日的时候给我生日惊喜，却会放弃自己的事业陪我追求我的梦想；他不会在情人节的时候送礼物给我，却会在我被伤病折磨的时候，默默地为我煲一碗汤；他不会说什么甜言蜜语，却会在我比赛摔倒的时候泪湿眼眶。所以，我想说，不管怎样，今生我都跟定你。

你若不离不弃，我必生死相依。

生日那天，虽然没有收到姜山的礼物，但是我收到了其他朋友送我的一些小礼物。有朋友送了我一本英文版的图画书，名字叫《I like me》，封面是一只穿着裙子的可爱小猪。我明白她的意思，笑着对她说："放心吧，我现在已经很喜欢我自己了。"

是的，我已经 31 岁了，生活不再漫无目的，梦想不再遥不可及。我对自己和自己的生活都很满意。如果问我有什么生日愿望的话，我会说，希望我可以进世界前三，或者再拿一个大满贯；希望母亲身体健康，希望全家人身体健康，这比什么都好；至于自己的生活嘛，没有什么特别想实现的事，我只想脚踏实地活在当下，享受我的每一天。

36 人生的下一场比赛

当那个记者问到"这是你参加法网以来最差的成绩，能否对中国球迷说点什么"时，我的血液瞬间涌向大脑，想都不想说道："我需要对他们说什么吗？我觉得很奇怪，只是输了一场比赛而已。三跪九叩吗？向他们道歉吗？"话一出口，我就知道又糟了。

图片来源：CFP

澳网之后，我养伤、休息了7个礼拜，然后去打迈阿密公开赛，打到了八强。之后是德国斯图加特巡回赛。

除了每年年底在伊斯坦布尔举办的由世界前八运动员参加的年终总决赛，女子职业网球赛事分为五个级别。第一个级别是由ITF（国际网联）组织的四大满贯，有我们熟知的澳网、法网、温网、美网；第二个级别是WTA的皇冠赛，这是WTA举办的级别最高的赛事，之前提到的迈阿密公开赛和印第安维尔斯、马德里以及在北京举办的中网都是这个级别的赛事；第三是WTA超五巡回赛，指的是包含罗马、辛辛那提在内的五项赛事；第四是WTA顶级巡回赛，斯图加特就是这一级别的赛事；第五是WTA国际巡回赛，比如我年初获得冠军的深圳赛。每个级别比赛的奖金和积分不同，参加的门槛和对运动员的要求也不同。比如四大满贯需要有WTA的世界排名才能参加，而皇冠赛则会要求世界前五十的球员必须参加。

斯图加特赛拉开了2013年红土赛季的序幕。我曾经赢得冠军的法网就属于红土赛场，我不能说我特别擅长红土比赛，但是红土赛场的比赛总体而言的确成绩好一些。这也让自己和大家对我2013年红土赛场的表现多了一些期待。但是，世事难料，现实往往与你期望的方向背道而驰。2013年的红土赛季，除了斯图加特我取得了一个亚军之外，其他的简直是“意外”连连、惨不忍睹。

马德里赛，首轮即遭淘汰。罗马赛也止步于十六强。法网第二轮，我输给了美国选手马泰克。

其实，我真的不愿意过多回想那场三度被雨水打断的比赛。因为，对我来说连回想都是一种煎熬。

我不得不承认，那场比赛马泰克发挥得非常棒、非常顽强。第一盘，我赢得很艰难。第二盘一开始，我就感到了压迫感。有时候，球员在场上就是会有那种感觉：对手就像一面墙一样，你怎么打她总能把球回过来。而我，却因为找不到破解的办法，变得越来越烦躁。打到第三盘，说实话，我已经不相信自己可以扭转局势了。我的心情，就像巴黎那天灰暗的天空一样沉重。我甚至清楚地知道，我已经提前输掉这场比赛了。

比赛还得继续打下去，可每进行下去一分钟，我的烦躁和沮丧都在增加。

比赛终于结束了。我创下了自己在罗兰·加洛斯球场最差的战绩。

这里曾经是我的福地，两年前我曾有幸在这里捧起了我人生中第一个大满贯奖杯。自然而然地，我会对法网多一点点期许，人们对我的关注可能也会多一点点。止步第二轮对我来说是一件多么令人沮丧的事情啊!

我想起了2012年冬天艰苦卓绝的冬训，也想起了2013年年初澳网总决赛的失利。这让我更加陷入烦躁、沮丧，还有一点无力的感觉中，不能自拔。我是多么想找一个没有人的角落，用毛巾捂上脸大哭一场。

可是我不能。我还要去参加赛后的新闻发布会。这是大赛的硬性要求。

整个发布会，我的心情都糟透了。当那个记者问到“这是你参加法网以来最差的成绩，能否对中国球迷说点什么”时，我的血液瞬间涌向大脑，想都不想说道：“我需要对他们说什么吗？我觉得很奇怪，只是输了一场比赛而已。三跪九叩吗？向他们道歉吗？”话一出口，我就知道又糟了。想到这句话明天将如何出现在各大网站和报纸上，将如何被肆意地篡改和传播，将如何伤害到那些真正爱我的球迷的心，我就更加难过和烦躁了。以至于后面的发布会是如何结束的，我已经全无知觉了。

我无心伤害我的球迷。可是，我就是这样一个直不愣登、见坑就跳的主。这么多年了，我为此吃亏的次数还少吗？对那场新闻发布会，我没什么好说的。但是对那些躺着中枪的球迷，我心里一直很愧疚。

我深知，网球运动不是华山论剑，离不开观众和球迷的支持。我也深知，正是你们的爱和支持才能使我像个傻子一般，坚持到今天。用句最俗的话来说，球员和球迷的关系就像是鱼和水。水多了才能把鱼养大，水难过了鱼自然也会觉着疼。我一时意气用事说出口的话，如果伤害了你们，我真的很抱歉、很难过。

法网之后，卡洛斯提前回北京了。我在巴黎逗留了两天，在巴黎的时候，我收到了卡洛斯发来的邮件，只有简单的一句话，希望我想清楚自己的未来。

我知道，我这次表现很糟糕。赛场上，我让烦躁、沮丧、挫败的感觉压垮了自己；赛场外，我没能控制自己的情绪，又一次让那个沮丧的、浑身是刺的李娜占了上风。

我没有马上给他回信，因为他提出的问题，也是我最想问自己的问题。我需要冷静地想一想。

我回到了武汉。不论我走多远，武汉都是我的家。当我感到艰难、迷茫和无助的时候，我最需要的就是回家，看看妈妈，和家人、朋友吃几顿饭，度过几天相对平静的时光。然后，我给卡洛斯回复邮件道："我愿意再相信自己一次，希望你不要放弃我。"很快，我收到了卡洛斯的回复。他说："你想什么呢？我什么时候说要放弃你了？"

说实话，那段时间，我真的很不好过。媒体对我的轮番轰炸倒也罢了，更让我难过的是我对局面的无力感——我可能伤害了爱我的球迷，这不是我的本意，可说出的话却像泼出去的水一样，没有办法挽回。整个红土赛季的比赛，我总也找不到状态，每天那么辛苦地训练，可就是找不到在赛场上获胜的办法。我的心情极度压抑、灰暗，甚至萌生"不打了，退役吧"的想法。

那是在伊斯特本的四分之一决赛中，我输给了俄罗斯姑娘维斯尼娜。这一次，卡洛斯对我的场上表现也感到非常懊恼，不是因为我输了球，而是因为他认为我没有尽全力，没有拼搏到最后。在酒店时，卡洛斯再次问我对未来的想法。我说："我不想打了，想退役了。这次低迷已经持续了3个月，我不确定自己是否能够走出来，因此我想退役了。"

当时，卡洛斯很干脆地说："行！那我们明天回北京。"

我愣住了。

这显然是他意料之中的反应。他叹了口气，温和地说："你好好想想吧。"

第二天没有训练。第三天，我对他说："那这样吧，我把温网当成是我的最后一个比赛。"

卡洛斯笑了笑，什么都没说。他知道，我还没有准备好和这个赛场说再见。

抱着"最后一场比赛"的心态，我开始了温网之旅。可能是破釜沉舟的心态让事情出现了转机，前两轮，我都过关了。

第三轮与扎科帕洛娃的那一战非常艰难。比赛到了决胜盘，当她先破发时，我脑子里忽然出现了一个画面，我想象到自己背着包，去机场坐飞机离开。又要失败了吗？又要黯然地离开了吗？突然间，我觉得心脏特别难受，好像被人用重拳击了一下。不行！我的心在呐喊。绝对不能这样。我要胜利。

意念的力量是强大的，强烈的求胜欲望让我走到了最后。最终，我赢得了那场比赛。我特别特别兴奋。之前那种阴霾一样的无力感一扫而空了。我觉得自己和原来不一样了。

虽然我知道我在场上发挥得还是不够好，但是我没有放弃，没有让沮丧、失望的情绪控制住自己，而是很努力地拼搏每一分。这样赢下的比赛，比状态好的时候一场一边倒的大胜更有意义。它像一场及时雨一样，滋润了我快要干枯的心灵。比赛打到最后，我清楚地感到：自己对胜利的渴望回来了，那个斗志昂扬、决不认输的李娜回来了。

在休息室，我轻轻对自己说："原来你可以做到的。"

在四分之一决赛，我的对手是上届的温网亚军A-拉德万斯卡。这是一场近 3 个小时的酣畅淋漓的比赛，我打得非常过瘾，虽然狂救 7 个赛点之后依然输掉了比赛，但我一点都不懊恼。

比赛结束之后，我看到比赛数据表，自己有 71 次上网，我跟卡洛斯说："这真的比我这辈子都上的多。"

虽然比赛输了，但是我为自己感到骄傲。因为最起码自己在比赛过程中严格执行了赛前和教练沟通的技战术，因为最起码我尽了自己所有的努力来赢得比赛。

我很高兴，我的教练也是这么看的。我看见他对我竖起了大拇指。我相信这是他对于我能在这么重要的比赛有这样的尝试的鼓励和赞赏。

我与团队见面时，卡洛斯给了我一个拥抱，他说："今天非常棒。"

我故意提醒他说："我输了。"

他说："没关系。最起码我们看到了改变。"

是的，作为一个球员，赢得比赛固然让人高兴，但是只要尽了自己最大的努力，输掉比赛也不是不能接受的。因为起码，我们敢于尝试，我们尽了自己最大的努力，这就可以了。

温网最后进八强了，说实话成绩也算差强人意。不过，那场所谓的“媒体风波”并没有就此平息。温网的时候，那位记者先生又来了，法网他问的那个问题，这次在温网他又问了一遍。就那么大大咧咧地坐在前排，挑衅地盯着我。那种问问题的方式，真的让人很不舒服啊。

上次那场风波之后，我的一个朋友给我发来一封邮件，她说送给我一首英国诗人吉卜林的诗，名字叫《如果》，里面有一句“……如果昏惑的骚扰动摇不了你的意志,你能等自己平心静气再作答时，那么，你的修养就会如天地般博大”。我当然不会奢望自己能到“天地般博大”那样的境界。但是，我也不能再被人利用，伤害真正爱我的人的心了。

我的朋友给我讲过一个小故事，说她和老公想在北京买一个二手房，有一天中介给他们打电话说，有个合适的房子，来看看吧。于是，他们就去了。那是北京一个普通小区的一户普通人家，两室一厅的房子，小一点的卧室显然是女儿的。让他们惊奇的是，女儿的房间里贴着我法网夺冠、举拍呐喊的海报，旁边写着：“距离中考 × × 天，冲刺，加油！”他们俩相视一笑出来了，虽然最后没买那个房子，却记住了那个细节。

我听到这个故事的时候，心头一震。参加中考的，应该是十四五岁的孩子吧。想想我那个时候，已经失去父亲，开始自己承担养家、还债的责任了。如果有机会，我多么想抱抱这个孩子，对她说一句：“加油，你能行！”现在的孩子也不容易啊，承担着升学的压力、父母的希望，但是他们又是那么的坚强和可爱。如果我能够在他们努力拼搏的道路上，给他们一点信心和支持的话，我是多么的骄傲和欣慰。我是多么想跟他们说：孩子们，你们看，李娜，一个那么普通的人，因为像个傻子一样地坚持，才有机会完成自己的梦想。如果你们坚持自己的梦想，不要放弃的话，也一定可以成功的。

我直直地看着那位记者，缓缓地说："感谢球迷。"我是很想对我的球迷说声"谢谢"，因为我知道国外比赛和国内有时差，熬夜看我比赛的球迷对我那都是真爱。可是，我是有多么不愿意这样被人逼着说出这句话啊。

说实话，那位记者先生之前我并不认识，但是，那次发布会，他又接二连三、穷追不舍地抛出了咄咄逼人的问题，我也就对他有印象了。后来，温网第三轮结束之后，电视采访的时候，他们问我对那个人的印象。我说："今天我还看到他了，我觉得他还有脸坐在那里，这才是最神奇的。不管怎样我还是要感谢他们，让我变得更加强大。"

正是这句话又惹了祸。其实我只是将心比心而已，换了我，接二连三地交恶，我是不好意思再来的。来了也没有意思啊。

我知道媒体和球员是谁也离不开谁的共存关系，也不想和媒体对立。说实在的，有很多采访过我或者跟拍过我的记者，他们的敬业精神和专业态度都挺让我感动的。

可是采访的方法有很多种，除了在球员情绪最低落的时候，激怒球员，定格、放大、传播她被激怒后瞬间的反应和只言片语，然后告诉大家，快看，这就是李娜，就没有更有意思、更有意义的事情了吗？要知道一个运动员，或者任何一个能在台前发光发亮的人，背后付出的努力和汗水都是可以车载斗量的啊。为什么不能传播一点正能量呢？

有的朋友劝我说：李娜你就多担待吧。你一不吸毒，二不搞绯闻，三不偷税漏税，也没有改变国籍的打算，要是再不写写乱放炮的事，真的不好写啊。

我只能白她一眼，说：好吧，我就当你是夸我呢。

后来，在吃饭的时候，卡洛斯跟我聊到球员跟媒体之间的关系。他说，对于一个职业运动员而言，并不是所有的挑战都在场上，场下也有很多，包括新闻发布会的时候。他还说："我的脾气也很大，但我们必须学会控制。你必须知道每句话在说什么，说出来之后有怎样的影响。"

我知道，这也句句在理，是为我好。吃了这么多亏，我也想长记性，也想打打太极，虚与委蛇，说一套冠冕堂皇的话把难堪的问题回过去。但是，一个人之所以会是今天的样子，是天长日久积累的结果，改变不是一朝一夕的事情。我还需要学习，需要修炼。

温网之后，调整了几天，我又开始投入训练，准备北美那一圈的硬地比赛，然后就是美网。在美网开赛之前，卡洛斯问我，所有四大公开赛里面，你美网是成绩相对较差的一个，是什么原因？我说，可能是到年底了，注意力没有那么集中了。

他说，那我们今年就好好努力一下。合作一年以来，你也很辛苦地训练。这段时间，也保持得不错。今年，我很看好你。你可以做得很好。

2013 年美网还有一个令我高兴的事，就是我的好友刘凌，从洛杉矶到纽约来看我。我们是 2012 年 3 月份见的面，然后一直就没有见过了。这次，她和她的一个朋友从我第二轮比赛，一直陪我到最后。

可能是卡洛斯的看好和发小的陪伴让我觉得心里比较有底吧，这次美网，我没有像以往那么浮躁，在控制自己情绪方面做得比较好。没有压力，打得比较开心，所以居然顺风顺水地打进了前四。

卡洛斯是一个奖罚分明的人。我进到前四的那天晚上，他亲自去订位置，请我们团队吃了阿根廷烤肉，因为他是阿根廷人。

美网还有一个意外之喜是，我得到了美网官方颁发的体育道德风尚奖。

得知这个消息的时候，我正在训练，说实话，我还感到挺意外的。美网原来的女子决赛是礼拜六，男子决赛是礼拜天，不过这回改了点规则，女子决赛改在礼拜天，男子决赛改在礼拜一了。也就是说，当我进入前四以后，有两天的间隔时间。第一天训练的时候，我的经纪人麦克斯来找我说，你得了一个什么奖，等你练完了，几点几点我们一块去领奖。

这个奖很新，大概是从 2011 年开始评选的。我当时没太弄明白是一个什么奖。后来，我知道是 7 个评委一致投票给我，还蛮开心的。

评奖委员会主席托德·马丁颁奖给我，致颁奖辞的时候他说："作为一名在美网公开赛期间最成功、最受尊重的球员之一，李娜诠释了这项比赛的内涵。能够把这个奖项颁给她，我们不胜荣幸。"其实，是我好荣幸啊。

得到这个奖，除了一个奖杯，还有五千美金的奖金。不过，这笔奖金可不能自己随意挥霍。组委会将根据得奖人的意愿，以得奖人的名义把这笔钱捐出去。我计划把这个奖金资助给北京郊区一所流浪儿童学校。

这次美网，还有个比较有意思的细节是我和卡洛斯的交流。大约在比赛的头三四天，那天训练练得特别特别累，累得我感觉都快不行了，可是还没有到下训练的时间，因为比赛都要签训练时间的嘛。可是就在最后 10 分钟，教练安排了一些我特别不喜欢的训练计划。

练完以后，我简直要散架了，心情也差到了极点。我背着包，去休息室洗澡。洗澡的时候，我心里特别难受，想要哭又哭不出来的那种感觉。就好像做考试卷子，95%你都很好地完成了，但是最后 5%没有好好完成，心里很不舒服。

从休息室出来，我直接去找卡洛斯了。他当时正在看书，他平时就是个很喜欢看书的人。

我说："你有时间吗？我想跟你聊一下。"

他说："好啊。"

我说："今天我太累了。"

他说："我知道。"

我说："最后 10 分钟的训练，让我感觉很不舒服。"

他说："我知道。"

在我吃惊地看着他的时候，他跟我解释说：其实，今天我是故意在最后

10 分钟安排一些你特别不擅长或者不喜欢的训练计划让你去适应的。最起码，我很高兴你来找我了。要是以前，你感到不舒服你不会说，你可能需要花几个小时甚至更长的时间来消化那种难受的感觉。现在你看，你只需要花 10 分钟，就知道那种感受了，而且还能主动来找我谈。

那次聊完之后，我当时就觉得心里好受多了。

和卡洛斯合作一年多来，我已经慢慢学会，把自己的内心想法跟他分享。而以前，我是不会这么做的。我有任何想法，我不会说，只会憋在心里自己难受、别扭。跟我的团队也是，自己有什么想法，不懂得怎么去跟团队成员沟通。现在，最起码我能主动告诉他们我的感觉和想法。这一年多，我感觉自己在这方面有了改变。

这就是卡洛斯神奇的地方。他让我知道，我是有情绪的，这很正常，如果我能把这些情绪说出来，感觉就会好很多。或许，这些对普通人来说，是再正常不过的事情。但是由于我的经历和成长环境，我已经忘了或者说不会了。我以前的做法通常是尽量回避我的感觉和情绪，任它们在我的身体内发酵、愈演愈烈，最后可能会伤害到自己或者他人。

在我和卡洛斯合作的一年多时间里，基本上每打完一场比赛我们都会有一个交流的时间。从刚开始的有点抵触，到现在，我已经很喜欢这样的交流方式。这样的总结和交流可以告诉我，之前哪些做得好，哪些做得不好，也可以帮助我更了解自己。

就好像2013年美网，我输给小威之后的新闻发布会，卡洛斯特意跑过来跟我说：今天的比赛你打得不好。你要大声地说出来，让所有的人都知道今天就是你自己的错误。

我那么做了。当我说出来的时候，我突然觉得：也没有什么嘛，每个人都会犯错。我大声说出来以后，起码不会听到别人说“李娜今天打得不好”时自己很难受；起码我会认识到，这是我自己的错误，我需要去改变或者改正。

真的，人活在世间，会遇到很多难事、很多让自己尴尬的事、很多不想面对的事，如果你能大声说出来，你就会发现，原来没有自己想象的那么难。

于我而言，卡洛斯不光是我的教练，他也会像父兄一样，教给我一些网球以外的东西。而且，一般他不会告诉我应该怎么怎么做。他会跟我讲一讲他的经历，或者别人的经历，然后告诉我，你看，有三个东西在这儿，你觉得哪一个更适合你？他会让我自己去选择。那是一种很平等的分享的感觉，而不是居高临下教导的感觉。

他说，你是一个特别直的人，有什么说什么。但是你有没有想过，当你打比赛的时候，大家来看的是打网球的李娜，大家认同的也是打网球的李娜，但是大家并不知道李娜生活中是一个什么样的人。这个你要区分开来。当有人说李娜不好的时候，他们只是在说作为一个网球运动员的李娜不好，没有说李娜作为一个人在生活当中不好，因为他们不了解你生活中的样子。

我刚开始听到这句话时，会想：嗯？怎么会是这样？但是慢慢地，我能体会到这句话的深意了。平时大家面前出现的是打网球的李娜，大家所了解的也是打网球的李娜。打网球的李娜是一个公众人物，大家说你好或者说你不好，都是可以理解的。当有人说你不好的时候，只是说打网球的李娜不够好，就好像说你的工作做得还不够好一样，并不是否定你的为人、你的人品。

再遇到别人对我的指责和批评时，我就试着这样想，感觉果然好多了。

美网之后，我回了趟家乡，给武汉的杜莎夫人蜡像馆中我的蜡像揭幕。

制作蜡像真的是一项非常复杂、非常浩大的工程。澳网结束之后，2月份我回到北京，那个时候就开始测量工作。有一个特地从英国赶来的蜡像制作团队，为我完成了全身测量工作，花了大概3个小时的时间，在那3个小时里，我必须保持同一个姿势。

之后，制作团队将收集到的400多个数据带回伦敦。在伦敦杜莎夫人蜡像馆总馆的蜡像工场，制作工作就开始了。

首先，他们要制作出一个精细的陶像，然后根据陶像制作出石膏模具，再将蜡注入石膏模具，从而完成蜡像模型。之后，他们还要精雕细琢很久，根据之前的测量数据，配眼珠的颜色、眉毛的颜色、头发的颜色，还要给皮肤着色等等。特别神奇的是，那个头发是用真人的头发一根一根织进去的，瞳孔内的放射状线条都是用水彩手绘而成，甚至连眼白内的微细血管，都要用红色的幼丝线做出来。所有的身体部位全是一比一的比例。所有的工作全部是手工完成。一个蜡像的制作，大概需要20位艺术家，耗时5个月才能完成，造价约150万元。

我选了一个相对文静的造型，因为表情不那么狰狞嘛，哪个女人不爱臭美啊，当然要把相对漂亮一点的瞬间留下来。我还把自己在2013年初澳网上穿着的全套服装和一副全新的胶带捐赠给了蜡像馆。

说实话，3个小时一动不动还是挺累的，但看到蜡像成品之后，我觉得一切都是值得的。我自认为这位蜡像李娜跟自己的相似度还是非常高的。猛然看到的时候，心里有点奇怪的感觉，有点像是遇到了失散多年的姐妹，哈哈！

不过，我也知道，我的身体有一些特征是我独有的，任是再高超的科技也不能仿造出来。比如，黑色绷带下面的伤，比如我的手上由于常年打球磨出来的茧子。话说我外婆每次看到我手上的茧子都很心疼，都会拉着我的手说："哎呀，娜娜多辛苦啊。"休息时我有时候会看看言情小说当消遣，偶尔也会羡慕人家言情小说女主角"柔若无骨"的"纤纤素手"。不过，大多数时候，我还是会为我的这些"特征"感到骄傲和自豪。

过去人们喜欢那种小鸟依人的女生，现在，我想，人们的观念会有改变的，那种坚强、独立的女生也会比较受欢迎吧。没有"纤纤素手"就没有了吧，我想。

转眼到了一年一度的年终总决赛。伊斯坦布尔，我又来了。

我曾说过，年终总决赛是我感觉比较放松的比赛。但是，既然是比赛，作为一名球员，一定会全力以赴的。只是没想到，我居然一路打进了总决赛的决赛，世界排名也由此升到了第三。

记得我和卡洛斯开始合作的时候，他曾经说过，我可以再拿一个大满贯，可以进入世界前三。他的话语，他坚定的眼神，重燃了我对胜利的渴望，对更高、更强的渴望。年初的澳网，我几乎触摸到了那个目标，但是又失之交臂了。那个时候，我又怎能想到，将在年末的伊斯坦布尔实现这个心愿。

世界多奇妙，世事多奇妙，赛场多奇妙。

感谢你，我的老师，是你重燃了一个30岁女人对胜利的无限渴望。

感谢你，我的爱人，你一路的陪伴和默默的付出是我力量的源泉。

感谢我的团队，我的成就离不开你们每一个人的辛勤工作。

还要感谢你们，我所有的球迷，是你们的信任和爱支撑我走到了今天。

明天，太阳照常升起，而我，也将照常走进训练场，迎接人生的下一场比赛。

附录

娜姐精彩语录

（部分来源于豆瓣读者评选）

网球是一项孤独的运动。你不能体会那种和队友并肩作战的归属感。你知道所有人都在看着你，所以当你陷入泥沼后，只能在众目睽睽下独自爬行；你努力为自己的疑问找到答案，不断地在心中咒骂自己，与内心深处的自我辩论，试图寻找能破解对手发球的方法。当然，这些都是你一个人完成的。

——本书第 14 页

以前我以为，人是一点一点长大、一点一点成熟的，但是那一天我知道，人是一瞬间长大的。我想，以后我就要负责养家了。

——本书第 31 页

有时候我真想穿越回去，告诉那个在陌生人群中茫然无助的中国女孩儿：振作点儿，一切都会好的。但有时又觉得不必。那些小磨难和小障碍，最后都被证明是命运指派给我的催熟剂，它们让我学会勇敢和承担。

——本书第 59 页

据说少年时期的遭遇最容易影响一个人，因为那是他/她人生观和价值观形成的核心时期。小时候的我简单快乐，需要什么张口告诉爸爸妈妈就好，父亲去世后，我的世界都像是变了颜色。每次我回忆起少女时代的往事，感觉都像是灰色的，没有像别的女孩子那么轻松、那么美丽、那么罗曼蒂克的感觉。那时的我倔犟、忧郁，坚硬得像块石头。

——本书第 63 页

有人说没关系的人只会看你飞得高不高，爱你的人才会关心你飞得累不累。这句话在运动员出身的我看来，是特别真切的。

——本书第 85 页

人的一生难免会遇到各种各样的沟沟坎坎，身在局中，你会以为自己过不去了。如果你能灵魂出窍一下，让自己站在半空，或者穿越到几年以后，再来和当时的自己说句话，估计你很可能想说："淡定，淡定。没什么过不去的。"

——本书第 172 页

人真的是有趣的动物。在今后的岁月里，我渐渐发现，每当我从低谷状态挣脱后，便会进入一个更高的层次。就像蹦极一样，坠到底的时候就是开始绝地反弹的时候。

——本书第 247 页

想要获胜，你必须发自内心地渴求胜利，你要非常、非常、非常地想要获胜。你对胜利的渴望，要像在沙漠中跋涉，濒临死亡的人对清水的渴望一样。然后，你才有希望，仅仅是有希望，获胜。

——本书第 254 页

你们看到那个穿黄色T恤的家伙了吗？他就是我老公，我总是拿他来开玩笑。老公，不管你是胖还是瘦，是帅还是丑，我都会永远跟随你，永远爱你。

——本书第 264 页（2012 年李娜获得澳网亚军的获奖感言）

这次澳网虽然没有拿到冠军，但亚军也是大满贯历史上亚洲人拿到的最好成绩。主持人说我是“中国人的英雄”。我觉得言重了，我算不上英雄，也代表不了中国人。我只是个中国球员，正在努力做好自己的工作。

——本书第 265 页

每个人的心里都有一头锁在笼子里的野兽，它好斗、易怒、偏激，伤痕累累、残暴无比。我习惯在比赛时打开笼门，让它出现助我一臂之力，当我的精神力量变得脆弱的时候，就会招致那只野兽的反噬。它不停地讥笑我、羞辱我，让我不断地为自己的失误痛哭流涕或是怨天尤人。

——本书第 291 页

有些人恐惧父母离去，或者江郎才尽还有衰老。我比较恐惧的是怕以后会埋怨自己，就是在力所能及时没有努力做一件事，当没有机会再去做时，会责备年轻的自己。

——本书第 292 页

谢谢我的团队。在两个星期之前，我还想对他们说，我恨你们，你们给我太大压力了。但是，我觉得亚军也还不错，所以我想我还是应该闭嘴。谢谢卡洛斯、阿莱克斯和姜山。当然，还要谢谢所有到场支持我的观众。我知道自己已经不年轻了，但是我希望自己明年还能来到这里。

——2013 年李娜获得澳网亚军的获奖感言

我要感谢我的团队。谢谢我的经纪人麦克斯，你让我赚了那么多钱，非常感谢。现在，我的丈夫在中国更有名了。我要谢谢你放弃了一切，陪我旅行参赛，给我当陪练，帮我解决饮料和拍线的问题。你做了那么多，谢谢你，你是个好人。你也太幸运了，能娶到我！

——2014 年李娜获得澳网冠军的获奖感言